JN029463

BANKRUPTCY, EXAMPLES & EXPLANATIONS

基礎トレーニング倒産法

[第2版]

藤本利一＋野村剛司
FUJIMOTO TOSHIKAZU + NOMURA TSUYOSHI

＝編著

日本評論社

第 2 版　はしがき

　本書の初版が公刊されてからおよそ 10 年が経過した。この間、債権法
や相続法改正が実現し、破産法や民事再生法にも影響が及んだ。また、民
事裁判実務において IT の活用が進められるなか、倒産事件への IT 対応
も法務省で審議されている。さらに、担保法改正が法制審議会で論じられ、
金融庁では事業成長担保権が、経済産業省では私的整理の多数決制度の導
入が真摯に検討されている。一方、倒産実務では、私的整理のメニューが
多様化し活発に利用される一方、かつてわが国の金融危機を克服するため
に活用された民事再生手続の利用件数が著しく減少した。倒産法の周囲が
このように騒がしくなるなか、2021 年度の日本民事訴訟法学会大会では、
ついに倒産法改正がシンポジウムのテーマとして取り上げられた。

　とはいえ、簡単な設例を踏まえ、倒産法の条文を理論に則して「使え
る」ように学ぶ、という本書の基本的なコンセプトは揺らぐことはないと
思われる。それゆえ、今回の改訂に際しては、基本的な体裁を変えること
なく、民法等の改正に注意しつつ、近時の重要な最高裁判例を可能なかぎ
り取り入れることとした。本格的な体系書や演習書に取り組むために、入
門書を一読した後、あるいは入門書の精読とあわせて本書を読むことを勧
めたい。迂遠なようにも思えるが、倒産法を思考するための準備運動とし
て有意なものであると執筆者一同強く信じている。上級者の指導なくとも、
一人で取り組むことができるように企図されている。

　末筆ながら、今夏急逝された潮見佳男先生に心から哀悼の意を表明しま
す。本書の執筆陣の多くは、大阪大学法学部において、先生の薫陶を受け
た者です。また、債権法改正では、大阪弁護士会の改正委員会・研究会で
ご指導を受けた者も少なくありません。拙いものではございますが、その
学恩に少しでも報いるべく、本書を捧げます。

　2022 年 9 月

執筆者を代表して

藤本　利一

初版　はしがき

　本書は、法科大学院や法学部で倒産法を学ぼうとしている初学者だけでなく、実務につく準備をしている若手法曹を対象とした、いわば導入のための書である。すでに優れた入門書があるにもかかわらず、本書を出版することになった経緯を述べたい。

　倒産法の授業を担当した以上、受講者の方には、ある程度、倒産法を「使える」ようになってほしい。そう思いつつも、現実には、期末試験の採点結果に手ひどく落ち込むことがある。授業のやり方や内容について、何か間違いを犯していたのではないか、と。本書の執筆者は、法科大学院や法学部で倒産法の授業を担当している者ばかりであるが、誰もがそうした残念な経験を共有している。「使える」とは何か。それは、具体的な事案の処理において、倒産法の条文を正しく適用し、あるいは、基本概念を誤りなく駆使して、一定の結論を導けることである、とまずは定義したい。つまり、受講者に求められていることは、具体的な事案に対して、抽象度の高い法概念や難解な条文を理論的に正しく適用することである。

　とはいえ、初学者に、公表された判例事案を与え、そうした作業を要求することにはかなりの無理がある。この間の授業経験に照らせば、このことは、否定することが難しい。倒産法のそれは、相当に複雑なものが少なくないからである。それよりも、条文や法概念がおそらくは念頭に置いているであろう典型事例を探り、それを簡素化して、提供することが必要であると考えた。条文の趣旨や法概念の正しい基本理解のために、質の高い設例は必須であろう。そのうえで、この典型事例を少し修正した事例を重ねつつ、条文や法概念の趣旨および適用範囲を考えさせることで、受講生の思考する力が刺激を受け、主体的に思考するきっかけとなってくれるのではないか。そう思った。

　こうした方法をとる以上、研究者と実務家との協働作業が必要である、と考えた。というのも、典型例とは何かについて、実務のスクリーニングが必要と思われたからである。また、判例に現れないけれども、重大な問題として認識される事例は、日々、現場で産まれているはずであるが、そうした「果実」について、意見を交換してみたかった。こうしたコミュニ

ケーションは、法科大学院教育における「理論と実務の協働」という価値を真に実践する「実験」のようにも思えた。

　本書は、また、倒産法学の理論的水準を示したり、何か新しい提言を学界に示すことを目的とするものではない。そうではなく、読み手が、将来、倒産法の本格的な体系書に取り組むための素地を作ることを一つの狙いとしている。あるいは、質の高い入門書を読み込む際に、脇に置いてもらい、そこで示される簡潔で、かつ洗練されたフレーズについて、具体的なイメージを持ってもらうことができればよいとも考えている。

　倒産法を法科大学院等で学んだことがなく、いきなり実務の現場で倒産事件の処理に向き合わざるを得なくなった方に、緊急避難措置に過ぎないとはいえ、最低限の基本的な枠組みを示すことも、本書の射程である。「手続の流れ」を精読し、課題となる章立てを参照することで、実務修習の指導教官や、事務所の先任の弁護士と、最低限のコミュニケーションをとることが可能となり、課題の解決に向け、道を違えずに近づくことができれば、執筆者にとっても好ましい成果の一つとなる。

　原稿案について、第66期司法修習生の林祐樹、鹿浦大観（以上、大阪大学）、林良介（京都大学）、小西宏、西村雄大（以上、神戸大学）、堀智弘（大阪市立大学）、および高原佑太（大阪大学在学）の各氏から、有益なコメントをいただくことができた。また編集会議の場所には、弁護士法人関西法律特許事務所（大阪・東京）の会議室を定期的に使わせていただいた。皆さまには心よりの謝意を申し上げる。

　最後に、日本評論社の柴田英輔氏にはたいへんお世話になった。怠惰な私を根気強く導いていただいた献身と助力に、厚くお礼を申し上げる。編者の一人である野村剛司弁護士には、徹底したスケジュール管理を実践していただいた。本書が「異時廃止」で終わらなかった最大の貢献者でもある。尊敬の念をこめつつお礼を申し上げたい。倒産法が「分からない」と感じる初学者にとって、本書が導きの灯火となることを切に希望する。

2013年8月

執筆者を代表して

藤本　利一

執筆者一覧 50音順

※は編者

稲田正毅　（いなだ・まさき）　弁護士、関西学院大学大学院司法研究科教授、大阪大学大学院高等司法研究科招へい教授
……第9章

川上　良　（かわかみ・りょう）　弁護士、大阪大学大学院高等司法研究科教授
……第5章、第6章

木村真也　（きむら・しんや）　弁護士、大阪大学大学院高等司法研究科招へい教授 …………………第2章、第14章

金　春　（きん・しゅん）　同志社大学法学部教授 ………………第15章

杉本純子　（すぎもと・じゅんこ）　日本大学法学部教授 ………………第12章

赫　高規　（てらし・こうき）　弁護士、京都大学法科大学院特別教授、大阪公立大学法科大学院非常勤講師
……第4章、第11章

名津井吉裕　（なつい・よしひろ）　大阪大学大学院高等司法研究科教授
……第10章

※野村剛司　（のむら・つよし）　弁護士、神戸大学大学院法学研究科非常勤講師、立命館大学大学院法務研究科非常勤講師
……序章、第7章、第8章

※藤本利一　（ふじもと・としかず）　大阪大学大学院高等司法研究科教授
……第13章、終章

溝端浩人　（みぞばた・ひろと）　公認会計士・税理士………………コラム

山形康郎　（やまがた・やすお）　弁護士、元近畿大学法科大学院兼任実務家教員………………………………第1章、第3章

凡例

・判例解説

百選　松下淳一＝菱田雄郷（編）『倒産判例百選〔第6版〕』（有斐閣、2021年）
※同書の事件番号で「〔百選○○〕」と表記します。

序　章

倒産法の考え方・イメージ

野村剛司

1　はじめに

　倒産法の授業を受け、教科書を読んだ方なら、債務者が経済的に破綻し、破産手続開始決定や再生手続開始決定を受けると、債権者は個別の権利行使を禁止され、債権者平等が徹底される世界となり、破産では配当を、民事再生では再生計画に基づく弁済を受けるだけとなると認識するであろう。

　それでは、この個別の権利行使禁止や債権者平等原則の徹底の考え方はどこからやってくるのだろうか。

　ここでは、何も難しく考える必要はなく、大きくイメージすることが大切である。実際のところ、倒産時においては、日常的に様々な現象が発生しており、それに対応する条文がある（中にはないものもあるが）。様々ある条文がどのような場面で使われるのか、それはなぜ規定されているのか、その制度趣旨の基本的理解が全てを通じて大切となってくる。また、その理解ができれば、応用が効く。

　債務者が破産手続開始決定や再生手続開始決定を受けることにより、債権者の権利はどうなるのか、債務者はどうなるのか、その後どうなっていき、最終的にどうなるのか。最初から最後まで追いかけていこう。

2　平常時と倒産時の比較の観点

(1) 平常時と倒産時

　倒産処理を担う弁護士の立場から見ると、平常時と倒産時の比較を常に念頭に置いておくことが倒産法の考え方の理解に繋がると考えている。

　ここにいう、「平常時」とは、「平時」や「平場」とも言われるが、皆さんが勉強している民法の世界と理解してもらうとよい。民法の世界では、契約自由の原則が妥当し、契約の内容どおりの履行をしている限り、特段の問題は生じてこない（以下①「平常時の問題のない時期」と称する）。ところが、債務者が借金の返済ができない、商品購入の代金を払えないといったように、任意の履行を怠る（債務不履行になる）と事態は変わってくる。ここで「平常時」として考えているのは、このように債務者が任意の履行ができなくなり、債権者として債権回収のための権利行使をせざるを得なくなる危機的な時期、②「平常時の危機的時期」とイメージしてほしい。

　そして、③「倒産時」とは、経済的な危機に陥った債務者が、倒産手続に入った時期、具体的には、再生手続開始決定や究極的な危機状態である破産手続開始決定を受けた場合であり、すなわち倒産法の世界を指す。

　時系列的には、①平常時の問題のない時期→②平常時の危機的時期→③倒産時となる。平常時と倒産時は連続し、最後の場面が倒産時となる。

(2) 平常時は早い者勝ちの世界

　平常時は民法の世界と指摘したが、民法をはじめとする実体法は権利を定め、その権利実現のために、裁判手続を定める民事訴訟法があり、権利保全を定める民事保全法があり、最終的な執行手続を定める民事執行法がある。このように、平常時は、個別の債権者が、自発的に自らの権利を裁判所の手続を利用しながら実現する世界である。このような平常時においても、債務者の責任財産が少なければ、全債権者で平等に分配すべきように思われるが（当然、平常時にも債権者平等原則は妥当しているが）、この個別の権利行使は、後述するとおり、実際上、早い者勝ちの世界となっている。なお、平常時であっても、責任財産の保全を目的として債権者代位権（民423条）や詐害行為取消権（民424条）があると指摘されるかもしれないが、これらの権利も、責任財産の保全を図った結果として全債権者に対し平等に分配する考え方にはなっておらず、行使者が事実上の優先弁済を受ける結果となるなど、特定の債権者による個別の権利行使の一環として機能しているのが実情である。

　さらに言えば、債権者と債務者の力関係により、強い債権者（銀行や商社をイメージしよう）は、債務者の破綻に備え、担保を取ることで、担保

を有しない一般の債権者に優先して自らの債権回収を図ろうとする。

(3) 倒産時は債権者平等の世界

　倒産時は、破産法や民事再生法といった法律により、債務者が破産手続開始決定や再生手続開始決定を受けると、債権者の個別の権利行使を禁止し、債権者には破産手続や再生手続に参加してもらう。破産であれば、最終的に配当という形で割合的な満足を受け（場合によっては配当がないこともある）、民事再生であれば、再生計画に応じて大幅な債権カットや期限の猶予等の権利変更を受けた上で、弁済を受けることになる。この配当や弁済は、債権者平等原則により平等に取り扱われる。ただ、この債権者平等原則は、法の求める平等であって、債権の性質に伴うグループ間では優劣があるので（財団債権＞破産債権、共益債権＞再生債権といった優劣がある）、結局のところ、債権者平等原則は、同じ債権の性質のグループ内では平等という意味となる。

(4) 他の前提となる観点

(i) 法人と自然人の区別

　まずは、法人と自然人の区別をしておいてほしい。株式会社といった法人は、破産手続開始決定を受けると解散し（会471条5号）、破産手続の終了により消滅していく運命にあるが、自然人（＝個人）は、生身の人間であり、破産手続開始決定を受け、破産手続が終了したからといって消滅することはなく、生きて経済的活動を続けていく。そこで、自然人については、免責制度（破248条以下）が設けられ、リフレッシュスタートを図ることができるようにしているのである。

(ii) 再建型と清算型の観点

　次に、倒産手続には、目的とする方向性により、大きく①再建型と②清算型があり、民事再生と会社更生が事業再生を目指す再建型、破産と特別清算が事業を解体清算する清算型とされる。この点、自然人においては、その経済的再生を目指すことから、清算型の破産であっても実質的には再建型として機能しているともいえよう。

(iii) 個別執行と包括執行の観点

　民事執行法の定める強制執行は、一般債権者による個別の権利行使の一環としての個別執行であり、①差押え→②換価→③配当の流れで進む。そ

の前提として、当該一般債権者の債権は、強制執行手続とは別のところ（例えば、訴訟で確定判決を得る）で確定される。これが債務名義となる（民執22条）。また、個別執行では、差押債権者と配当要求した他の債権者間でのみ配当される。

　これに対し、破産は、包括執行ともいわれ、①破産手続開始決定が包括的な差押え→②破産管財人による換価→③配当の流れで進む。大きくは個別執行と同様であるが、破産では、全破産債権者を対象とすることから、当該破産債権者の債権は、破産債権の届出、債権調査を経て、破産手続内で集団的に確定することにし、他の破産債権者と共に平等な配当を受ける。

3 単純な事案で検討

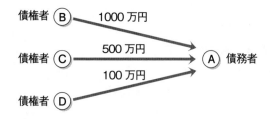

(1) 平常時

　平常時の問題のない時期であれば、債務者Aは、債権者B、C、Dに約定どおりの弁済を行っていくことでよいが、平常時の危機的時期に至り、債務者Aが任意の履行を怠った場合、債権者B、C、Dの債権回収はどうなるか、債務者Aの権利義務はどうなるか、考えてみよう。

(i) 債権者の面

　まず、勤勉な債権者Bは、自らの権利実現を図るために、訴訟で確定判決を得た上で、Aの責任財産を差押えしたらよいと考えるだろう。そのとおりであるが、訴訟には時間がかかることから、Bは、訴訟に先行し、Aの財産（不動産、債権等）を仮差押えし、訴訟で債務名義を取得して（民執22条1号、2号）、仮差押えしていたAの財産を差押え等し回収を図る。債権者Bが公正証書（強制執行受諾文言付。民執22条5号）を有していれば、判決手続を経ることなく、Aの財産を差押えすることができる。

　次に、出足の遅れた債権者Cは、Bがした強制執行に途中から参加し

たいと考えたが、不動産競売であれば、配当要求するには仮差押えまでは必要となる（民執51条1項参照）。また、Aの別の財産を見つけた場合は、Bと同様に権利を実現していくことになる。

最後に、何も動かなかった債権者Dはどうなるか。強制執行には参加できないし、最終的には全額回収できない結果となる。

このように、債権者B、C、Dは、一般の債権者として同列ではあるが、勤勉な債権者Bは、債務者Aの責任財産から他の債権者C、Dに先立ち債権回収を図ることができる。これが早い者勝ちということである。仮に、強制執行において、債権者Cが配当要求できた場合には、同列の債権者として債権者平等となり、債権額按分で回収を図ることができる（民事執行法における債権者平等は、このように個別の権利行使をした債権者が競合した限定された場面を想定しており、実際上、倒産法において貫徹されている債権者平等とは異なることに注意されたい）。

では、回収できない債権はどうなるか。税務会計上、損金処理が可能か、という回収不能の認定の問題が残るが、民法的には、債権の放棄、債務の免除、時効消滅（債務者の援用必要）によらないと債権は消滅せずに残る。

(ii) 債務者の面

債務者Aは、倒産手続に入らないのであれば、財産（乏しいであろうが）の管理処分権に影響はなく、債権者から強制執行等を受け（なお、債務者が自然人の場合には、差押禁止財産がある。民執131条、152条等）、債務も残った状態となる。

(2) 倒産時

(i) 債権者の面

倒産時はどうなるだろうか。債務者Aが破産手続開始決定を受けた場合を考えると、債権者B、C、Dは、破産手続開始前の原因に基づき生じた財産上の請求権を有する者として、いずれも破産債権者となり（破2条5項）、個別の権利行使が禁止され（破100条1項）、債権者平等原則が徹底される世界となる。

したがって、勤勉な債権者Bは、せっかく仮差押えや差押えをしていても、破産手続開始決定で失効し（破42条）、債務者の財産は破産財団となり（破34条1項）、破産管財人に管理処分権が専属し（破78条1項）、破

産管財人が回収して形成された配当財団によって配当を受けるのみとなる。

また、途中から債権回収に参加した債権者CもBと同様となる。

何も動かなかった債権者Dは、破産手続で破産債権届出をすれば（破111条1項。この破産債権届出だけは必要で、届出をしないと配当から除斥される〔破198条1項参照〕）、配当をもらえる可能性がある。

このように、破産では、一般の破産債権は全くの平等に取り扱われることになる（破産における債権者平等の原則は、形式的平等）。債務者が支払不能に陥り、破産手続に入った場合には、早い者勝ちを許さず、債権者平等を貫くことにしたのである（平常時には前述したとおり債権者平等は貫徹されていない）。

その債権者平等は、債権額が多額でも少額でも、その額に比例して配当されるので、少額の債権者には、ほんの僅かな配当となるのが現実である。この点、民事再生の場合も基本的には同様であるが、実質的平等が許容されていることから（民再155条1項参照）、少額債権の弁済許可（民再85条5項）や再生計画における傾斜弁済により、少額債権者は一定の優遇的措置を受けることがあり得る。

回収できない債権は、税務会計上も損金処理が可能となる（債権者としてもメリットがある）。

(ii) 債務者の面

債務者Aは、破産手続開始決定（破30条）を受けることで「破産者」となり、その有する財産は、破産財団（破34条1項）として破産管財人に管理処分権が専属する（破78条1項）。破産者が法人の場合は、全財産が破産財団となる。自然人の場合は、経済的再生のために、自由財産（99万円以下の現金と差押禁止財産。破34条3項）に加え、自由財産拡張制度により、破産財団から自由財産化することが認められている（同条4項）。

また、破産においては、自然人には免責制度があり、免責許可決定の確定により破産債権につき責任を免れ（破253条1項本文）、民事再生では、再生計画による権利変更で債権の免除を受ける。

4 信用供与（与信）の意味

前述の例で、債務者Aに対する債権者B、C、Dは、破産手続開始前の

原因により生じた財産上の請求権を有する者として破産債権者となり、個別の権利行使を禁止され、破産手続に債権届出を行うことで手続参加し、債権調査を経て確定した債権に対し、最終的に配当により他の破産債権者と共に平等な満足を受ける立場であった。例えば、Bの債権が貸金債権とすれば、Bは、先にAに金銭を交付し、長期の分割払いを許容することで、全額の返済を受けるまで貸金債権という1本の債権のみが残る状態となる（要物性ゆえ片務契約）。また、Cの債権が売掛金債権とすれば、双務契約である売買契約において、Cは、先にAに商品を引渡し、弁済期（例えば、毎月月末締めの翌月末払い）に弁済を受けるまで売掛金債権という1本の債権のみが残る状態となる（双務契約の一方が既履行の場面）。

　この状態が信用供与（与信）という意味である。貸金債権や売掛金債権といった債権につき、期限を猶予し、その間、債務者に信用を与えているのである。そして、このように信用供与をした者は、債務者の倒産時には、前述のように個別の権利行使が禁止され、最終的には平等な割合的満足のみを受ける立場、すなわち倒産リスクを負う立場にあるのである。そうであれば、勤勉な債権者は、債務者の倒産リスクを避け、他の債権者に先立ち自らの債権回収を図りたいと考える。それが、次の信用補完となる。

5　信用補完の意味

　信用補完の例として、ここでは人的担保と物的担保を見ておきたい。

⑴　連帯保証人が存在した場合（人的担保）

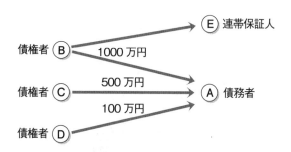

　信用補完の一例としては、人的担保としての連帯保証人である。勤勉な債権者Bとしては、債務者Aに信用供与するにあたり、Eに連帯保証人

となってもらうことで、Aとは別の債務者を増やし、Aに対する債権につき信用補完を図る。

この場合、平常時に債務者Aが任意の履行を怠った場合、債権者Bは、Aの責任財産から債権回収を図ると共に、連帯保証人Eからも債権回収を図ることが可能となる。権利実現の方法としては、前述の債務者Aに対する場合と同様となる。連帯保証人Eの責任財産を引当にしているということになる。当然、他の債権者C、Dは、Bのための連帯保証人Eから自らの債権を回収することはできない。

倒産時を考えた場合、Aが自然人の場合で、破産手続開始決定を受け、後に免責許可決定を受けたとしても、その効力は連帯保証人Eには及ばない（破253条2項）。保証における付従性の例外となるが、このように免責の効力が及ばないようにし、連帯保証人に対しては、個別の権利行使ができるようにしておくことが保証の意味であり、連帯保証が「人的担保」と言われる所以である。

また、連帯保証人Eが一部弁済をしたとしても、債権者Bは、破産手続開始時の債権額により破産者Aの破産手続に参加できる（破104条。手続開始時現存額主義）。連帯保証人Eとしては、全額を弁済しない限り、求償権を破産債権として破産者Aの破産手続に参加することはできない。

ただ、人的担保は、債務者を増やすことであり、連帯保証人Eが連鎖して破綻する場合もあり得る。この場合は、債務者Aで見たとおりとなる。したがって、連帯保証人Eの財産が乏しい場合には、倒産リスクとして、配当がない場合もあり得る（人的担保の限界である）。

(2) 担保物件が存在した場合（物的担保）

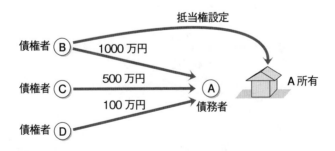

　信用補完の2例目としては、物的担保である。ここでは、勤勉な債権者Bが、債務者Aに信用供与するに際し、Aの所有不動産に抵当権を設定してもらっていたとする（銀行が事業資金を融資するに際し、Aの所有不動産に抵当権や根抵当権を設定してもらう、住宅ローンを組む際に、Aが購入した自宅不動産に抵当権を設定してもらうといった場合が典型的である）。

　平常時、債務者Aが任意の履行を怠った場合、債権者Bとしては、Aの他の財産からの債権回収を図ることも考えられるが、担保物権である抵当権（民369条）を設定してもらったAの所有不動産に対し、担保権の実行としての担保不動産競売申立てを行うことにより（民執180条1号。債務名義が必要な強制執行ではない）、他の一般債権者C、Dに優先して担保不動産の交換価値から債権回収を図ることができる。

　倒産時、債権者Bの債権は破産債権となるが、抵当権は別除権となり（破2条9項）、破産手続外での権利行使が認められている（破65条1項。一定の制約は課せられているが、基本的には平常時と同様の権利行使が可能となる）。破産者Aが所有することから破産財団となるものの、担保目的物のため、その交換価値は、担保権者が優先回収することになり、他の一般の破産債権者C、Dへの配当財団とはならない。

　このように、物的担保は、債務者の倒産時においても、個別の権利行使が可能であり、担保目的物の交換価値からの優先回収を実現できることから、信用補完としても重要なものとなっている。

　この点、実際のところ、第三者対抗要件を具備した担保権者と一般の破産債権者の引当てとなる破産財団、その代表者としての側面を有する破産管財人とのせめぎ合いが倒産実務の大きな問題となっている。

6　債権者平等を徹底させる時期

　前述したとおり、平常時においても債権者平等原則は妥当しているが、実際上、早い者勝ちの世界となっており、機能していない。倒産時における債権者平等原則を徹底させるのは、債務者が破産手続開始決定や再生手続開始決定を受けた時からでよいであろうか。債務者が破産に至るまでの時系列は、通常は、①支払不能→②支払停止→③破産手続開始申立て→④破産手続開始決定となり、④の破産手続開始決定時点からでは遅いのであ

る。そのため、③の破産手続開始申立て時点で各種保全処分を設け、破産手続開始決定の効果を先取りしている。それでも①や②の危機時期に平常時の早い者勝ちの状況を認めることは、抜け駆け的な債権回収等を許すことになり、債権者間の不平等を招くことから、さらに時期を遡ることにした。それが、否認権（破160条以下）や相殺禁止（破71条、72条）の規律である（全債権者を害することになる絶対的財産減少行為の詐害行為否認については、さらに遡る可能性がある〔破160条1項1号〕）。

7 民法との関係

　倒産法は、民法の延長線上にあることが、これまでの平常時（平時）と倒産時の比較を通じてわかってきたと思うが、民法等の平時実体法と倒産実体法の関係は、大きくは、①民法の修正をしたもの、②民法と同じもの、③民法にはない倒産法独自の規律の3つと理解しておけばよいであろう。それぞれの例としては、①は前述の個別の権利行使の禁止、②は前述の人的担保、物的担保といった担保権、③は2つの債権（矢印で表現すればベクトル）が向き合った状態にある双方未履行の双務契約の規律（破53条。平常時にはない解除権を破産管財人に認めたもの）である。

　このように、平常時と倒産時の比較を常に行うことは、倒産法の理解に繋がるだけでなく、民事法全般の理解に繋がるのである。すなわち、民法の世界の最後の姿は倒産法の世界であり、倒産法でどうなるかを理解してから翻って民法を見るとさらに理解が深まる。弁護士の立場で見れば、いつも最後の姿を予想し、契約時にどうすればよいかと考えているのである。

8 破産と民事再生の比較

　最後に、破産と民事再生の比較の観点を確認しておきたい。

　破産は、破産債権者の個別の権利行使を禁止し、破産者（債務者）の財産の管理処分権を破産管財人に専属させ、その破産管財人が破産財団を占有、管理、換価し、破産債権の債権届出、債権調査を経て確定した破産債権に対し最終的に平等に配当する。破産は清算型であることから、解体清算することをイメージすればわかりやすい（もちろん、破産でも事業譲渡により事業再生を行うことも可能である）。

　民事再生は、このままでは負債の全部を弁済することはできないが、債権を権利変更することにより、一定割合の免除を受け、残りの弁済額の弁済期も延長することで事業再生できる場合、再生債務者が事業継続し、破産を上回る弁済ができるよう再生計画案を立案し、再生債権者の多数決原理で可決、認可された再生計画により反対債権者の債権も権利変更できるようにしている。再建型の法的整理の一般法という位置づけである。

　再生手続開始決定により再生債権の個別の権利行使を禁止し、再生債務者は、事業継続により新たな負債を共益債権として負いながらも収益を産み出し、過去の負債である再生債権について、仮に破産した場合の配当を上回ることを要件として、できる限りの弁済を行うことになる。具体的には、事業計画を作成することにより、毎年の売上げ、経費、収益を予測し、その収益から税金の額を控除し、別除権者、再生債権者に分配可能な額を算定していく。実現が難しい事業計画を立案し、高率の弁済をする再生計画案を立案しても二次破綻を招くだけであるし、別除権者への別除権協定による弁済が多くなると、他の再生債権者への弁済が減ることになる。これらの調和を図ることを念頭に置き再生計画案を立案していくことになる。

　この再生計画案は、主に再生債権に対する権利変更を定めるもので（例えば、再生債権の 90％の免除を受け、残る 10％を毎年 1％ずつ 10 年分割で弁済する）、単純化して言えば、債権カットにより債務超過を解消する（いわば貸借対照表をきれいにする）ものである。

　なお、その前提となる事業継続については別であり、基本的には再生債務者の自助努力による。民事再生法は商売の世界には立ち入らないのであって、そこが民事再生をイメージしにくくしている点かもしれない。ただ、民事再生法は、事業継続のために事業資金の調達や事業継続を図るための配慮をしている。例えば、再生債務者所有の工場や店舗の不動産を確保するために、担保権消滅許可制度を設け（民再 148 条以下）、商取引債権を保護するための少額債権弁済許可の制度を設けている（民再 85 条 5 項）。また、自力再建が難しい場合には、信用力のあるスポンサーの傘下に入り、事業の再生を図ることも認めているのである（事業譲渡やいわゆる減増資といった各種スキーム）。

第1章

破産手続の流れ

山形康郎

本章では、1件目は法人の破産手続で配当がある事案、2件目は個人の破産手続の事案で、同時廃止ではなく、破産管財人がついたうえで異時廃止となる事案を紹介する。破産管財人が就任するケースとして典型的な事例なので、手続の流れを事案に即して具体的にイメージしてほしい。

Ⅰ 法人破産手続の配当事案

1 事案の概要

(1) 会社概要

A株式会社は、衣料卸売業を目的とする株式会社であり、年商は約18億円、負債総額は約10億円、代表取締役はB社長、従業員数は10名の会社であった。また、本社不動産（○県○○市、時価3億円相当）を所有するとともに、同市内に倉庫兼事務所としての建物を賃借していた。

本社不動産には、C銀行（借入総額約4億円、本社不動産に第1順位の抵当権、被担保債権の残額は約3.5億円）、D銀行（借入総額約2億円、本社不動産に第2順位の抵当権、被担保債権の残額も同額）のために抵当権が設定されていた。そのほか、政府系金融機関Eからの借入約5,000万円（無担保）、リース債務約2,500万円（車両類）、仕入先メーカー等に対する支払債務等約3億7,500万円（うち手形債務約2億2,500万円）を負担していた。また、公租公課の未払が約1,000万円（租税約500万円、社会保険料約500万円）存在していた。

A株式会社の取引条件は仕入れの約半分が手形払い、残りの約半分は

現金払いであり、決済条件は手形は、毎月末締めで、振出後、満期日まで概ね 90 日、現金払いは、毎月末締めの翌月末日払いであった。

　一方、未収売掛金は、30 社に対して約 1 億円存在していた。

⑵ 窮境原因

　数年来の不況・競争の激化の影響から売り上げが低迷し、資金繰りがつかなくなった。

2　申立前の準備

⑴ 弁護士への相談と破産手続申立の決断

　B 社長は、上記の理由により 5 月 25 日の手形決済資金を確保することが困難となったことから、Y 弁護士に相談をした。A 株式会社が再建型の法的倒産手続に入った場合、仕入先からの商品の供給は困難となることが予想され、現金仕入れをするにも十分な手元資金もない一方で、客先である大手スーパーや百貨店等との取引も停止されることが予想された。

　このため、再建の見通しは非常に低いと判断されたことから、B 社長は、再建を断念し、Y 弁護士のもとで破産手続による事業の清算を図る準備に着手した。

⑵ 申立準備

　Y 弁護士は、手形の不渡りが出ることが予想される 5 月 25 日に事業を停止するとともに○地方裁判所に破産手続開始申立てを行うこととした。Y 弁護士は、B 社長から窮境原因の詳細に関する聞き取りや、債権者一覧表の作成などの準備作業を進めるとともに、事業を停止する日の従業員への説明、会社の閉鎖の仕方など、B 社長との間で打合せを行った。

　申立てに際しての各種書類は　5 月 24 日にはでき上がった。そして、A 株式会社は同日午後、取締役会を開催し、破産手続開始の申立てをすることについての決議を行った。

3　申立てから開始決定

⑴ 申立て

　Y 弁護士は、25 日、○地方裁判所に A 株式会社についての破産手続開始の申立てを行い、予納金を納付し、その足で、B 社長とともに A 株式

会社の本社に向かい、従業員に対して、破産手続開始申立てを行ったことを説明したうえで、全従業員を解雇し、同日までの給与および解雇予告手当（労基法20条1項）を支給した。そして、全従業員に対して、この後直ちに本社を閉鎖するため、私物を持ち帰るよう指示した。

　Y弁護士は、従業員が退去したことを確認するとともに、本社を閉鎖し、玄関に破産手続開始の申立てを行ったこと、建物内への立ち入りを禁じること、破産管財人が決定するまでの間の連絡先はY弁護士事務所であることを記載した告示書を貼り、厳重に戸締りをした。また、同じタイミングでY弁護士事務所のF弁護士も倉庫兼事務所へ向かい、同様の対応をとった。

　Y弁護士らが午後、事務所に戻ると、申立ての情報や不渡りの情報を得た複数の取引業者や金融機関がY弁護士事務所に架電し、問い合わせを行った。Y弁護士らは、電話で申立てに至る経緯、今後の見通し等を説明した。

(2) 管財人の選任

　○地方裁判所は、5月25日、A株式会社の破産管財人としてX弁護士に選任の打診を行った。X弁護士は、電話を受けた後、○地方裁判所の破産事件を担当する民事○部を訪問し、そこで申立書の閲覧を行い、債権者一覧表により利益相反が生じることがないことを確認したうえで、受任する旨の回答を行い、その後のスケジュールを確認し、開始決定予定日、財産状況報告集会予定日や債権届出期間、債権調査期日予定日などを裁判所書記官と調整した。

　X弁護士は、Y弁護士事務所から申立書副本を届けてもらい、これを検討して、本手続における問題点を予めピックアップし、開始決定後の対応についても準備を行った。

(3) 開始決定

　A株式会社は、閉鎖中にも本社、倉庫兼事務所とも大きな混乱はなく、6月1日午後4時、○地方裁判所から破産手続開始決定を受けた。X弁護士は、破産管財人に就任し、決定においては、財産状況報告集会および債権届提出期間、債権調査期日が定められた（→第3章「開始決定の効果」、第4章「財産の管理・換価と管財人等」参照）。

　X 弁護士は、開始決定の正本、破産管財人証明書等を受け取ると、直ちに、現地に向かい、その確認を行い、告示書を自ら作成したものに張り替えた。同時に、X 弁護士の事務局は、保管金口座を開設するとともに、債権者一覧表に記載された債権者宛に開始決定の写し、債権届出書を同封して、送付した。

　X 弁護士は、翌日の 6 月 2 日、B 社長と Y 弁護士を事務所に呼び、今後の手続の流れ、破産管財人の役割、破産者の義務や破産会社の取締役らの管財業務への協力義務などの説明等を行った。

　その後、会社の概要や破産に至る経緯についての聞き取りを行うとともに、現在、未処理となっている契約関係や換価を行ううえで問題となる事項がないかどうかの聞き取りも行った。

4　開始決定後の管財業務

(1)　不動産賃貸借契約の終了・明渡し

　X 弁護士は、事務所兼倉庫として賃借していた同市内に存する事務所の賃貸借契約を終了させることとした。賃貸借契約を継続すれば、賃貸借契約は双方未履行双務契約であるため（破 53 条 1 項・148 条 1 項 7 号）、賃料が財団債権として発生し続けてしまうからである。そこで、6 月 2 日、早々に、賃貸人と連絡を取り、契約を終了させるとともに、6 月末までに原状回復を完了させたうえで、明渡しを行うことで合意した。このため、早急に事務所の明渡しを行うべく、退去のための処理に着手した。

　後述する(2)、(3)の業務についても月内に完了させることができたため、6 月末に無事明渡しを完了した。

(2)　リース物件の引渡し

　A 株式会社と取引をしていた複数のリース会社から電話が入り、本社および倉庫兼事務所に存したコピー機、社用車などのリース物件につき、リース契約を解除するとともに、引揚げを行いたい旨の連絡があった。これを受けて、X 弁護士は、6 月 4 日から 6 日にかけて、現地で立ち会いのもと、リース物件の返還を行い、受領証の交付を受け、引揚げを完了させた。

(3)　在庫品等の処分

　本社および倉庫兼事務所内に存する在庫品や什器備品類については、X

弁護士が破産管財人に就任したことを倒産情報等で知り、X事務所に在庫品等を購入したいと電話・FAXにより、複数の買取業者が連絡をしてきた。そこで、買取業者らを6月5日に複数集め、在庫品・什器備品類の買取りおよび建物内の清掃・書類の処分等を一括で行うことを条件に、6月12日を開札日とする簡易な入札を行った。そして、最高価額を提示した業者に対して、売却処分し、引き取り、清掃等は、6月18日で完了した。

なお、関係書類の中で売掛金の回収に必要となる帳票類や保存義務の課せられた帳簿類は、いったん事務所に引き揚げることとした。

(4) 売掛金の回収

X弁護士は、売掛金の回収を進めるため、6月3日、取引先の一覧表に基づき、直ちに請求書を送付した。請求書には、管財人口座を記載し、同口座へ振り込むよう記載した。なお、金額が相違する、商品に瑕疵があった等の連絡を入れてきた取引先については、元従業員の協力を得て帳簿の確認や瑕疵の有無の確認等を行い、その結果、修正した金額で再度、請求した。

そのほか、明らかに理由がないと思われるような理由で支払拒絶を行ったり、全く連絡をしてこなかったりする取引先3社に対しては、数回、督促状を送った後、売掛金の請求訴訟を提起して回収を図った。

なお、これに関連して、破産手続申立後、開始決定前の時点で取引先からの入金が従前より取引のあったD銀行口座に振り込み入金されているものが約400万円あった。D銀行は、破産債権との相殺を主張したが、Y弁護士が破産申立てを行った旨のFAXをD銀行に送付した後の5月30日付の入金であり、相殺禁止となる(破71条1項4号)ことを告げ交渉したところ、管財人口座へ送金されることとなった。

(5) 双方未履行双務契約等の処理

A株式会社には、次の秋冬物に関連して、仕入先へ注文したものの代金未決済、商品の納品も未了の取引が複数残っていたため、X弁護士において、双方未履行契約として解除する旨を仕入先に対して通知し、各売買契約を終了させた(破53条1項)。

その他にも、配送中の運送業者が代金の支払いを受けておらず、商事留置権が発生することを理由に商品の引渡しを拒むものがあった。X弁護士は、連絡を取り、一部の弁済を運送業者に行うことで、商事留置権を消

滅させる旨の和解をして（破 78 条 2 項 14 号）、在庫品処分のための簡易入札の時点でこれも含めて処分対象資産として提示をもらうことに成功した。

(6) 不動産の任意売却

　本社不動産についても、同様に買取りを希望する不動産業者を集め、簡易な入札手続を実施した。最高価額である 3 億 2,000 万円を提示した業者を売却先に選定した後、金融機関を訪問し、同額で売却する旨と担保解除の依頼を行った。第 1 順位の C 銀行に対しては、売却金額の 7％を破産財団に組み入れてもらう依頼と、後順位の D 銀行に対して、担保抹消を承諾してもらうために金 50 万円を支払うことについての了解を求めた。後順位の D 銀行に対しては、入札の結果を伝えるとともに、抹消のためには 50 万円程度しか弁済できないことを告げ、両行からの回答を待った。

　両行とも破産管財人の提示条件に承諾する旨の回答を 1 週間後に行ったことから、裁判所に許可申請を行い（破 78 条 2 項 1 号、14 号）、これを得たうえで、8 月末日に不動産の任意売却を実行した。

(7) 否認の請求・役員責任の追及

　X 弁護士は、申立前に A 株式会社が取引先 G 社に対して、本来の弁済期（5 月末日）前である 5 月 10 日に仕入代金の 500 万円を弁済していたことを帳簿および銀行との取引履歴の調査から発見した。この点について B 社長に問いただすと、「これまでにも支援してもらってきていた取引先でもあり、破産申立もやむなしと思った時点で迷惑をかけてはならないと考えたため弁済を行った」と弁済の事実を認めた。

　X 弁護士は、破産法 162 条 1 項 2 号の偏頗行為否認に当たることを理由に G 社と交渉したが、弁済金の返還には応じようとしなかった。そこで、7 月に入って、否認の請求を提起したところ、数回期日を重ねる中で、G 社は返還に応じることとなったので、8 月 20 日、和解で手続を終了させ、翌 9 月末日に金銭の返還を受けた（→第 8 章「否認権(2)」参照）。

　B 社長に対しては、役員責任の追及を検討したが、G 社が全額の返還に応じたことから、査定申立（破 178 条）等は行わなかった。

(8) 換価の完了

　売掛金回収訴訟によって和解した売掛先からの入金が 10 月末日に完了したため、これをもって、破産財団の換価手続は完了した。

5 債権調査——配当

X弁護士が債権者宛に送付した破産債権届出書が裁判所に順次送付され、X弁護士は、債権調査期日に先だって、認否予定書の作成作業に従事した。債権額を裏付ける疎明資料が不足している債権者とは連絡を取り、資料の補充をもらいながらその作成を完了させ、7月28日に認否予定書を提出した（→第3章「開始決定の効果」参照）。

その後、X弁護士は、財産状況報告集会と同日に設定された債権調査期日である8月28日に、認否を行い、認否において認めなかった届出債権者に対しては、認否結果の通知書を送付した。それに対し、破産債権の査定の申立てを行ってきた債権者がいたが、債権者から更なる資料の提出を受け、債権の存在が確認できたため、X弁護士において認否を変更し、債権者は査定の申立てを取り下げた（→第3章「開始決定の効果」参照）。

前記のとおり、10月末日にて換価が完了したため、X弁護士は、裁判所に報酬決定の上申を行い、報酬決定を得た後、財団債権の弁済として、公租公課および未払となっていた労働債権を弁済した。

X弁護士は、配当表を作成し、簡易配当の許可申請を行い（破204条）、各債権者に対して、配当通知を送付した（→第13条「配当と破産手続の終了」Q5）。配当表に対する異議申立期間も無事経過したことから、各債権者に対する振込送金を行い、関係資料を添付して簡易配当実施報告書を作成して裁判所に提出した。

6 終結

最終的な収支報告書とともに任務終了の計算報告書を提出した。任務終了計算報告集会（破88条4項）で終結決定（破220条1項）がなされ、裁判所からも決定書が送られてきた。

II 個人破産の事案

1 事案の概要

申立人A（45歳）は、B株式会社の従業員として勤務している。自宅は、

10 年前に 3,000 万円で住宅ローン（現在の残高は約 2,000 万円）を組んで購入し、第一順位に金融機関 C 銀行からの抵当権が設定されている。6 年前、母親が病気にかかった際に手術その他の治療に高額の金銭が必要であったため、消費者金融から 80 万円を借り入れた。その際の借入手続が予想以上に容易であったことから、他の消費者金融からも数十万単位で借り入れを行うようになり、職場でのストレス発散のために行っていたパチンコや遊興費に浪費した。その結果、借入総額は、消費者金融 5 社から合計 400 万円となり、毎月の生活費、住宅ローンの返済にも窮するようになった。そのため、飲み屋で知り合った不動産事業を営むと称する知人 D からも返済資金として 100 万円を借り入れ、自宅に C 銀行の後順位で D のために抵当権を設定した。

　消費者金融のうち、最も借入金額の多かった E 社（200 万円）の返済については、半年以上延滞をしてしまった結果、貸金返還請求訴訟の提起を受け、請求認容の判決が下されたため、これに基づき、5 月 25 日に支給された 5 月分の給料の差押えを受けることになってしまった。

2 Y 弁護士への相談

　A は、5 月 27 日、上記の事情から知人に紹介を受けた Y 弁護士に法律相談をして状況を説明した。

　Y 弁護士は、破産手続、個人再生手続、私的整理等の個人の債務整理の手続があることを説明し、A の場合には、借り入れたお金を遊興費に用いたりしていることが免責不許可事由に該当し（破 252 条 1 項）、免責が認められない可能性があることを説明した。また、破産手続を選択した場合、自宅不動産を売却する必要もあるため、開始決定と同時に廃止となる同時廃止手続ではなく、破産管財人が選任される形で手続が進むことが予想され、予納金も最低でも 20 万円は必要となることを説明した。

　これに対して、A は、自宅を手放すことも厭わないし、何とか免責が認められるよう対応する意思があり、また母親から予納金分は支援してもらえる見込みがあるため、むしろ長年にわたった返済生活を終了させ、新たなやり直しを図ることを強く希望したことから、Y 弁護士は、破産手続開始の申立てを行うことを前提に手続を進めることとした。

3 破産申立準備

　Y弁護士は、同日、Aの代理人に就任して、破産手続開始の申立てを検討していることを説明して、債権者に対して弁済を停止するとともに、負債の残高および取引履歴の開示を要請する受任通知を発送した。

　その後、Aは、Y弁護士との間で、数度にわたって申立準備のための打合せを行い、上記の窮境原因の説明をしたり、自身の有する財産（銀行預金、保険、不動産、自家用車など）に関連する書類を持参し、その状況を取りまとめ、自由財産の拡張を求めるものを確定させたり、給与差押を受けている債権に関する訴訟関連資料を提出したり、過去2か月の給与明細書その他の資料を整理して家計収支表を作成したりして、破産手続の申立準備を行った。

　受任通知を受けた債権者からも、債権額の回答がなされ、その状況が確定し、過払金債権がないことも確認し、破産手続の申立書の作成が完了したため、Y弁護士は、6月17日、○地方裁判所にこれを提出し、破産手続開始の申立てをした。裁判所から管財手続を行うのに必要と指示された予納金として20万円を予納した。また、申立時に、給与の差押えを受けているので開始決定は可及的速やかになされたい旨の上申を行った。

4 破産管財人の選任と破産開始決定

　○地方裁判所は、Aに関するY弁護士の破産手続の申立てを受けたことに基づき、同日夕刻、X弁護士に連絡を入れ、破産管財人就任の打診を行った。

　X弁護士は、電話を受けた後、○地方裁判所を訪問し、そこで申立書の閲覧を行い、債権者一覧表により利益相反が生じないことを確認したうえで、受任する旨の回答を行った。そして、その後のスケジュールを確認し、開始決定予定日、財産状況報告集会予定日を裁判所書記官と調整した。

　本件では、Aの全財産を換価しても、配当がなされる見込みが低いため、債権調査については、留保した形で手続が進められることとなった（破31条2項）。

　X弁護士は、Y弁護士事務所から申立書副本を届けてもらい、これを

検討して、本手続における問題点として、給与差押えに対する対応や不動産の任意売却、免責不許可事由の存在などを予めピックアップし、開始決定後の対応についても準備を行った。

破産手続の開始決定は、6月21日午後5時になされ、X弁護士が破産管財人に就任した。

5 開始決定後の対応

(1) 破産者との面談および申立代理人との引継ぎ

X弁護士は、早速、Aとの面談及びY弁護士との引継ぎのための打合せを6月22日午前に設定し、面談を行った。X弁護士は、Aに対して、破産手続の概要の説明、説明義務等の破産者の義務（破40条1項1号）、本人宛の郵便物が全て破産管財人宛に転送されること（破81条1項）、住居制限が課せられること（破37条1項）などを説明した。

また、今後、自宅の売却が予定されることから、転居先を確保すべきことや申立書において求められていた自由財産の拡張に関する説明を行った。自由財産に関しては、銀行預金2口で合計20万円、生命保険1口の解約返戻金10万円、退職金300万円の8分の1相当額として37万5,000円、登録後10年を経た無価値な自動車であった。○地方裁判所における自由財産拡張基準の範囲内に納まる額であったので、その拡張については問題ない旨の説明を行った。

また、Aには破産に至る原因において、浪費等の免責不許可事由（破252条1項4号）があるため、その説明を詳細に調査する予定であること、今後の生活についても再生に向けた努力が必要であり、免責不許可となる可能性もあることを説明した。

このほか、この打合せにおいて、Y弁護士から申立書の関係資料に関する原本類の引継ぎや債権者等の対応に関する引継ぎを受けた。債権者対応に関しては、給与差押えを行っているE社とのやりとりや知人Dが受任通知送付後、度々怒ってY弁護士の事務所に電話してきていることなどが話題となった。

(2) 給与差押えへの対応

Aの6月の給与支給日である25日が迫っていたため、X弁護士は、前

記給与差押えを行った執行裁判所である×地方裁判所に対して、破産管財人証明書および破産手続開始決定書を添付したうえで執行終了上申書を提出した。強制執行は、破産手続開始決定によって失効する（破42条1項・2項）ためである。これにより、Aの5月分の給与のうち、差押え分は既にE社に回収されていたが、6月分の給与は、全額Aに対して支給されることとなった。

(3) 不動産の任意売却と担保権消滅

Aの自宅不動産については、X弁護士は、破産開始決定後、直ちに不動産業者などに売却の案内を行い、簡易な入札を行って、複数の応札があった中、最高価額である1,800万円を提示した業者Fを売却先に選定した後、C銀行を訪問し、同額で売却する旨と担保解除の依頼を行った。C銀行に対しては、売却金額の7％を破産財団に組み入れてもらう依頼とオーバーローン物件ではあるが、担保抹消を承諾してもらうために後順位のDに対して、金10万円を支払うことについての了解を求めた。後順位のDに対しては、入札の結果を伝えるとともに、抹消のためには10万円程度しか弁済できないことを告げた。

C銀行は、上記条件にて任意売却を進めることに了解するとの回答を得たが、Aの知人であるDは、Aが破産に至ったことについて納得ができない旨をX弁護士に対しても述べ続け、10万円の弁済では納得もできないし、担保権の抹消にも応じないと回答してきた。

そこで、X弁護士は、やむを得ず、担保権消滅手続により、Dの抵当権を抹消する方針で臨むこととし、C銀行および買受希望業者Fに同手続を経て売却を行うことについて理解を求め、裁判所に対して、担保権消滅許可の申立てを行った（破186条2項）。

被申立担保権者であるC銀行もしくはDに対して、申立書が送達された日から1カ月以内に①担保権実行の申立てをしたことを証明する書面が裁判所に提出されるか、②管財人に対し、被申立担保権者または他の者が管財人の申し出た売得金（本件では1,800万円）の額より5％以上の高額の買受申出額によって、当該担保目的物を買い受ける旨の申出を行うなどの対抗手段がない限り、担保権消滅許可決定がなされることになる（破188条）ところ、Dがこれらの対抗手段を講じることはなかった。その結果、

担保権消滅許可決定がなされ、Fは売得金を裁判所に納付し、〇地方裁判所は、配当表を作成して本件ではC銀行のみに配当を行った。Fが上記金銭を〇地方裁判所に納付した時点で、担保権は消滅した（破190条4項）。

6 免責不許可事由に関する対応

Aには、浪費という免責不許可事由があったため（破252条1項4号）、X弁護士は、その浪費の詳細を調査するとともに、Aの破産開始決定後の生活態度を注視することとした。X弁護士は、Aに対して、家計収支表を開始決定後も作成することを命じ、1カ月に1回程度、面接を行い、家計の状況や今後に向けた問題点などの打合せを行った。

Aは、真面目に再生しようと打合せ時におけるX弁護士の指導などを忠実に実行し、経済的再生に対する真摯な取組みも認められたことから、X弁護士は、裁量免責が可能であるとの免責に関する意見書を作成し、裁判所にこれを提出した（破251条）。

7 手続の廃止と免責

自宅不動産の売却をもって、財産の換価も完了したが、形成された財団は、総額で140万円程度にとどまった。

Aの財産状況報告集会においては、出頭者は、2社のみであった。X弁護士からは、上記のとおり財団の状況についての報告がなされるとともに、租税債権の未納分と管財人報酬とで財団がなくなり配当の見込みが低いこと、Aについては、免責不許可事由への該当が認められるものの、その後の経済的再生に対する意欲が評価できるため、裁量免責が相当ではないかというX弁護士の意見書の概要などが報告された。

集会においては、特に意見が提出されることもなく終了した。

その後、〇地方裁判所は、X弁護士において、租税債権を納付した報告がなされた後、手続の廃止決定を行い（破217条）、破産手続は終了した。

また、裁量免責を相当とする免責許可決定も、後日なされ、同決定が確定したことから、Aの免責も決まった。

第2章

再生手続の流れ

木村真也

　この項では、再生手続の典型的な事例の流れを3件紹介する。1件目は、通常再生手続で自主再生する事案（収益弁済型）、2件目は通常再生手続でスポンサー型で再生する事案（スポンサー型）、3件目は個人再生手続の事案（個人再生）である。まず、再生手続がどのような順序で展開していくのか、各場面にどのような関係者の利害がかかわっているのか、各場面を規律する条文はどのようになっているのかといった点を大づかみに理解し、手続全体の流れを具体的にイメージしてもらいたい。また、第1章で、破産の流れを理解したうえで、破産手続との違いに注目されたい。事案を読み進んだうえで、最後にまとめてある進行概要に目を通して、事案の全体像を確認してほしい。

　そして、破産手続と再生手続は、手続の枠組みはよく似ていることをまず確認してほしい。財産の調査、換価が適正になされるべき仕組み、債権調査の仕組み、債権者への分配がなされることなど、破産手続と再生手続でよく似ている点が多い。そのうえで、再生手続では、対象となる債務者が、事業の継続等を行っている点で、破産手続と大きく異なることを意識してもらいたい。そして、その違いが、手続の進行や制度の違いとして、どのように表れているのか、よく見てみてもらいたい。

　さらに、各論点の解説を読む際に、そこで議論をされている問題点がどのような手続の段階で生じているのかという点を意識してみよう。

Ⅰ　収益弁済型の事案

1　事案の概要

(1)　会社概要

　A 株式会社は、和菓子製造業および不動産賃貸業を事業目的とする株式会社であり、年商は約 2 億円、負債総額は約 9 億円、従業員数は、20名の会社であった。A 株式会社は、本社工場（○○県○○市（処分価額 2 億円））の不動産を所有していたが、B 銀行（被担保債権額約 6 億円、本社工場不動産に第 1 順位の抵当権）、C 銀行（被担保債権額 2 億円、本社工場不動産に第 2 順位の抵当権）のために抵当権が設定されていた。そのほか、リース債務約 3,000 万円（設備機械）、その他取引債務等約 1 億円（うち手形債務 700 万円）を負担していた。

　A 株式会社の取引条件は、仕入先の一部が手形により支払いをするというものであった。

(2)　窮境原因

　好況時に設備投資を行い、銀行借入が増加したが、近時の不況の影響、競争の激化により、売上が低下し、資金繰りがつかなくなった。

2　申立前の準備

(1)　弁護士への相談と再生手続申立ての決断

　○市内に本社をおく A 株式会社の代表取締役である A′ 社長は、上記の理由により 5 月 25 日の手形決済資金を確保することが困難となったことから、Y 弁護士に相談をした。A 株式会社は伝統と地元を代表する土産品メーカーとしての定評があり、法的倒産手続に入ったとしても一定の受注は受けられ、自力再建の見込みがあった。そこで、再生手続を前提に検討・準備に入ることになった。

(2)　申立準備

　その後、Y 弁護士らは、○地方裁判所の再生手続の担当係を訪問して申立てに向けて事前相談をした。事前相談では、その段階での申立書のドラフト、債権者一覧表、資金繰り見込表（日繰り表）を持参し、申立日、

開始決定後の大まかなスケジュールなどについて協議した。

　申立てに際しての各種書類（民再規12~14条）は5月23日にはでき上がった。そして、A株式会社は同日夕刻、取締役会を開催し、再生手続開始の申立てをなすことについての決議を行った。

3 申立後

(1) 申立て

　Y弁護士らは、5月24日、○地方裁判所にA株式会社についての再生手続開始の申立てを行い、予納金を納付した。裁判所は、審尋（民再8条）を行ったうえで、直ちに監督命令（民再54条1項）および弁済禁止の保全処分（民再30条1項）を行った。

　さらに、申立代理人団で手分けをし、銀行回り、従業員説明を行い、今回の申立てに至った経緯、今後の手続に関する説明を行った。また、従業員に対しては、給料は随時弁済ができること（民再119・121・122条、民法306条2号、308条）を十分に説明のうえ、協力を呼びかけた。特に、仕入代金に対する支払いについては、①支払ってよいもの、②共益債権化（民再120条2項）しなければならないもの、③開始決定後履行選択をしたうえで（民再49条1項）支払えばよいもの、④再発注をする必要があるものなどについて分けて、対応を指示した（→第3章「開始決定の効果」参照）。

　申立ての情報を得た複数の取引業者がA株式会社に来社した。納入材料の引揚げなどを求める者もいたが、申立代理人が再生手続の趣旨や無断の材料引揚げはできないなどの説明に努めて、理解を求めた（→第4章「財産の管理・換価と管財人等」参照）。裁判所はA株式会社の従業員の過半数を代表する者に対し、書面により、意見聴取をなした（民再24条の2）。

(2) 債権者説明会

　A株式会社は、5月29日、債権者説明会を開催した。監督委員もオブザーバーとして出席した。A'社長の挨拶の後、Y弁護士らにおいて、再生手続開始の申立てに至った経緯、A株式会社の業務および財産の経過と現状、今後の手続・スケジュール等を説明し、質疑応答を行った。一部債権者からは批判的な発言もなされたが、概ね、A株式会社の状況につ

いて理解が得られた。Y弁護士は、その模様について裁判所に報告書を提出した（民再規 61 条 2 項）。

(3) 再生手続開始決定

当該債権者説明会を受けて、監督委員は、本件申立てについて民事再生法 25 条に掲げる申立棄却事由がない旨の報告書を裁判所に提出し、裁判所は、5 月 31 日、再生手続開始決定（民再 33 条 1 項）をした（→第 3 章「開始決定の効果」、第 4 章「財産の管理・換価と管財人等」参照）。

再生手続開始決定の直前に、Y弁護士は、監督委員に対し申立後開始決定までの債務についての共益債権化の承認申請（民再 120 条 2 項）を行い、承認を得た。

(4) 取引関係

従前は、仕入の一部を手形で支払っていたが、本件申立てにより現金決済を求められることとなった。Y弁護士は、A株式会社の仕入れが止まってしまうことを懸念し、資金繰りの状況を慎重に検討したうえで、民事再生法 85 条 5 項後段に基づき、再生債権を早期に弁済しなければA株式会社の事業の継続に著しい支障を来すと考えられた仕入先 7 社に、各 20 万円を上限とする少額弁済を行うことについて裁判所の許可を得て弁済をし、仕入れの確保に努めた。他方、得意先については、A株式会社営業担当者において手分けをして挨拶をし、今後も発注をお願いしたいことを伝えた。

4　再生手続開始後

(1) 双方未履行双務契約の解除

A株式会社は、双方未履行双務契約について、契約を継続するか否かの精査を行ったうえで、複数の契約については継続の必要性が乏しかったため、監督委員の同意（民再 54 条 2 項、41 条 1 項 4 号参照）を得て、民事再生法 49 条 1 項に基づき解除を行うこととした（→第 5 章・第 6 章「契約関係の処理」参照）。

(2) 財産評定、125 条報告書

A株式会社は、開始決定後、財産評定（民再 124 条 1 項）に着手し、D′公認会計士と協議のうえ、処分価額（民再規 56 条 1 項本文）を算出してい

った。

そして、再生手続開始決定時に定められた期限である6月30日に、財産目録および貸借対照表（民再124条2項）を125条報告書（再生手続開始に至った事情等を記載した報告書）とともに裁判所に提出した。なお、清算配当率は、約3％となった（→第4章「財産の管理・換価と管財人等」参照）。

また、125条報告書の要旨の知れている再生債権者への周知方法（民再規63条1項）としては、要旨を記載した書面を送付することとした。

(3) 債権届出と債権調査

債権者から再生債権届出書が裁判所に順次送付され、Y弁護士らは、認否書（民再101条1項）作成作業に従事した。再生債権届出期限の約10日前には、未提出の再生債権者に対し、届出を促す通知書を送付した。それでも届出を行ってこなかった再生債権者については、自認債権（民再101条3項）として認否書に記載し、7月28日に認否書を提出した（民再101条5項）（→第3章「開始決定の効果」参照）。

その後、A株式会社は、一般調査期間である8月7日〜21日までの間、認否書の写しを主たる営業所に備え置き、再生債権者が閲覧できるようにした（民再規43条1項）。また、認否において認めなかった届出債権者に対しては、認否結果の通知書を送付した。それに対し、再生債権の査定の申立て（民再105条）を行ってきた債権者がいたが、債権者から更なる資料の提出を受け、債権の存在が確認できたため、Y弁護士において認否を変更し、債権者は査定の申立てを取り下げた（→第3章「開始決定の効果」参照）。

(4) 月次報告

再生手続開始決定にて、毎月15日までに再生債務者の前月の業務および財産の管理状況を報告することを求められているため（民再125条2項）、毎月15日までに裁判所および監督委員に提出した。

(5) 事業の建て直し

A株式会社は、申立前から行っていた経費節減を徹底するとともに、不採算商品の取扱いを絞っていった。また、再生手続をとったことによる受注減少を防ぐため、営業活動に力を入れるようにしたが、従前の水準への売上の回復は困難であった。そこで、従業員の希望退職を募るとともに、

遊休資産について任意売却することとした。A 株式会社の主な窮境原因
は、過大な設備投資による借入金の増大および売上の低下であったため、
このような対策によりある程度業績が改善する兆候があった。

(6) 再生計画案立案

　A 株式会社は、前記事業の建て直し策に基づき、事業計画案を作成し、
それに基づき再生計画案を立案した。弁済率は、少額債権部分として 20
万円までの部分については全額、それを超える部分については 10%（10
年均等分割弁済）とした。

　再生計画案の提出期限の約 1 ヵ月前には、裁判所にて、監督委員も同席
し、提出前面談が行われ、Y 弁護士にて、現状のドラフトについて説明
を行った。監督委員の指摘を受けて、Y 弁護士は再生計画案のドラフト
を修正し、裁判所に対し、提出期限である 9 月 16 日に再生計画案を提出
した（民再 163 条 1 項）（→第 14 章「再生計画、履行」参照）。

(7) 別除権協定

　任意売却する遊休不動産については、簡易な入札を行い、最高価額に基
づき、監督委員の同意を得て別除権者と協定のうえ任意売却を行った。
本社工場不動産については、A 株式会社で算定した処分価額としての評
価額である 2 億円を出発点として、第 1 順位抵当権者である B 銀行と協
議を行った。B 銀行自身が内部で持っていた評価額との価額の開きが大き
く、交渉は難航した。しかし、B 銀行は返済期間よりも返済額を重視した
ため、交渉を重ねた結果、最終的には 2 億 4,000 万円を 15 年の分割弁済
とすることで妥結した。

　後順位の C 銀行に対しては、登録抹消料としての名目的な弁済金額を
提示するとともに、不足額が確定しなければ再生計画が認可されても再生
計画に基づく再生債権の弁済が受けられないことを説明し、理解を得た。
そして、B 銀行の別除権者の別除権の行使によって弁済を受けることがで
きない債権の部分（民再 88・182 条）については、再生計画に基づき弁済
することとなった（→第 10 章・第 11 章「倒産手続における担保権の取扱い」
参照）。

(8) 債権者集会

　A 株式会社の再生計画案の提出から 2 週間後、監督委員から裁判所に

対し、再生計画案について民事再生法174条2項に掲げる事由がない旨の報告書（意見書）が提出され、10月2日、裁判所は再生計画案の付議決定（民再169条1項）をした。決議の方法は、民事再生法169条2項1号に定める方法（債権者集会）により行うこととされ、期日は11月13日午後3時と定められた。

　債権者集会当日は、Y弁護士による再生計画案の骨子説明、監督委員による意見の骨子説明等がなされた後、議決がなされた。大口債権者の銀行も出席の上同意をしたため、事前に確保していた委任状を合わせて、債権者集会に出席した議決権者の過半数および議決権者の議決権の総額の2分の1以上の議決権を有する者の同意を得ることができ、再生計画案は無事可決された（民再172条の3）。そして、翌11月14日、裁判所は、再生計画認可決定（民再174条1項）をした。

　そして、11月28日に認可決定の官報公告がなされ（民再174条4項・10条1項・3項）、2週間が経過して確定した（民再10条2項・9条）（→第14章「再生計画、履行」参照）。

5 再生計画認可決定確定後

(1) 第1回弁済

　Y弁護士は、認可決定の確定を受け、再生債権者に対して認可確定の連絡書および振込指定書を送付した。第1回弁済日は、再生計画において認可決定確定日の3カ月後の日の属する月の末日限りとされていたため、翌年の3月末日となった。そこで、当該期日までに振込指定書の回収を行い、第1回弁済を行った。その後、速やかに、監督委員に対し、弁済の報告を行った。

　監督委員は、裁判所に、4月14日、第1回弁済の履行状況の報告を行った。

(2) 終結

　その後、A株式会社は、何とか事業計画案における売上高や利益を確保することができ、第2回弁済、第3回弁済を行った。そして、認可決定確定日から3年の経過後、Y弁護士において再生手続終結の申立てを行い、裁判所は再生手続終結の決定をした（民再188条2項）。その後も、A

株式会社は再生計画に基づく弁済を続け、無事、再生計画を遂行した（→第 14 章「再生計画、履行」参照）。

6　進行概要

以上の事案の進行をまとめると、以下のとおりである。

日　付	手　続
5 月 1 日	会社代表者が弁護士へ相談
5 月 15 日	代理人が裁判所への事前相談
5 月 24 日	再生債務者が再生手続開始の申立て
同日	裁判所が監督命令、保全処分発令
5 月 29 日	再生債務者が債権者説明会を開催
5 月 31 日	裁判所が再生手続開始決定
6 月 30 日	再生債務者の財産目録、賃借対照表、125 条報告書を提出（提出期限）
7 月 7 日	再生債権者の再生債権届出期限
7 月 28 日	再生債務者の認否書提出期限
8 月 7 日〜21 日	再生債権の一般調査期間
9 月 16 日	再生債務者が再生計画案提出（提出期限）
10 月 2 日	裁判所が再生計画案の付議決定
11 月 13 日	再生債権者が再生計画案の決議
11 月 14 日	裁判所が再生計画認可決定
12 月 13 日	再生計画認可決定確定。以後、再生債務者が再生計画を遂行。
認可決定確定後 3 年を経過	裁判所が再生手続終結の決定

Ⅱ　事業譲渡型の事案

1　事案の概要

(1)　会社概要と事業再生の方法

会社の概要は、基本的に「Ⅰ　収益弁済型の事案」と同じであるが、再生手続開始申立ての段階で、Y 弁護士と A' 社長にて事業再生の方法について検討をしたところ、自主的に利益体質を構築して再生計画の弁済原資を確保することが困難と判断されたことに加えて、主要債権者からも経営者の退陣を求める意見が強く、第三者のスポンサーを募集して事業の再生を図る方針をとった。

2 申立前

(1) 申立準備

　裁判所への事前相談において、Y弁護士は、スポンサー型の再建スキームを採る旨説明をした。

　また、Y弁護士は速やかにスポンサーの選定作業に入れるよう、申立書類の作成と並行して、デュー・デリジェンス（DD、スポンサーによる再生債務者の会社の事業内容の精査）のための開示資料等の作成にも着手した。

　なお、監督委員にはZ弁護士が選任されることになった。Y弁護士は、Z弁護士と連絡を取り、前記再建スキームやDDの進め方等に関する説明をした。

3 再生手続開始後

(1) スポンサー選定

　5月31日、○○地方裁判所より再生手続開始決定がなされた。

　財産評定（民再124条1項）においては、スポンサーへの事業承継を予定していたため、対価を検討する際の参考として、処分価額（民再規56条1項本文）だけでなく、いわゆる継続企業価値（同項ただし書）としても評定を行った（→第4章「財産の管理・換価と管財人等」参照）。

　一方、6月7日にはスポンサー募集要項および秘密保持等に関する誓約書の書式を配布し、当該誓約書を提出した先に対してA株式会社に関する情報・資料をまとめたDDパッケージを配布した。誓約書の提出先は3社であった。その後、役員等へのインタビュー等を経て、7月7日に第一次意向表明書を提出した先は2社であった。そこで、2社ともが第二次DDに入り、7月26日に第二次意向表明書が提出された。

　当該意向表明を受けてA株式会社は、最も有利な条件を提示し、A株式会社の事業再生を確実に実現すると考えられたI社をスポンサーとして選考することとし、監督委員にもその選考結果、選考の理由を説明した。その後、I社との間で、至急に基本合意書の内容を協議し、監督委員の同意を得たうえで、8月10日、基本合意書を調印した。

(2) 事業譲渡

　Ｉ社は、意向表明において、早期に事業譲渡による事業の承継を実施することを希望していたため、Ａ株式会社は再生計画外における事業譲渡を行うこととした（民再 42 条 1 項）。そこで、基本合意書を前提として、Ｉ社との間で事業譲渡契約の内容について協議を重ね、事業譲渡契約の内容が定まった。

　事業譲渡に際して必要な株主総会の特別決議による承認（会 467 条 1 項・309 条 2 項 11 号）を得るべく、Ａ株式会社は株主全員に出席を求めて株主総会を開催して、その承認を得た。また、事業譲渡許可申請については、再生債権者等に閲覧をされると支障のある部分については、閲覧等の制限の申立てを行った（民再 17 条 1 項 1 号）。

　裁判所は、これを受けて、閲覧等の請求をできる者を再生債務者および監督委員に限る決定をした。また、裁判所は、事業譲渡の許可に関しては、知れている再生債権者および Ａ株式会社の従業員の過半数を代表する者に対し、書面による意見聴取を行った（民再 42 条 2 項・3 項）。当該意向聴取において、合理的な理由のある反対意見は見られなかった。裁判所は、監督委員に対して、事業譲渡についての調査報告書(意見書)の提出を求めていたところ、これを肯定する内容の調査報告書(意見書)が提出されたことを受けて、10 月 4 日、事業譲渡許可決定をなした。

　その後、Ａ株式会社とＩ社は、10 月 6 日、事業譲渡契約を締結した（→第 14 章「再生計画、履行」参照）。

　Ａ株式会社は、取引先に、Ｉ社への契約の承継についての説明と協力要請に回るとともに、別除権協定の締結を進めていくこととした。設備関係のリース物件については Ａ株式会社において、デュー・デリジェンス段階から要否の仕分けを行っており、当該仕分けに従い、Ｉ社が引き続き使用を希望するリース物件について、リース契約を承継することを前提とした別除権協定を締結させていった。本社工場不動産については、Ｂ銀行および Ｃ銀行との間で、別除権協定の交渉を行った。Ｂ銀行との間では比較的早期に協定が成立したが、後順位である Ｃ銀行は難色を示した。そこで、Ａ株式会社は、最終条件を提示し、11 月 10 日までに締結に至らなければ担保権消滅許可の申立て（民再 148 条）をする旨伝え、具体的に準

備に取りかかっていたところ、最終的にC銀行からいわゆる抹消料としてのA株式会社の提示額を若干上回る金額での妥協案が提示されるに至り、A株式会社も受け入れることとした（→第10章・第11章「倒産手続における担保権の取扱い」参照）。

そして、事業譲渡対象資産について全てI社へ移転できる状況になり、11月16日に事業譲渡を実行した。

(3) 再生計画案立案

A株式会社は既に事業を譲渡しているため、譲渡代金を債権者に分配したうえでA株式会社を解散・清算する旨の内容の再生計画案を作成し、12月5日に提出した。概要は、①第1回弁済として、再生計画認可決定確定日の2カ月後の日の属する月の末日限りに、少額債権部分として10万円までの部分については全額、それを超える部分については5％を弁済する、②第2回弁済として、全ての再生債権者に対して第1回弁済が終了し、かつ再生債務者の積極財産の換価が終了した日の2ヵ月後の日の属する月の末日までに、共益債権や一般優先債権の弁済に必要な金額を控除した後の残額について按分弁済する、③その余の債権については免除を受ける、というものであった。そして、A株式会社はしかるべき時期に解散し、清算することとした。

監督委員の意見書提出後の12月20日、裁判所は、再生計画案の付議決定（民再169条1項）を行った。1月29日に再生計画案の決議がなされ、可決され（民再172条の3）、同日、裁判所は再生計画認可決定（民再174条1項）をした。

2月13日に認可決定の官報公告がなされ（民再174条4項・10条1項・3項）、2週間が経過して確定した（民再10条2項・9条）（→第14章「再生計画、履行」参照）。

4 再生計画認可決定確定後

第1回弁済は4月末日となり、A株式会社は、事業譲渡の対価などを原資として、第1回弁済を行った。

その後、A株式会社は株主総会を開催し、解散決議を行い（会471条3号、309条2項11号）、清算に入った（会475条1号）。清算人にはA'が選

任された。

　そして、全ての再生債権者に対して第1回弁済が終了し、かつ再生債務者の積極財産の換価が終了した日の2カ月後の日の属する月の末日限りである12月末日に第2回弁済を行い、A株式会社は再生計画を遂行し、再生手続の終結の申立てを行ったところ、裁判所は再生手続終結の決定をした（民再188条2項）。また、清算事務も終了したため、決算報告を作成し、株主総会の承認を受け（会507条1項・3項）、清算が結了した（→第14章「再生計画、履行」参照）。

5　進行概要

　以上の事案の進行をまとめると以下のとおりである。

日　付	手　続
5月31日	裁判所が再生手続開始決定
6月7日	再生債務者がスポンサー募集要項等の配付開始
7月7日	第一次意向表明書提出期限
7月12日	再生債務者が第一次選考結果通知
7月26日	第二次意向表明書提出期限
7月31日	再生債務者が第二次選考結果通知
8月10日	再生債務者が基本合意書調印
8月24日	再生債務者が事業譲渡許可申請（民再42条1項）
	事業譲渡についての株主総会決議
10月4日	裁判所が事業譲渡許可決定
10月6日	再生債務者が事業譲渡契約調印
11月16日	再生債務者が事業譲渡実行
12月5日	再生債務者が再生計画案提出（提出期限）
12月20日	裁判所が再生計画案の付議決定
1月29日	再生債権者が再生計画案の決議
1月29日	裁判所が再生計画認可決定
2月28日	再生計画認可決定確定
	再生債務者が再生計画を遂行し、裁判所が再生手続終結の決定

Ⅲ 個人再生の事案

1 事案の概要

(1) 申立人の概要と申立てに至る経緯

　申立人A（52歳）は、A'株式会社の従業員として勤務しているが、A'株式会社の業績の悪化のため賞与や賃金がカットされたほか、子供の学費の負担がかさむ時期に、住宅ローンの返済額も増額したため、負債が増大した。ついには、住宅ローンを含めて13社程度に合計6,000万円の負債を負い、月々の約定返済額は25万円に達し、月額給与手取りの35万円ではその返済を続けることが困難となった。Aとしては、このまま返済を続けることは難しいが、家族のために自宅を守りたいとの希望が強いとともに、今後も給料から可能な範囲での弁済を続けていきたいと望んでいる。

2 Y弁護士への相談と申立ての準備

　Aは、5月16日、上記の事情からY弁護士に法律相談をして状況を説明した。Y弁護士は、破産手続、再生手続（個人再生手続として、小規模個人再生と給与所得者再生の手続があること。また、住宅ローン特約の制度があること）、私的整理等の個人の債務整理の手続があること、それらのメリットとデメリットを説明した。その結果、Aの自宅を確保しうることに加えて、Aが今後も給与から弁済を継続したいとの意向を踏まえて、小規模個人再生手続の申立てを検討することとした（第15章「個人債務者の倒産手続」参照）。

　Yは、5月27日、Aの代理人に就任して、個人再生手続その他の債務整理手続を検討していることを説明して、債権者に対して弁済を停止するとともに、負債の残高の回答を要請する受任通知を発送した。また、住宅ローン債権者である、E銀行に対しては、YとAとで個別に面談をして、小規模個人再生手続の申立てを検討しており、住宅ローン特別条項を利用したいので、住宅ローンについて月々の弁済額を減額し弁済期間を延長するようお願いしたいと申し入れた。具体的な弁済内容は、Aの収入額、支出額、他の再生債権への最低弁済額等を算定し、安定的に弁済できる内

容を検討したうえで改めて協議したいと伝えた。住宅ローン債権の残高は3,500 万円、住宅の固定資産評価額は 1,500 万円であったが、その他には見るべき資産はなかった。

　A は、過去 2 カ月の給与明細書その他の資料を整理して家計収支表を作成したところ、給与手取り額は毎月約 35 万円であり、生活費については通常 23 万円を要していたが、何とか切り詰めて 17 万円程度に抑えることを目標とした。これにより、毎月、差額 18 万円の弁済原資を確保できる計算となるが、若干の余裕をみて 15 万円を毎月弁済原資として確保することとした（ただし、うち住宅ローンの返済原資 6 万 5,000 円を除外した 8万 5,000 円を積み立てていった）。

　受任通知を受けた債権者から、債権額の回答がなされ、その後判明した債権者を含めて、住宅ローン債権を除く債権者数は 13 社、利息制限法による引き直し計算後の債権額は 1,500 万円であった。

　Y 弁護士は、民事再生法に基づく最低弁済額（民再 231 条 2 項）を算定し、住宅ローン以外の債権者に対しては、合計 300 万円、3 年間で均等弁済をすると仮定して月額 8 万 3,000 円余りの弁済原資を要することを試算した。

　これを踏まえて、E 銀行に対する弁済原資としては、弁済原資から上記最低弁済額を除外した 6 万 5000 円、および、ボーナス月（7 月と 12 月）に別途各 15 万円程度を確保できることを算定し、E 銀行にその内容への返済方法の変更を提案した。E 銀行は、状況を理解し前向きに検討することとなった。

3　小規模個人再生手続の申立てと開始決定

　以上を踏まえて、Y 弁護士は、6 月 28 日、小規模個人再生手続の申立書を作成して、〇〇地方裁判所に提出をして、その申立てをした。

　裁判所は、個人再生委員 Z′ 弁護士を選任し、個人再生委員の職務として再生債務者の財産および収入の状況等の調査および適正な再生計画案の作成のための必要な勧告を命じた（民再 223 条 2 項 1 号、3 号）。Z′ 弁護士は、申立書類を検討するとともに、A および Y 弁護士から事情を聴取し、追加資料の提出を受ける等した。また、この間に、E 銀行から住宅ロー

の弁済方法の変更について承認する旨の回答がなされた。これらを踏まえて、Z′弁護士は、再生債務者の収入および財産の状況として把握し得た事項を踏まえて開始要件が具備されていると考えられることを裁判所に報告し、小規模個人再生手続の開始要件を満たしていることが判断されたことから、裁判所は、7月6日、小規模個人再生による再生手続開始決定をした。

　Y弁護士は、住宅ローンの弁済許可の申立てをして、その許可を得た（民再197条3項）。

4 債権調査

　Z′弁護士は、Y弁護士が提出した債権認否一覧表の内容についても調査し、特に問題はない旨を裁判所に報告した。8月3日に債権届出期間の終期が経過したが、新たに債権届出はなく、AおよびY弁護士が作成した債権者一覧表のとおりの内容で債権が手続内で確定した。

5 再生計画案の提出と決議

　以上を踏まえて、Y弁護士は、再生計画案を作成し、それまでの積み立ての報告書とともに、8月27日に裁判所に提出した。その内容は、住宅ローン債権者について、約定による弁済を継続する旨の特約を盛り込むこと（民再199条1項）、その他の債権者については、最低弁済基準額たる300万円（民再231条2項4号）を超える306万円を、再生計画認可決定確定の翌月末から3年間にわたり、毎月合計8万5,000円を弁済することを内容とするものである。

　個人再生委員は、事前にドラフトを検討して必要な指導をしておいたうえ、裁判所に対して再生計画案について不認可事由が認められないことを報告した。これを受けて、9月16日には、裁判所は再生計画案を決議に付する決定をし、債権者へ通知をした。決議の回答期限は10月13日とされたが、比較的少額の債権者1社から反対の意見が述べられたほか、意見の提出はなく、再生計画案は可決され、同月18日、裁判所は認可決定をした。

　認可決定は、11月2日、官報に掲載され、同月16日が経過して確定し

再生計画が効力を生じた。これを受けて、裁判所は小規模個人再生手続の終結決定をした（民再 188 条 1 項）。

6　再生計画の遂行

その後、Y 弁護士および A は、再生計画に基づき、弁済を継続した。

7　進行概要

5 月 16 日	A が Y 弁護士に相談
5 月 27 日	申立代理人 Y 弁護士が債権者に受任通知（代理人として受任した旨の通知）発送
6 月 8 日	Y 弁護士が A とともに債権者から返送された債権調査票を検討
6 月 28 日	再生手続開始の申立て。裁判所が個人再生委員として Z′ 弁護士を選任
7 月 6 日	Z′ 弁護士による調査、報告を経て、再生手続開始決定。
8 月 3 日	債権届出期間の終期
8 月 6 日	一般異議申述期間の始期
8 月 27 日	再生債務者が再生計画案、積立状況報告書、通帳の写しの提出
9 月 16 日	裁判所が再生計画案を決議に付する旨決定。債権者に対する通知
10 月 13 日	決議回答期間の終期
10 月 18 日	再生計画の認可決定
11 月 16 日	再生計画認可決定確定、再生手続終結
12 月 28 日	A が第 1 回弁済

※事例の作成に当たり、木内道祥監修、軸丸欣哉＝野村剛司＝木村真也＝山形康郎＝中西敏彰編『民事再生実践マニュアル〔第 2 版〕』（青林書院、2019 年）3 頁以下、大阪地方裁判所・大阪弁護士会個人再生手続運用研究会編『改正法対応　事例解説　個人再生～大阪再生物語～』（新日本法規出版、2006 年）132 頁以下を参考とさせていただいた。

…コラム…

貸借対照表と倒産手続

溝端浩人

(1) 貸借対照表とは

会計の世界では、左側を借方（かりかた）、右側を貸方（かしかた）と呼んで区別をする。借方（左側）には、正の財産である「資産」が表示され、貸方（右側）には、負の財産である「負債」が表示される。また、資産と負債の差額を「純資産」と呼び、資産超過の会社では、純資産は貸方（右側）に表示される。

貸借対照表は、一定時点における財政状態を示すものであり、下図は、正常な資産超過の会社を示している。また、その意味としては、お金が右から左に流れていくイメージを持っていただくと良い。

つまり、右の負債は、資金の外部からの調達源泉を表し、調達源泉の内容に従って、営業上の債務としての買掛金や支払手形、銀行等から資金を調達した場合の借入金や社債という名前（会計上、「勘定科目」という）が付される。左の資産は、資金の運用形態を表し、そのまま保有している場合には現預金、営業上の債権として売掛金や受取手形、原材料や商品等の棚卸資産、不動産を購入した場合には土地や建物、投資や融資をした場合には有価証券や貸付金という勘定科目で表現される

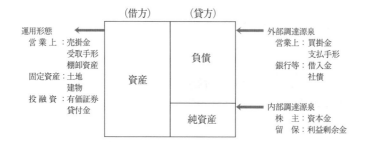

(2) 債務超過とは

会社が利益を出して経営されている場合には、上記のような、資産＝負債＋純資産（貸借対照表の左と右は必ず金額が一致する。これを貸借対照表等式という）という計算式が成り立つが、営業上、赤字を出して資産と負債のバランスが崩れたり、また、売掛金や貸付金という回収されるべき債権が不良化し回収できなかったり（貸倒れという）、買った不動産や株式（有価証券）の価値が下落したりして、資産の価値より負債の金額が大きくなってしまう場合がある。こうした状態を債務超過状態という。

上場会社では、資産を時価で表現することが基本となっているが、中小企業では、土地や有価証券を買った時の金額のまま取得価額で表現してい

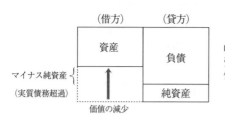

帳簿上資産超過の会社が、
資産価値の見直しで
債務超過となったケース

る場合がある。こうした会社において、土地や有価証券の時価が、取得価額より下落している場合には、帳簿価額では、資産超過だけれども、時価に置きなおすと債務超過になるというようなケースがある。こうした状況を、実質（実態）貸借対照表では債務超過である、と表現する。

(3)　倒産手続と貸借対照表

　倒産手続においては、法人の破産手続開始の原因として、「支払不能又は債務超過」（破16条）である事実の存在が求められており、民事再生法や会社更生法においても引用されているので、債務超過であるかどうか（実質での判断になる）は大変重要な事実となる。

　また、民事再生や会社更生手続においては必ず、資産は、破産を前提にした早期処分価値で評価をして、負債は、同様に解雇予告手当を計上したり、退職金債務を計上する等して、破産（清算）前提の貸借対照表を作成し、一般債権に対する破産（清算）配当率を計算する。これは、再建型の倒産手続においては、破産手続における配当率（破産（清算）配当率）を上回る配当をしなければならない（再生債権者の一般の利益に反してはならない〔民再174条2項4号〕）という清算価値保障が求められていることによる。

　なお、再建型の手続は、①各資産を実態に従った評価に見直し、その資産価値に見合うように、②債権者の犠牲のもと負債を圧縮し、正常な財政状態に復帰することによって、事業を継続していくというプロセスになる。その過程を貸借対照表上で表現すると以下のようになる。

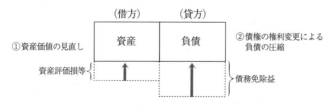

①資産価値の見直し
資産評価損等

②債権の権利変更による
　負債の圧縮
債務免除益

※再建型の手続では、債務免除益と資産評価損や繰越欠損金とのバランスを取り、税負担を少なくして、より確実な再建を図るためのタックスプランの作成が重要となる。

第3章

開始決定の効果

山形康郎

1 破産手続および再生手続開始の申立て

Q1 (1)　A株式会社は、Bが100%株主であり、その息子Cが代表取締役となっている取締役会設置会社（取締役は、B、C、DおよびEの4名）である。本年3月末日の決算において、資産4億円、負債7億円（メインバンクF銀行の貸付残高2億円）で純資産は約3億円の債務超過となった。4月以降も毎月の資金繰りは改善せず、6月1日時点で6月25日の支払手形2通の決済資金約1,000万円が不足することが判明し、この先資金繰りの改善見込みもない状態となった。そして、同日、Cは交通事故により急死した。

　　B、D、EおよびF銀行は、A株式会社を破産させるしかないと考えているが、誰がどのタイミングでどのような開始原因に基づいて、破産手続開始の申立てを行うことが考えられるか。

　　(2)　A株式会社は、アパレル事業を営んでおり、Bが代表取締役となっている取締役会設置会社（取締役はB、CおよびD）であり、メインバンクE銀行からの貸付残高は、2億円である。現在（8月中旬）、決算書上は、かろうじて資産超過状態ではあるが、翌年3月末の決算期に約3億円の債務超過となることがほぼ見込まれている。

　　また、現在も、資金繰りが苦しいため、工場のある土地・建物

> を売却して現金化し、別の工場に設備を集約して資金繰りを乗り
> 切ろうとしている。将来の資金繰り表を作成したところ、同社の
> 事業は季節変動が大きく、このまま事業を継続しても、翌年7
> 月の支払日の決済が不可能となることが見込まれている。このよ
> うな状況下で、A株式会社、またはF銀行が再生手続開始の申立
> てを行うとすればどのような開始原因に基づき、申立てが可能か。

(1) 問(1)について

【申立権者】

　破産手続開始の申立権者は、債権者および債務者(破18条1項)であり、法人では、理事・取締役・清算人等も申立権を有している（破19条1項、2項）。債務者が自ら申し立てる場合（法人等においては機関決定の上、申し立てる場合）を自己破産、会社の取締役等が申し立てる場合を準自己破産という。

　A株式会社が、自己破産の申立てを行う場合は、B、DおよびEにより臨時取締役会を開催し、例えばBを新たに代表者に選任し、破産手続開始の申立ての取締役会決議を得て申立てを行うが、その他、Bが取締役として準自己破産の方式により、申し立てることも考えられる。また、F銀行が、債権者申立ての方式により申し立てることも考えられる。

【開始原因】

　破産手続開始原因は、全ての種類の債務者に共通する支払不能（破15条1項）と、法人の場合、債務超過（破16条1項）とがある。なお、支払不能を推定する事実として、支払停止が規定されている（破15条2項）。これらは、自己破産、準自己破産、債権者申立てによる破産、いずれの方式でも開始原因となり得る。裁判所は、実体的要件としてこれらの事実が証明された場合に開始決定を行う。

　6月1日以降の時点において破産手続開始の申立てを行う場合、債務超過を原因とすることが考えられる。また、支払不能は「弁済期にある債務」に着目した概念ではあるが、表面的に弁済能力を維持できていても、自転車操業の状態にあれば客観的には支払不能と判断されるとの見解がある。これに従えば、同月25日の手形の決済ができず、資金繰りの回復も

ないことが見込まれている以上、支払不能を開始原因とすることも考えられる。また、25日以降に2通の手形の不渡りが発生した事実をもって、同日以降に、支払停止を開始原因とすることも考えられる。

　なお、債権者F銀行による申立ての場合にも支払不能を原因とすることも理論上は可能であるが、債権者申立ての場合、申立時の適法要件として、開始原因事実の疎明が必要（破18条2項）とされていることからすれば、会社と情報共有できている場合でなければ疎明は難しいであろう。決算書などを用いて債務超過を疎明することが多い。

(2) 問(2)について

【申立権者】

　再生手続開始の申立権者は、債務者（民再21条1項）および債権者（同条2項）である。破産のように、準自己破産に該当する制度はなく、法人であれば機関決定に基づき申立てをする必要がある。また、申立権限のある債権者は、再生手続による制約に服する再生債権を有する者をいい、一般優先債権など再生手続に服さない債権を有する者を含まないと解されている。したがって、A株式会社において取締役会決議を得て、申し立てること、債権者のF銀行が申し立てることが考えられる。

【開始原因】

　再生手続開始原因は、債務者に破産手続開始の原因となる事実の生ずるおそれがあるとき（民再21条1項前段）、債務者が事業の継続に著しい支障を来すことなく弁済期にある債務を弁済できないとき（同条後段）である。破産原因の存在までを手続開始原因とすると、財務状況が悪化しすぎて債務者の再建が手遅れとなってしまう可能性が高く、手続開始原因を緩和して、支払不能等に至る手前の段階で申立てがなされ、手続が開始されることを図ったのである。

　一方で、債権者が申立てをできるのは、民事再生法21条1項前段の要件があるときのみであり、後段を要件とした申立てが認められていない。これは、後段の方が財産状況の悪化が軽度であることが前提となっており、その段階で債権者に申立権限を認めると濫用のおそれがあり、これを防止する趣旨である。

　本件では、A株式会社は、8月の時点で翌年3月末における債務超過の

おそれや翌年7月に支払不能（および支払停止）のおそれがあること、または、工場を売却して資金繰り資金を捻出していることをもって、「事業の継続に著しい支障を来すことなく弁済期にある債務を弁済できない」状態にあるとして、再生手続開始の申立てを行うことが考えられる。

　F銀行においては、8月の時点において、申立てを行うとすれば、後者の事由を原因とすることはできないが、債務超過等のおそれについては、A株式会社から情報を入手し疎明することができるのであれば申立てが可能である。なお、現に債務超過や支払不能、支払停止が生じた事実をもって開始原因とすることは当然可能である。

2 手続開始決定の効果

> **Q2** 手続開始決定の効果について（債務者に生じる効果）
> (1)　債務者が破産手続開始の申立てをし、開始決定がなされた場合、債務者に生じる効果はどのようなものか。債務者が自然人である場合と法人である場合について、財産の管理処分権および債務者の法人格の帰すうについて説明せよ。
> (2)　再生手続の場合はどうか。財産の管理処分権および債務者の法人格の帰すうについて説明せよ。

(1) 問(1)について
【財産管理処分権】

　破産手続は、手続開始時点における破産者の資産（破産財団〔破2条14項〕）および破産者の負債（破産債権）を確定させ、破産財団を換価した現金を破産債権者に配当することにより破産債権を弁済する手続である。そこで、開始決定を受けて、破産者の資産および負債の確定作業が開始される。

　資産を確定させるため、債務者の開始決定時点における一切の財産が破産財団を構成することとなり（固定主義、破34条1項）、その管理処分権限は、破産者から剥奪され、破産管財人に専属する（破78条1項）。これらは、破産者が法人であっても自然人であっても同じである。

　また、破産財団の管理処分権の喪失に伴い、破産者は、破産財団に属す

る財産に関する訴訟の当事者適格も喪失し、訴訟手続は中断する（破44条1項）。そして、破産債権に関するものを除き、破産管財人が受継する（同条2項）。破産債権に関するものは、後述する債権確定手続により確定が図られるが、確定手続の中で異議が出るなどした場合、破産管財人により受継される場合もある（破127条）。

　なお、人事訴訟や自由財産に関する訴訟など破産財団に関係しない訴訟手続は中断しない。その他、特別な訴訟類型として債権者代位訴訟及び詐害行為取消訴訟があるが、これらは、いったん中断するとされており、その後、破産管財人が選択して受継することが定められている（破45条）。

【法人格の帰すう】

　法人の破産手続の場合には、全ての資産と全ての負債が清算され、法人自身も清算される。したがって、法人に対して、開始決定がなされると、法人は原則として解散する（会471条5号、一般法人148条6号、202条1項5号など）。破産手続中も破産法人の法人格は破産手続による清算の目的の範囲内で存続し（破35条）、破産終結決定または廃止決定の確定により法人格は確定的に消滅し、法人登記簿は閉鎖される。

　従前の理事・取締役等は、破産財団の管理処分権限は失う一方で、管理処分権の範囲に属しない事項、例えば取締役の選任、株主総会の招集などいわゆる組織法的事項については、その権限を行使しうるものとされている（最判平21・4・17判時2044号74頁〔百選14〕）。

　自然人は、前記のとおり、開始決定時の資産が破産財団を形成し、その管理処分権を失うだけである。

(2) 問(2)について

【財産管理処分権】

　再生手続は、原則として、再生債務者が事業継続を行うことで得られる収益（事実譲渡等をする場合にはその対価）により、再生債務者の負債（再生債権）を弁済する手続である。したがって、再生手続の開始決定があった場合でも、再生債務者の業務遂行権を認めたうえで、その資産は、事業継続のために引き続き使われる（民再38条1項）のであって、財産の管理処分権限は、管理型手続により管財人が選任されない限り（民再76条1項）、再生債務者に残る点が破産手続の場合と異なる。

　もっとも、これを自由に認め、かえって再生債権者が害されることがあってはならないため、一定の制約が課されることが多い。すなわち、一定の重要な行為、例えば財産の処分には、裁判所の許可を必要とする旨を定めることができるとされており（民再41条1項1号）、財産散逸の防止が図られている（監督委員が選任されている場合には、監督命令により同意を要する行為としてこれらを定めていることが多い〔民再54条2項〕）。また、事業の全部または重要な一部譲渡の場合には、裁判所の許可が必要とされている（民再42条1項）。

　訴訟手続は、財産の管理処分権は失わず、当事者適格も残るため、財産関係の訴訟が当然に中断するわけではない（管理命令が発せられた場合を除く〔民再67条〕）。ただし、債権確定手続による統一的処理の必要性の観点から、再生債権に関する財産関係の訴訟は中断し（民再40条）、債権調査手続により確定が図られることになる。

【法人格の帰すう】

　再生手続では、前記のとおり、再生債務者のもとで事業継続を行うことで得られる収益により、再生債務者の負債（再生債権）を弁済するので、破産手続における法人のように解散するものではなく、従前のままである。自然人においても、当然、同様である。

Q3 手続開始決定の効果について（債権者に生じる効果）

⑴　Ａ株式会社が破産手続開始決定を受けた場合において、同社の債権者に生じる効果について述べよ。Ａ社に対して、売掛金を有していた債権者Ｂ、半年前の未払給料が残ったまま退職した元従業員Ｃ、先月分の給料が未払いのまま退職した元従業員Ｄ、国Ｅ（破産手続開始1か月前に納期限が定められていた消費税がある）、それぞれについて述べよ。

⑵　上記事例において、債権者Ｂは、売掛金について、また元従業員Ｃは給料債権について、債務名義を有していたとする。Ａ社に破産手続開始決定があったことを知った後、債権者Ｂが、その売掛先に債権差押えによる強制執行を行うことは可能か。また、仮に、元従業員Ｃが既に債務名義に基づき、売掛先に対す

> る債権の差押えをしていた場合はどうなるか。
> 元従業員Dが、破産手続開始決定前に、A社の売掛先に債権の仮差押えを行っていた場合はどうか。
> 国DはA社の破産手続開始決定後、滞納処分ができるか。
> (3)　同社不動産に抵当権を有する銀行Fが行っていた競売手続は進められるか。また、開始決定後、申し立てることは可能か。
> (4)　A株式会社が再生手続開始決定を受けた場合において、同社に対する債権者に生じる効果として破産手続の場合と相違する点はどのようなところか。

(1) 問(1)について

　負債確定の観点から債権者の側において生じる破産手続開始決定の効果としては、開始前の原因に基づいて生じた財産上の請求権を有する破産債権者は、個別的な権利行使が禁止され（破100条1項）、固定化がされる。

　そこで、債権者B、元従業員Cは、後述する債権確定手続を経て配当を受けることになる。ただし、元従業員Cの債権は、優先的破産債権に該当するため（民306条2号・308条、破98条1項）、配当の際には、Bのような一般の破産債権よりも優先的に配当されることになる（破194条1項）。

　元従業員Dの給料債権は財団債権であり（破149条1項）、国Eの租税債権も、財団債権である（破148条1項3号）。財団債権は、債権確定手続によることなく、破産財団から随時弁済を受ける（破2条7項）ことができる。

(2) 問(2)について

　負債を確定するうえでは、破産財団に属する財産に対する他の法的手続の効力を排除する必要があるため、破産債権または財団債権に基づき、強制執行、仮差押え、仮処分、一般の先取特権の実行および企業担保権の実行手続を開始することはできず（破42条1項）、既に開始されているこれらの手続は、破産財団に対する関係では、その効力は失われる（同条2項本文）（なお、破産管財人により、破産財団のために実行手続の続行の余地が認められている〔同条2項但し書き〕）。

　このため、A 社は既に開始決定を受けており、債権者 B が A 社の売掛先に対して、開始決定後に債権の差押え等の強制執行の申立てを行うことはできない。元従業員 C が既に債務名義を得て、売掛先に対する債権差押決定を得ていた場合もこれは失効する。

　なお、この規律は財団債権についても同様であり、元従業員 D が有する先月発生した給料債権に基づいて A 社の売掛先に対して債権の仮差押えを開始決定前に行っていても、破産手続開始決定により失効する。

　また、開始決定があった場合、破産財団に属する財産に対する滞納処分はできず（破 43 条 1 項）、国 E は、滞納されている消費税について、国税滞納処分はできない。なお、既に開始決定より前から滞納処分がなされている場合には、その続行は妨げない（破 43 条 2 項）ので、回収が図られることもある。

(3) 問(3)について

　A 社の不動産に対して抵当権を有する銀行 F は、別除権者（破 2 条 9 項）として、別除権を破産手続によらず行使できる（破 65 条 1 項）。すなわち、担保権実行としての担保不動産競売手続係属中に債務者が破産手続開始決定を受けても、続行可能であるし、開始決定後に担保不動産競売手続の開始を求めることも可能である。また、破産管財人が、任意売却を行い、財産の受戻しをするとともに、代金を弁済にあてることもある。

　それらの手続により弁済を受けた場合には、これらを控除した債権の残額を有する破産債権者として手続に参加することが可能となる（破 108 条 1 項）。

(4) 問(4)について

　再生手続においても、負債確定の観点から、再生債権の弁済禁止効が認められる。すなわち、再生債権は、再生手続開始後は、特別の定めがある場合を除き、再生計画の定めるところによらなければ弁済をし、弁済を受け、その他これを消滅させる行為をすることができない（民再 85 条 1 項）。

　もっとも、民事再生では、再生目的との関係で不都合を生じさせるような場合、上記禁止の緩和を図る制度が置かれている。具体的には、中小企業者に対する許可弁済（民再 85 条 2 項）、少額債権の許可弁済（民再 85 条 5 項）が認められており、許可による再生債権の弁済禁止の例外が認めら

れる点が破産手続と異なっている。

また、実務的には、弁済禁止に関連して、申立てから開始決定までの間に日数を要することがあり、その場合に弁済禁止効が生じないまま事業継続を行うことは、資産の散逸または一部の債権者による回収が進められるおそれがあるため、申立てと同時に弁済禁止の保全処分の決定を受け、開始決定に先だって弁済をストップさせるのが通常である。

そして、他の法的手続を失効・中止などいったん止め、再生債権の調査・確定と進んでいく。破産手続の場合と異なるのは、申立てが禁じられたり、中止したりするのは、再生債権に基づくもののみである点である。再生債権以外の共益債権、一般優先債権については、随時弁済され（民再121条1項、122条2項）、破産手続の場合の財団債権と同様に弁済がなされる。また、別除権についても、破産手続と同様、手続外での行使が可能である（民再53条2項）。

> **Q4** 破産手続開始決定の効果（その他）
> (1) 破産手続開始決定および再生手続開始決定の際に同時に定められる裁判所の処分について説明せよ。
> (2) 再生手続開始の申立てがなされた時点において、他の倒産手続の申立てがなされている場合の取扱いについて説明せよ。

⑴ 問⑴について

破産手続開始決定と同時に定められるものを同時処分といい、具体的には、破産管財人の選任、債権届出期間、財産状況報告集会期日の決定、債権調査期間または債権調査期日の決定が行われる（破31条1項各号）。

なお、将来的に異時廃止が予測されるような事案、すなわち財団が十分に形成されず、破産債権への配当が予め見込まれないような事案においては、債権届出・調査の手続が無駄になる可能性があるため、例外的に裁判所はこれらの事項を定めないことができる（破31条2項）。

さらに、主に自然人の破産などで、みるべき財産がなく、手続費用（具体的には破産管財人の報酬など）すら賄うだけの財産も債務者にない場合、破産手続開始決定と同時に破産手続廃止決定がなされる（破216条1項）。これを同時破産廃止と呼ぶが、この場合には、破産管財人の選任も行われ

ない。

　再生手続の場合は、開始決定と同時に再生債権届出期間、再生債権調査期間が定められる（民再 34 条 1 項）。債権者集会が任意化されている点や債権調査期日方式を採用しない点が破産の場合と異なっている。

　また、実務的には、認否書の提出期限（同 101 条 5 項）、報告書等の提出期限（同 124 条 2 項、125 条 1 項）、再生計画案の提出期限（同 163 条 1・2 項）も同時に定められている。

(2) 問(2)について

　再生手続開始決定があった時は、破産申立て、特別清算申立て、再生手続申立てはすることができないとされ、既に手続が開始されている破産手続は、中止し、特別清算手続は失効する（民再 39 条 1 項）。なお、会社更生手続は、再生手続の開始決定による影響を受けるのではなく、更生手続開始決定によって再生手続が中止される（会更 50 条 1 項）。したがって民事再生の開始原因が認められる場合は破産、特別清算に対しては再生が優先して進められることになり、会社更生の開始原因が認められる場合には更生手続が進められることになる。

> **Q5** 破産債権再生債権の確定について
> 　(1)　債権者 B は、破産会社 A 社に対して、破産手続開始前に A 社に依頼し完成した請負工事の不具合を理由に、5,000 万円の損害賠償請求権を有していると考えている。一方、A 社の破産管財人 X は、上記損害賠償請求権は発生していないと考えている。この債権が破産手続において、最終的に確定するまで B のとる手続、X のとる手続の順に説明せよ。
> 　また、破産手続開始前に B と A 社の間で本件に関し、通常訴訟が係属していた場合には何か違いはあるか。
> 　(2)　A 社が破産会社でなく、再生手続開始決定を受けた再生債務者である場合について破産手続による場合との相違点について説明せよ。

(1) 問(1)について

(i) 破産債権の届出

　破産債権者Bは、債権を届け出なければ破産手続上、その権利を行使することはできない（破111条1項）ため、破産債権の届出を行う。具体的には、破産債権の届出期間（破産手続開始決定の日から2週間以上4月以下の間で定められる〔破規20条1項1号〕）内に自らの債権の額である5,000万円、発生原因として請負契約の契約不適合責任に基づく損害賠償請求権等と記入して、裁判所に書面で届け出る（破111条1項、破規1条1項。破産債権者が別除権を有する場合には、更に担保目的物や予定不足額も届け出る（破111条2項）。予定不足額とは、担保物を換価しても満足を受けられない見込みの金額である。）。そのほか、債権届出書には、破産債権者の氏名、住所、優先性の有無、劣後性の有無、執行力の有無等も記載し、証拠書類の写し等を添付して提出する（破規32条）。

　なお、Bが、届出期間内に債権届出をせず、経過後にこれを行う場合には、後述する一般調査期間（または一般調査期日）において、調査ができないことから、特別調査期間（または特別調査期日）を設ける必要があり、そのための余分な費用（例えば通信費用等）を負担することになる（破119条）。さらに、一般調査期間等が経過した後は、債権者の責めに帰することのできない事由のない限り、債権届出を認めないこととし（破112条1項）、徒に手続が遅延することを防止している。したがって、Bが損害額を確定するため調査や、補修工事費用の見積もりにBの責めなく時間を要したなどの事由があればともかく、単に届出の失念により一般調査期間を徒過した場合などは、債権届出が認められない。

　Bおよび他の債権者らの債権届出の記載に基づき、裁判所書記官は、破産債権者表を作成し（破115条1項）、これが債権調査・確定の基礎となる。破産債権者表は、確定後、破産者への債務名義となり得る（破221条）。

(ii) 破産債権の調査

　次に、破産債権の届出に基づき、破産管財人Xらが、破産債権の調査をする。債権届出期間内に届出がされた破産債権に対する調査を期間を定めて行う調査期間方式（破117〜120条）によりなされる場合と調査期日に

おいて調査を行う調査期日方式（破121～123条）によりなされる場合がある（破116条1・2項）。

　Xは、調査期間方式の場合は期間開始前に認否書を作成して裁判所に提出することになり（破117条1～3項）、調査期日方式の場合は期日に出頭して、期日前に事前に提出した認否予定書に基づき認否を行う（破121条1項）。また、破産債権者は、他の届出債権者に対し、調査期間内に書面により（または調査期日に出頭して）異議を述べることができる（破118条1項、121条2項）。Xは、Bの届け出た損害賠償請求権はA社の責めに帰すべき事由がなく、発生しないものと考えているため、Bの債権については、否認することになる。

(iii) 破産債権の確定

　債権調査期間内または期日において、破産管財人が認め、他の破産債権者から異議のなかった場合、破産債権は確定する（破124条）が、本件では、Xが否認しており、この段階では確定しない。

　異議等が出た債権は、その対象とされた債権者は、原則として異議者等を相手方として破産裁判所に破産債権査定申立てをすることができる（破125条）。査定手続により、迅速に判断を行い、手続全体の迅速化を進める趣旨でもある。査定の申立期間は、債権調査期間の末日から1月以内であり（不変期間である）、査定の申立てがなされない場合には、異議等が正当なものとしてその債権は破産手続に参加することができなくなる（すなわち、配当を受けることができない）。

　Bは、破産債権査定申立てを行うことになり、査定手続において、裁判所は、異議者等を審尋したうえで破産債権の査定決定をする（破125条3項）。この決定に対して異議がある当事者は、破産債権査定異議の訴えを提起することができ（破126条）、最終的には、訴訟手続で債権の存否・額が確定される。

　本件においても、査定決定により、双方が権利を確定させることに異議がない場合には、この段階で額が確定し、一方もしくは双方に異議がある場合には、破産債権査定異議の訴えを提起することになる。

　なお、BとA社との間に従前より、その債権に関する請求訴訟が係属していた場合で、債権調査において、Xが否認し破産債権が確定しなか

った場合には、開始決定によって中断（破44条1項）していた訴訟手続の受継申立てをBがし（破127条）、最終的な確定を図る。

　以上の手続の中で最終的に確定した額が破産債権者表に記載されるが（破130条）、その効力は、全破産債権者に及ぶ（破131条）。

　破産債権者表に記載された確定した結果は、破産債権者全員に対して確定判決と同一の効力をもつ（破124条3項）。そして、破産債権者は、その結果に基づき破産手続に参加する、すなわち債権者集会における議決権の行使や配当の受領がなされる。

⑵ 問⑵について

(i) 再生債権の届出

　再生手続においては、債権届出を行うにあたり、証拠書類の添付は法律上求められていない（民再94条、民再規31条参照）。

　また、届出の追完について一般調査期間や一般調査期日を基準に届出期間経過後の届出を比較的緩やかに認めている破産手続に比べるとその追完は、債権届出期間を基準に厳格な規律を設けている（民再95条1項・4項）。再生計画の基礎となる再生債権を早期に把握する必要があるためである。また、届出期間内に届け出なかった再生債権者には、議決権が認められない（民再170条2項、171条1項）。また、届出がない再生債権は、再生計画認可決定が確定したときは、原則として失権する（民再178条1項本文）。

　もっとも、届出がない再生債権であっても、それを債務者が知っている場合には自認する内容で債権調査の対象としなければならず、これを自認債権という（民再101条3項）。自認債権には議決権は認められないが、債権調査を経て確定したときには、再生計画に基づく弁済を受けることができる（民再179条）。

(ii) 再生債権の調査

　再生手続においては、一定時期までに債権調査を終えておく必要があることから、簡便な期間方式によることが合理性があり債権者が一堂に会する期日方式を採用するメリットもない。したがって、再生手続における債権調査は期間方式によって行われる（民再100～104条）。

(iii) 再生債権の確定

　再生債権を確定させるため異議のあった再生債権について査定手続があ

る点（民再105条）、最終的には異議の訴えにより確定される点（民再106条以下）は破産手続と同じである。

Q6 手続開始時現存額主義について

(1)　Ａ社は、金融機関Ｂから5,000万円借り入れ、Ｃがこの債務を連帯保証していた。

　　その後、Ａ社は破産したが、Ｃは、Ａの破産手続中に、Ｂに対して、2,000万円を弁済した。

　　Ｂ・Ｃは、Ａの破産手続にどのように債権届出をして参加することができるか。参加できないとすれば、どのような場合に参加することが可能となるか。

　　また、Ｃが、Ａの破産手続開始前に2,000万円を支払っていた場合はどうか。

(2)　(1)の事例において、Ａではなく、Ｃが破産し、Ｃは連帯保証ではなく、保証人である場合、Ｂはどのように破産手続に参加することができるか。また、破産手続開始後にＡが2,000万円の弁済を行った場合、ＡおよびＢはどのように破産手続に参加することができるか。

(3)　(1)の事例において、Ｃが物上保証人であり、Ａの破産手続開始後に一部である2,000万円を弁済した場合は、Ｃは、どのように破産手続に参加することができるか。

(4)　(1)の事例において、Ｂからの借入れが2,000万円と3,000万円の借入金債務に分かれており、破産手続開始後にＣがＢに対して2,000万円の借入金全額の弁済をしたという場合はどうか。

(5)　(1)の事例において、ＢがＡの破産手続において5,000万円の債権届出をするとともに、Ｃが、Ｂの実体法上の債権額を超過する配当が生じた場合の予備的届出として2,000万円の債権届出をしており、Ａの破産手続の配当において配当率が70％となった場合、Ｂ、Ｃに対する配当はどのような取扱いとなるか。

(1) 問(1)について

まず、Ｂの破産手続への参加について検討する。

　数人が各自全部の履行をする義務を負う場合において、その全員又はそのうちの数人もしくは1人について破産手続の開始決定があった時は、債権者は、破産手続の開始の時において有する債権の全部についてそれぞれの破産手続に参加することができる（破104条1項）。これを手続開始時現存額主義という。倒産手続においては、全額弁済を受ける可能性は低く、割合弁済を受けることが通常であるため、その手続参加の額は手続開始時の金額として、複数の担保をとるなどした債権者の回収を可能な限り保証しようとする考え方に基づくものである。

　「各自全部の履行をする義務を負う場合」とは、具体的には、連帯保証債務（民454条）のほかは、不可分債務（民430条）、連帯債務（民432条以下）、不真正連帯債務、などが挙げられる。Cは連帯保証人であり、AおよびCは全部の履行義務を負う場合にあたる。Aに破産手続の開始決定があったので、Bは破産手続に参加することができる。

　また、破産手続開始後に他の全部義務者から弁済等がなされた場合であっても、その債権の全額が消滅した場合でない限り、破産手続開始時の全額について権利行使することができる（破104条2項）。破産手続開始後にCから2,000万円の弁済を受けていたとしても、Bは5,000万円について債権届出をして破産手続に参加でき、この額を基準に配当を受ける。開始前にCから2,000万円の弁済を受けていた場合には、手続開始時の債権は3,000万円となり、3,000万円の債権について破産手続に参加し、この額を基準に配当を受ける。

　次に、連帯保証人であるCの破産手続への参加について検討する。

　全部義務者について破産手続開始決定があった時は、破産者に対して将来行うことがある求償権を有するものは、その全額について破産手続に参加することができる（破104条3項本文）。この規定によれば、保証人は求償権を有するので、本件におけるCも破産手続に参加することができるように思われる。しかし、同条但書において、債権者が破産手続開始時に有する債権について破産手続に参加した時には、将来の求償権について破産手続に参加することはできないとされている。したがって、本件では、Bが手続に参加しているのであれば、Cは、破産手続に参加することはできず、Bが手続に参加しない場合にのみ参加可能となる。

　もっとも、破産者に対して将来の求償権を有する全部義務者が破産手続開始後に弁済するなどして、債権者の債権の全額が消滅したときは、求償権の範囲内で債権者が有した権利を破産債権者として行使することができる（破 104 条 4 項）とも定められている。

　したがって、C が残りの 3,000 万円も弁済し、B の債権の全額が消滅した場合、C は債権額 5,000 万円で破産手続に参加することができる。

　なお、C が破産手続開始前に 2,000 万円を弁済していた場合には、その 2,000 万円の求償権をもって破産手続に参加することができ、残額の 3,000 万円分については、B が手続に参加しない場合、もしくは弁済を他から受けるなどして債権の全額が消滅した場合にのみ参加が可能となる。

(2) 問(2)について

　C が連帯保証人であれば、「数人が各自全部の履行をする義務を負う場合」として、問(1)と同様に B は当然に債権の全額について破産手続に参加することができるが、本件では、単なる保証人であるので、催告、検索の抗弁権が認められ、「各自全部の履行をする義務を負う者」に該当しないため、ここでは、適用条文が変わり 105 条の適用を受けることになる。結果的には同条の適用により、連帯保証人である場合と同じく、B は、債権の全額について破産手続に参加することができる。

　破産手続開始後に主債務者である A が債務の弁済を行った場合であっても、手続開始時現存額主義のもとでは、開始時点の債権額を基準とするため、B は 5,000 万円全額について破産手続に参加することになる。

　なお、A は、主債務者であり C に対する求償権を有しないので、C の破産手続には参加できない。

(3) 問(3)について

　C が物上保証人である場合、破産法 104 条 5 項の適用を受け、物上保証人である場合も同様に債権を全額消滅させない限り、破産手続への参加を認めないことになる。

　したがって、本件のように 2,000 万円を弁済しただけでは、破産手続への参加は認められず、B が債権の全額の弁済を受けるなどして破産手続に参加しない場合にのみ参加できる。

(4) 問(4)について

　連帯保証人であるＣは、Ｂが有する2,000万円と3,000万円の債権のうち、2,000万円の債権についてのみ全額を弁済している。

　この場合、Ｂはすべての債権の全額の弁済は受けていないものの、手続開始時現存額主義は、あくまで弁済等がされた当該破産債権ごとに破産債権額と実体法上の債権額の乖離を認めるものであり、法文上も「その債権の全額が消滅した場合」（破104条2項）とされ、特に「破産債権者の有する総債権」などと規定されていないことから、債権ごとにその適用を考えることになる（最判平22・3・16民集64巻2号523頁〔百選46〕）。Ｃは、2,000万円の債権については全額の弁済をしているのであるから、当該破産債権の全額が消滅している以上、Ｂは、2,000万円の債権について破産手続に参加することはできず、3,000万円の債権をもってのみ破産手続に参加できることになる。

　一方で、Ｃは、2,000万円の債権については、債権者の債権の全額が消滅したといえるため、2,000万円の債権をもって破産手続に参加できることになる。

　なお、以上の帰趨は、Ｃが物上保証人である場合も同様である。

(5) 問(5)について

　Ｂは、破産手続開始後にＣから2,000万円の弁済を受けても、5,000万円全額の債権届出をして破産手続に参加でき、この額を基準に配当を受けることができる。

　この場合、Ｂが5,000万円を基準として配当率70％の配当を受けると、Ｂは3,500万円の配当を受けることになるが、Ｃの2,000万円の弁済と合わせると、合計5,500万円を受領することになり、実体法上の債権額を500万円超過した配当を受領することになってしまう。もっとも、手続開始時現存額主義の趣旨に鑑みれば、配当額の計算の基礎となる債権額と実体法上の債権額の乖離を認める結果として、債権者が上記のような超過配当を受けることになるという事態も許容しているものと解されることから、Ａの破産手続においては、Ｂが3,500万円の配当を受けることになる（最決平29・9・12民集71巻7号1073頁〔百選47〕）。

　一方で、Ｃは、債権者であるＢが5,000万円の届出をして破産手続に参

加している以上は、予備的届出をして破産手続に参加することはできず、また、配当によってはじめて債権の全額が消滅する場合に、当該配当の段階では破産手続に参加することもできない。

　ただし、Bが受領した超過分500万円の利益を保持できるかは別論であり、Bは、Cに対して不当利得として返還すべき義務を負うことになると解される（Bが5,000万円の債権とは別に劣後的破産債権を有している場合でも、当該劣後的破産債権に充当することを理由に不当利得返還義務を否定することはできないと解される）。

　なお、以上の帰趨は、Cが物上保証人である場合も同様である。

第4章

財産の管理・換価と管財人等

赫　高規

1　破産財団の管理・換価等及び破産管財人の善管注意義務

(1)　破産財団の管理

> **Q1** 破産管財人がその就任後に破産財団に属する財産を把握し、その引渡しを受け、あるいは、財産の現状の変更を回避するために、破産法上設けられている有用な制度としてどのようなものがあるか。

　破産管財人は、就任後直ちに破産財団に属する財産の管理に着手しなければならない（破79条）。時間が経過すると、財産や資料が散逸して管理が困難となるからである。そこで早期の財産把握が重要となるが、破産管財人は、実務的にはまず、破産申立書やその添付書類によって、破産財団に属する財産の状況を把握する。さらに、破産者や破産申立代理人との最初の面接の機会を選任後の早い時期に設けて説明を求め、事案の詳細把握に努める。なお、破産管財人は、破産者や破産者の代理人、破産者が法人である場合の理事・取締役等のみならず、破産者の従業者や、これらの地位にあった者に対しても、破産に関して必要な説明を求め、また、破産財団に関する帳簿、書類その他の物件の検査をすることができる（破40条1項、2項、83条1項）。

　また、破産管財人は、破産者との最初の面接の機会に、財産の引継ぎを受けるのが通常である。具体的には、破産者が行っていた事業に関する帳簿類や、破産財団に属する預金にかかる通帳や印鑑、不動産の鍵や登記識別情報（権利証）、自動車の鍵などについて、破産者から任意に引渡しを

受けて、財産の占有を取得する。もっとも、債権者が破産を申し立てた場合には、破産者が破産手続に非協力的なことも多い。破産者は、開始後遅滞なく重要財産を開示する義務を負っており（破41条）、違反に対しては罰則も科されるから（破269条。免責不許可事由でもある。破252条１項11号）、破産管財人は、これを背景に破産者に財産開示を求め、また、破産者が財産の引渡しを拒むときには、引渡命令の制度（破156条１項）で対応することになる。破産管財人の職務執行への抵抗排除のための警察上の援助制度（破84条）もある。財産の現状の変更を回避するための制度としては、財産の封印（破155条１項）、帳簿の閉鎖（破155条２項）の制度が存する。

　実務上、破産管財人による財産把握のために極めて役立っているのは、郵便物等の配達の嘱託制度である（破81条）。破産者宛ての全ての郵便物が、破産管財人事務所に転送され、破産管財人がこれを開いて見ることにより（破82条１項）、破産者が申告するのを失念し、あるいは隠匿していた財産が判明することはしばしばある。もっとも近時は、電子マネーや仮想通貨など、郵便物による残高通知等が期待できず、郵便物等の配達嘱託制度を通じた財団発見が困難な重要資産が増加していることに留意を要する。その他の財産把握のための制度としては、子会社等への財産移転、財産隠匿に対応するため、子会社等に対する調査権の制度がある（破83条２項３項）。

(2) 破産財団の換価

> **Q2** 破産財団に属する時価5,000万円（競売時の売却予想価格3,500万円）の遊休地には、１億円の被担保債権を有する別除権者Ｍのために第１順位の抵当権が設定されており、3,000万円の被担保債権を有する別除権者Ｎのための第２順位の抵当権も設定されている。破産管財人は、当該遊休地をどのように取り扱うべきか。

　破産管財人は、配当原資を作るために、金銭に換価可能な財産を換価していくことになる。担保付き不動産の換価を中心に設問に沿って説明する。

　破産管財人は、無担保不動産や被担保債権額が目的物の価額未満である担保権の付いた不動産が破産財団に存する場合はもちろんのこと、**Q2** の

遊休地のように、被担保債権額が目的物の価額を上回っているいわゆるオーバーローン不動産についても、まず任意売却を検討することになる。なお、本則によればいわゆる形式的競売により換価すべきことになるが（破184条1項、2項。オーバーローンの場合でも可能である〔同条3項〕。別除権不足額に影響するからである）、実務では利用されていない。時間とコストがかかるわりに任意売却額以上の価格での売却は望めないし、次に説明する破産財団組入金のメリットも存しないからである。

　Q2で、「仮にその遊休地が無担保であるならば4,505万円で購入する」という買主が現れた場合には、破産管財人は、例えば、Mに対しては代金のうち4,200万円を配分し、Nに対しては30万円を配分して抵当権設定登記の抹消（別除権目的財産の受戻し）をすべく交渉する。Mにとっては、競売手続ではより高額な売却が見込めずかえって時間や費用がかかることから任意売却に応じるメリットがある。Nは、競売になれば無剰余となり何らの配当も見込まれないから任意売却に応じるメリットがある。こうしてMとNの双方と別除権目的財産の受戻しの合意が成立すれば、買主への売却が可能となり、MおよびNへの配分額を控除した残代金275万円から、売却に際して、売主負担の契約書貼付用印紙代、司法書士費用等の費用実費5万円を支出したとしても、残額270万円の破産財団への組入れを通じて破産財団の増殖が図られるわけである。破産管財人の換価業務の適性を確保するため、一定の換価行為は裁判所の許可を要する行為とされており（破78条2項。なお同条3項も参照）、不動産の任意売却、別除権目的財産の受戻しはいずれも許可事項とされている（破78条2項1号、14号）。

　これに対し例えば、Mがより高額な回収が可能であると考えて破産管財人による別除権目的財産の受戻しに応じず、遊休地の競売を申し立てた場合には、破産管財人としては、その後の固定資産税の負担等の管理コストも考え、原則として、その遊休地を直ちに破産財団から放棄することとなろう。この放棄も要許可事項である（破78条2項12号「権利の放棄」には、破産財団からの放棄を含む。なお、以上全般につき、第10章2(4)も参照）。

(3) 担保権の消滅許可制度

Q3 Q2 の不動産について、破産管財人Ｘは、遊休地を 4,505 万円で購入する買主Ｏを見付け、Ｍに対しては別除権目的財産受戻代金として 4,200 万円、Ｎに対しては同 30 万円を提示し、破産財団負担の費用実費 5 万円のほか、破産財団の組入れ額を 270 万円としたいとして交渉した。次の各場合に、Ｘはいかなる手段を検討すべきか。

① 　Ｍが、遊休地の任意売却価格は妥当であるが、破産財団の組入額が多すぎるとして、抵当権の抹消に応じない場合。

② 　Ｍが、もっと高額な代金での売却が可能なはずであるとして、抵当権の抹消に応じない場合。

③ 　ＭはＸ提案の内容で合意したが、Ｎが、100 万円の支払いを要求して、抵当権の抹消に応じない場合。

　オーバーローン不動産について、破産管財人が、競売時の売却予想価格よりも十分に高額な代金で買い受ける者を見付けたときには、担保権者が経済的合理性に従って行動する限り、全ての利害関係人が競売時よりもメリットを享受するかたちで任意売却の合意を形成できる可能性が高く、現に実際の破産管財事件でも、多くの場合、合意によって処理されている。しかしながら、**Q3** の①～③のように、ときに売却価格の妥当性や組入金の金額について担保権者と見解が一致せず、あるいは無剰余の担保権者が法外な要求をする場合には、担保権の抹消をすることができずに任意売却を進めることができなくなる。

　そこで破産法は、任意売却を促進するために、破産管財人が、担保権の消滅許可を求めることができる制度を設け、担保権の不可分性（被担保債権の全額が弁済されない限り、実行によらずに担保権が消滅することはないという性質）や担保権者の実行時期選択権に制約を加えている。以下は **Q3** の事例を踏まえながら、担保権消滅許可制度を説明する。

　破産管財人は、申立書に記載する買主に対する売却によって取得することができる金銭（売得金。消費税込み代金から、破産財団負担の費用実費や消費税額を控除した額である）から、破産財団組入金を控除した額を、裁判所

に納付することにより、当該財産について存する全ての担保権を消滅させることについての許可の申立てをすることができる（破186条1項1号。破産管財人が、別除権不足額の減少のみを意図する場合には、売得金全額の納付による担保権消滅の許可を申し立てればよいが〔同条同項2号〕、通常は組入金を確保して破産財団の増殖を図るべきであろう）。**Q3**の事例では、Oへの売却により取得する代金額4,505万円から破産財団負担費用実費5万円を控除した手取額4,500万円が売得金であるから、Xは、当該売得金から組入金270万円（売得金の6%）を控除した4,230万円の納付による担保権消滅許可を申し立てることとなろう。

　破産管財人は、組入金の額について予め担保権者と協議しなければならず、協議の内容およびその経過を、担保権消滅許可申立書に記載しなければならない（同条2項、3項7号）。また、申立書には、当該財産の売却にかかる売買契約の内容を記載した書面を添付する（同条4項）。

　担保権者が、次に述べる対抗手段をとらなかったときは、裁判所は、申立書に記載された者を売却の相手方とする担保権消滅許可決定をすることになる（破189条1項1号）。許可決定確定後、売却の相手方が、裁判所の定める期限までに、財団組入金があるときはこれを控除した売得金を裁判所に納付すると（破190条1項1号）、対象の担保権は消滅する（同条4項）。裁判所は、配当表に基づいて、納付された金銭を担保権者に配当することになる（破191条1項）。**Q3**の事例では許可決定に基づきOが裁判所に4,230万円を納付するとMおよびNの抵当権は消滅し、Mに納付金全額が配当され、破産管財人は、Oから残代金275万円を取得し、うち5万円を売買費用に充て、残270万円で破産財団の増殖を図ることとなる。

　このような担保権消滅許可申立てに対し、担保権者の対抗手段としては2つのものが認められている。1つは、担保権実行を申し立てることである。担保権消滅許可申立書の送達の日から原則として1か月の担保権実行申立期間内に、担保権者が、担保権の実行を申し立てたことを証する書面を裁判所に提出すると、裁判所は、担保権消滅許可申立てに対する不許可決定をすることになる（破187条1項2項、189条1項柱書）。もっとも、当該書面が提出された後に、担保権実行が取下げ、却下、無剰余取消しされた場合は、当該書面は提出されなかったものとみなされる（破187条5項）。

また、破産管財人と担保権者との間で売得金および組入金の額について合意がある場合には、当該担保権者は、担保権実行を申し立てることはできない（破187条3項）。なお、この点はもう1つの担保権者の対抗手段である買受けの申出についても同様である（破188条6項）。

　Q3の①②の場合にMが遊休地の競売を申し立てたときは、裁判所は不許可決定をすることとなろう。**Q3**の③の場合には、Mは破産管財人との合意があるため競売を申し立てることはできず、また、①〜③のいずれの場合も、Nが競売を申し立てても、当該競売手続は無剰余取消し（民執188条、63条1項2号）がなされることから、これにより担保権消滅許可手続が阻まれることはない。

　もう1つの担保権者の対抗手段としては、異議のある担保権者が、担保権実行申立期間内に、自身または他の者が担保権消滅許可の申立書に記載された売得金の額よりも5％以上高額な手取額（買受申出額という。破188条2項2号）となる金額で買い受ける旨の申出（買受申出）をする方法である（破188条1項3項）。この場合、買受希望者は、買受申出額の20％に相当する額を破産管財人に対して保証として提供しなければならない（同条5項、破規60条1項）。破産管財人は、買受申出があったときは、担保権実行申立期間経過後、裁判所に対し、当該財産を当該買受希望者（買受希望者が複数あった場合は最高額の申出をした者）に売却する旨の届出をすることとなる。当該届出があったときは、裁判所は、当該届出にかかる買受希望者を売却の相手方とする担保権消滅許可決定をする（破189条1項2号）。このとき、破産管財人と当該売却の相手方との間で、当該買受申出額を売得金とし、その他は申立書添付書面に記載された売買契約の内容と同内容の売買契約が締結されたものとみなされる（同条2項）。許可決定確定後、当該売却の相手方が、裁判所の定める期限までに、買受申出額（売得金額）から保証の額を控除した額を納付すると担保権は消滅し、破産管財人が保証の額を納付して、これらの納付金を原資に配当が実施される。すなわち、買受申出によって担保権消滅許可がなされたときには、財団組入金は生じないこととなる。

　Q3の①②において、Mが、売得金4,500万円より5％高額な4,750万円が買受申出額になるような代金4,755万円で買い受けるPを見付けてき

てPが買い受ける旨、または、自身が同様に買い受ける旨申し出た場合
は（なお買受希望者は950万円の保証を破産管財人に提供する）、裁判所の担
保権消滅許可決定に基づき3,800万円が裁判所に納付がなされると、結局、
Mが、保証の額を合計した4,750万円全額の配当を受けることになり、破
産管財人は残代金5万円をPから取得して売買費用に充てることになる。
また、**Q3** の③において、自己に配当される見込みのないNが買受申出
をすることは事実上ないであろう。

　以上によれば、**Q3** ①②のように、破産管財人が先順位担保権者の合意
を取り付けることができない場合でも、担保権消滅許可制度によれば、当
該担保権者が競売を申し立てまたは高額な買受申出を確保しない限り、破
産管財人提案の任意売却が実現し財団組入金も生じることになる。また、
Q3 ③のように、無剰余の担保権者のみが破産管財人の任意売却を争うと
きは、担保権消滅許可制度により事実上、当該任意売却を実現することが
できる。

(4) 破産管財人の善管注意義務

　破産管財人はその職務を行うにつき善管注意義務を負い、これを怠った
ときは、利害関係人に対し連帯して損害賠償する義務を負う（破85条）。

> **Q4** 破産管財人Xが、手続開始後間もなく、次の事情を認識した場
> 合、どのように対処すべきか。これを怠った場合の責任はどうか。
> ①　破産者が5年近く前に得意先に販売した商品の代金が未だ
> 回収できていない。

　破産管財人の中心的な職務は、破産財団に属する財産を適切に管理・換
価して配当原資を作るところにある。**Q4** では、売掛金債権は、通常5年
で消滅時効にかかることに鑑みると（民166条1項1号）、Xは直ちに時効
更新に向けた措置の実施を検討すべきである。これを怠って売掛金債権を
消滅時効にかけた場合、配当原資が減少しひいては破産債権者が損害を受
けるから、Xは善管注意義務違反による損害賠償責任を生じる可能性が
ある。

> **Q4 ②**　破産者は破産手続開始直前まで賃借店舗で文具店を営んでおり、店舗内には換価可能な在庫品が存在するが、店舗の貸主に差し入れている敷金の返還請求権には、債権者のために質権が設定されている。

　善管注意義務は、**Q4 ①**のように、破産債権者の利益に向けられたものに限られるものではない。**Q4 ②**においては、Xは、店舗を早期に明け渡して、質権の対象たる敷金返還請求権の価値を維持すべき担保権者に対する義務（担保価値維持義務）を破産者から承継しており、当該賃貸借に関し正当な理由に基づくことなく未払債務を生じさせて敷金返還請求権の発生を阻害してはならない義務を負っているものと解される。この場合、敷金をもって原状回復費用の支払に当てることは正当な理由があるものとして許されるが、たとえXが店舗内の在庫品を換価する等の破産管財業務のために一定期間店舗を使用する必要があったとしても、賃料支払を破産財団でまかなえるにもかかわらず、当該必要な期間の賃料を敷金から差し引く旨の合意を賃貸人とすることにより敷金返還請求権の発生を阻害することは原則として正当な理由に基づくものとはいえず、担保価値維持義務違反となり、善管注意義務違反となり得るものである（なお、最判平18・12・21民集60巻10号3964頁〔百選17〕は、類似の事案で、担保価値維持義務違反を認めつつ、当時当該問題について論ずる学説・判例が乏しく、敷金から賃料を差引く合意等につき破産裁判所の許可も得ていたこと等の事情を指摘して、善管注意義務違反は認めなかった）。

2 破産財団の意義と範囲および係属中の訴訟手続の取扱い

(1) 破産財団の意義と範囲

　破産管財人による管理の対象となる財産は、破産財団に属する財産である。ここで、そもそも破産財団とは何かについて、見てみることにする。

　破産財団とは、破産者が破産手続開始の時において有する、差押禁止財産等を除く一切の財産である（破34条1項、3項）。また、開始前に生じた原因に基づく将来の請求権も含まれる（同条2項）。他方、開始後に破産者に属することとなった財産（新得財産）は、破産財団に属さないことに

なる（固定主義。第15章**2**(2)参照）。

　もっとも、破産法上「破産財団」の文言が使われる場合もその意義は多義的であり、法律上あるべき財産としての破産財団を意味するものとして法定財団、破産管財人が現に掌握している財産を意味するものとして現有財団、配当原資たる破産財団を意味するものとして配当財団の区別がある。破産管財人の業務は、多くの場合、現有財団でありかつ法定財団である財産を換価して配当財団を作ることであるといえる。例えば、**Q2**で、破産管財人が遊休地を第三者に売却・換価し、売却代金の一部を破産財団に組入れるがごとくである。

> **Q5** 次の場合に、破産管財人Ｘはどのように対処すべきか。
> ①　破産者Ａは、所有する自動車を破産手続開始前に友人に無償で貸しており、まだ返してもらっていない。
> ②　破産者Ａが所有する宝石を支払停止後破産手続開始前に親戚Ｂに贈与し、親戚Ｂが当該宝石を保有している。

　また、法定財団に属する財産が現有財団にない場合がある。**Q5**①においては、Ｘは、自動車を換価処分する前提として、当該自動車の占有を取得するため、当該友人に自動車の返還請求をすべきことになるであろう。Ｘは、法定財団である当該自動車を、現有財団に属させたうえで、換価業務をすべきことになる。

　Q5②についても、否認制度の存在を前提とすると当該宝石は法定財団に含まれるといえ、破産管財人は、これを現有財団に属させるべく、破産財団の管理としての否認権行使をすべきことになる。

> **Q5**③　破産手続開始前に破産者の店舗を訪れた顧客が、自己所有の高価な時計を当該店舗に置き忘れて帰った。

　逆に現有財団に属する財産が法定財団に含まれない場合がある。破産管財人は、かかる財産についても、これを管理する権能と職責を有している。**Q5**③においては、当該時計は現有財団に属するものの法定財団には属さず、当該顧客の取戻権の対象となり、Ｘは顧客に時計を返還すべきである。法62条の「破産財団」は現有財団を意味することになる。

(2) 係属中の訴訟手続の取扱い

> **Q6** 次の訴訟手続は、破産手続開始後、どのように取り扱われるか。
> ① 破産者Ａは破産手続開始前に第三者Ｃに対し貸金返還請求訴訟を提起し、当該訴訟が係属中である。
> ② 破産者Ａは不貞を働いた妻に対し破産手続開始前に離婚訴訟を提起し、不貞による慰謝料を併合請求しており、当該訴訟が係属中である。

　破産手続開始により、破産財団に属する財産の管理処分権は、破産管財人に専属することになるが（破78条１項）、そのことの訴訟法上の反映として、**Q6**①のように、破産者を当事者とする破産財団に関する訴訟手続については、破産手続開始決定のときに中断する（破44条１項）。このとき破産管財人は、当該訴訟手続を受継することができ（破44条２項前段）、相手方も破産管財人に対し受継申立てをすることができる（破44条２項後段）。もっとも、破産債権に関する訴訟手続（例えば**Q6**①とは逆に、第三者Ｃが破産者Ａに対して提起した貸金返還請求訴訟にかかる手続）は、中断されたうえで債権調査手続の対象となり、破産法44条２項による受継の対象にはならないので注意が必要である（第３章**2Q5**参照）。

　これに対し、破産財団に関しない訴訟は中断せず、破産者は当事者適格を失わない。身分上の地位・権利は「財産」ではないので離婚訴訟は「破産財団に関する訴訟手続」に該当せず中断の対象とならない。また、判例（最判昭58・10・6民集37巻8号1041頁〔百選23〕）の立場によれば、行使上の一身専属権である慰謝料請求権についても、その金額が確定して一身専属性が失われるまで、差押禁止財産として破産財団を構成せず、ただ、一身専属性を失えば、破産手続開始後に差押えが可能になったものとして破産財団を構成するとされる（破34条３項２号。もっとも金額確定後の破産財団への帰属について反対説も有力である）。したがって、**Q6**②においては、それらの訴訟は中断せず破産者が引き続き訴訟追行することになる。破産管財人としては、慰謝料請求権に関しては訴訟の帰趨を注視しつつ、訴訟終了後の対応を検討することとなろう。

070

(3) 係属中の詐害行為取消訴訟および債権者代位訴訟の取扱い

> **Q7** 次の訴訟手続は、破産手続開始後、どのように取り扱われるか。
> ① 破産債権者の一人であるMは、Q5②の贈与が詐害行為に
> 該当するとして、破産手続開始前に、破産者Aの親戚Bに対
> し、詐害行為取消訴訟を提起し、当該訴訟が係属中である。
> ② 破産債権者の一人であるMは、破産者Aが親戚Cに対する
> 貸付金債権を行使しないため、破産手続開始前に、Cに対し、
> 債権者代位訴訟を提起し、当該訴訟が係属中である。

Q7①のような詐害行為取消訴訟は、債務者がその訴訟当事者になるものではないが、債務者の責任財産の回復を目的とするものである。当該債務者に破産手続が開始された場合には、責任財産の回復は、破産管財人が否認権の行使によってなすのが適当であるといえる。そこで詐害行為取消訴訟は、破産手続開始により中断するものとされ（破45条1項）、破産管財人は、自らまたは相手方の申立てに基づき受継する。

Q7②のような債権者代位訴訟も、債務者が必ずしもその訴訟当事者になるわけではないが、債務者の責任財産の保全を目的とするものであり、破産法は、詐害行為取消訴訟と同様の規律を設けている（破45条1項）。

3 破産管財人の第三者性と手続開始後の登記等の効力

(1) 破産管財人の第三者性

実体法上（あるいは実体法の解釈上）、第三者が出現した場合の特別の規律が存する場合には、その第三者に破産管財人が該当するのではないか、その意味で、破産管財人は第三者の地位を有するのではないか、が問題となる。これが破産管財人の第三者性の議論である。

> **Q8** Aは不動産甲をBに譲渡したが、Bに対する移転登記手続が未
> 了であり、Aが登記名義を有している間に、Aについて破産手
> 続が開始し、Xが破産管財人に選任された。BはXに対し不動
> 産甲についての移転登記手続を求めることができるか。

Q8においては、もし、BがAに対して未だ代金の全部または一部を

支払っていなかった場合には、不動産甲に関する売買契約は双方未履行の双務契約に該当するので、その規律に委ねられる（第 5 章、参照）。

　ここでは、B が A に対して代金の全額を支払っていた場合について、検討する。まず、B としては、破産管財人 X に対し、売買契約に基づく移転登記手続請求権を行使することが考えられるが、当該請求権は破産債権にほかならず、金銭化され（破 103 条 2 項 1 号イ）、債権調査手続を経て破産配当を受けうるに過ぎないから、結局、B は、当該請求権の行使をもって、登記名義を得ることはできない。

　それでは、B は、X に対し、不動産甲の所有権（取戻権）を主張し、所有権に基づく移転登記手続請求をすることができるか。民法 177 条は、不動産の物権変動は登記がなければ「第三者」に対抗することができない旨規律しているから、破産管財人がこの「第三者」に該当するかが問題となる。もし、破産管財人の地位が破産者の地位と同視されるならば、B は X に対し登記なくして不動産甲の所有権取得を主張でき、移転登記手続を請求することも可能ということになろう。

　しかし、このような実体法における第三者に関する規律の適用に際し、破産管財人は破産者ではなく、むしろ差押債権者に同視されるべきものと解されている。すなわち、破産手続は、全ての破産債権者のための包括的差押手続と捉えられるものであり、また、破産者の相手方としても、仮に破産者に個別執行がなされ、差押債権者が出現すると確保できなくなるような利益については、包括執行がなされて破産管財人が出現したときにも確保できないのはやむを得ないと評しうるからである。

　以上によれば、民法 177 条の第三者に差押債権者が含まれることは異論を見ないところであり（最判昭 39・3・6 民集 18 巻 3 号 437 頁）、破産管財人も第三者に該当することになるから、結局、B は X に対して不動産甲の取戻権者として、登記名義の移転を請求することはできないことになる。

　類似の問題は、虚偽表示の無効を対抗できない「善意の第三者」（民 94 条 2 項）、錯誤や詐欺による意思表示の取消しを対抗できない「善意でかつ過失のない第三者」（民 95 条 4 項、民 96 条 3 項）に破産管財人が該当するかといったかたちでも生じる。いずれも、それらの第三者に差押債権者が含まれるか否かといった実体法の解釈問題によって決せられることにな

り、含まれると解するのが一般的である。

> **Q9** Aは、Bから手形金額100万円の融通手形甲の振出しを受けていたところ、実際に使うことなく手元に置いたまま、Aに破産手続が開始され、Xが破産管財人に選任された。Xは、Bに対して、満期に甲を支払呈示をして手形金100万円の支払いを請求することができるか。

　融通手形とは、後日それを信用力のある手形として裏書譲渡して使うことを目的に、取引実態なく振出しを受ける手形のことである。**Q9**において、例えば、Aが実際に手形甲を、買掛金の支払いのためにCに裏書譲渡した場合には、Aは、満期までにBに対して手形の弁済資金100万円を提供することになる。

　このような融通手形を、満期にA自身がBに対して支払呈示した場合には、Bは、融通手形の用法に反した支払呈示であるとして、人的抗弁（手17条）によりAに対して支払いを拒める点に争いはないが、Aの破産管財人Xが支払呈示した場合はどうかというのが設問の趣旨である。

　手形法17条によれば、例えば、Aが手形甲を買掛金の支払いのためにCに裏書譲渡した場合にCは、害意なき限り、振出人Bが自己の前者Aに対して有する人的抗弁の対抗を受けることはないのであり、したがってこの問題は、手形甲を差し押さえた差押債権者が手形法17条の人的抗弁の切断を受ける手形所持人に該当するか否かの問題に帰着することとなる。

　この点、手形法17条の人的抗弁の切断は、裏書譲渡により手形を取得した手形所持人の取引安全を特別に保護して手形流通の促進を図る制度とみるべきことからすれば、差押債権者は人的抗弁の切断を受ける手形所持人には該当せず、振出人は、執行債務者Aに対抗できる事由を差押債権者に対抗できるものと解される。

　したがって、破産管財人XはBに対して甲手形を支払呈示してもBから融通手形の抗弁の対抗を受け手形金の支払いを受けられないことになる（最判昭46・2・23判時622号102頁の結論も同様である）。

(2) 手続開始後の登記等の効力

> **Q10** Aは、不動産甲をBに譲渡し、代金全額の支払いを受けるの
> と引換えに、Bに対し、所有権移転登記手続に必要な一切の書
> 類を引き渡していたところ、Aについて破産手続が開始した。
> その後、Bは、引き渡されていた書類を用いてAの破産を知り
> つつ所有権移転登記手続をした。
> 　　Bは、Aの破産管財人Xに対し不動産甲の取得を対抗できる
> か。Bが登記手続の時にAの破産を知らなかったときはどうか。

　Q10のBは破産手続開始時において登記を有していなかったのだから、破産管財人が民法177条の「第三者」に該当すること（前記(1)）に鑑みれば、Bはその後に登記を具備したとしても不動産甲の所有権取得をXに対して対抗できないのが原則であるはずである（なお、財団所属財産への破産の登記は破産者が個人の場合にのみなされるものであり〔破258条1項2号〕、対抗要件の性質を持たない。つまり、破産管財人は、登記なくして、差押債権者と同様の地位の取得を第三者に対抗できることが前提である）。破産法49条1項本文は、このような趣旨に基づき、破産手続開始前に生じた登記原因に基づき破産手続開始後にされた登記等は、破産手続との関係においては、その効力を主張することができないとするが、ただし書において、取引安全の要請から、善意により登記等をした登記権利者を保護しているのである（通説）。**Q10**のBも、原則として、開始後にした登記に基づき不動産甲の取得をXに対して対抗することはできず、移転登記を抹消すべきことになるが、善意の場合には、対抗できることになる。

4 再生債務者財産の管理等、再生債務者の第三者性等

　再生債務者は、管理命令が発令された場合を除き、手続開始後も業務遂行権および財産の管理処分権を失わない（民再38条1項）。もっともこのことは、債務者が手続開始後も開始前と全く同じ地位にあるということを意味しない。すなわち、債務者は、手続開始後は、債権者に対し、公平かつ誠実に、業務遂行権および財産管理処分権を行使し、再生手続を追行する義務を負うこととなり（同条2項。公平誠実義務）、また、再生手続の機

関としての種々の権限も認められる。

> **Q11** 次のＡに対し、破産手続ではなく再生手続（ただし管理命令は発令されていない）が開始された場合について、次の問いに答えよ。
> (1) Q6①のＡ　当該訴訟はどのように扱われるか。

　再生手続開始時に係属している再生債務者の財産関係の訴訟手続については、破産手続とは異なって一般的には中断せず、再生債権に関するもののみが中断する（民再40条1項）。再生債権については、所定の調査・確定手続によって扱われるべきことから中断する必要があるが、それ以外の訴訟手続については、再生債務者財産について当事者適格に変動がないことから中断の必要がないのである。したがって、問(1)の訴訟手続は、中断せず、再生手続開始によって影響を受けない。

> **Q11** (2)　Q7①②のＡ　当該各訴訟はどのように扱われるか。

　次に詐害行為取消訴訟については、再生手続においても否認権の制度が存在し、かつ、否認権限を有するのは監督委員であるから（民再56条1項）、責任財産の回復権限について当事者適格に変動があることになる。したがって、問(2)の詐害行為取消訴訟手続は、再生手続開始により中断し（民再40条の2第1項）、否認権限を有する監督委員または相手方の申立てにより受継される（民再140条1項）。

　債権者代位訴訟についても同様である。手続開始後の再生債務者は公平誠実義務を負っており、自ら有する権利を行使しない事態は想定されていないから、責任財産保全の当事者適格は、破産手続の場合と同様、債権者から再生債務者に変動するものと解される。したがって、問(2)の債権者代位訴訟も、再生手続開始により中断し（民再40条の2第1項）、再生債務者または相手方の申立てにより受継される（同条2項）。

> **Q11** (3)　Q8のＡ　ＢはＡに対し不動産甲についての移転登記手続を求めることができるか。

　実体法上、第三者が出現した場合の特別の規律が存する場合に、その第三者に再生債務者が該当するか（再生債務者の第三者性）が問題となる。

破産手続とは異なり、再生債務者は手続開始によりその財産の管理処分権
を剥奪されるわけではないが、第三者性を認める見解が有力であり、その
根拠としては、再生債務者が債権者のために公平誠実義務を負っているこ
と、開始後に登記を具備しても再生手続との関係で効力を有さず（民再 45
条 1 項。**Q 11 問(4)**参照）また否認の対象になる（民再 129 条）ことは再生
債務者が第三者性を有することを前提とするものと解されること等が指摘
されている（大阪地判平成 20・10・31 判時 2039 号 51 頁〔百選 19〕）。したが
って、**問(3)**の B は、X に対し不動産甲の移転登記手続を求めることがで
きないことになる。

> **Q11** (4)　Q10 の A　B は、A に対し、不動産甲の取得を対抗でき
> るか。

　開始後になされた登記等について、民事再生法は破産法 49 条と同様の
規律を置いている（民再 45 条）。したがって、**問(4)**の設問の B も、破産法
の場合と同様、原則として、不動産甲の取得を X に対抗できないが、善
意の場合には、対抗できることになる。

5　財産評定

> **Q12** 再生手続における財産価額の評定制度の趣旨目的を、破産手続
> における同制度と比較して説明せよ。

　再生債務者等は、再生手続開始後（管財人については、その就任の後）遅
滞なく、再生債務者に属する一切の財産につき開始時における価額を評定
しなければならない（民再 124 条 1 項）。これを財産評定という。
　再生手続における財産評定の趣旨は、開始時における再生債務者の清算
価値を把握し、再生計画による弁済が破産配当を上回る内容になるか否か
を把握できるようにすることにある（清算価値保障原則。第 14 章 I 3(4)、
参照）。したがって、再生手続における財産評定は原則として財産の処分
価格を評価基準とする（民再規 56 条 1 項本文）。もっとも例えば、再生債
務者が事業譲渡による再生を検討している場合には、事業譲渡価額の適性
の判断のために事業継続価値を把握しておくことが有用である。そこで、

「必要がある場合」には、処分価額の基準による評定にあわせて継続企業価値の基準による評定ができるものとされる（民再規56条1項ただし書）。

　財産評定の結果は、再生債務者等が再生計画を立案する際、裁判所が付議要件・認可要件の充足性を判断する際（民再169条1項3号、174条2項4号）、再生債権者が議決権行使をする際などに、重要な参考資料となる。

　他方、破産管財人も、破産手続開始後遅滞なく、財産評定をしなければならない（破153条1項）。破産手続における財産評定は、換価見込額を把握して、破産管財人自身の今後の換価業務の資料とし、あるいは破産配当率予想や別除権者の予定不足額決定の資料を提供するところを趣旨としている。したがって、破産手続における財産評定も、再生手続と同様、開始時における処分価額基準によりなされるが、破産手続ではその後に現実に全財産が換価され清算価値が判明するから、それに先立つ見込額の算出は、時間・費用をあまりかけずに簡易にすれば足りることになる。また、例外的な継続企業価値基準による評定制度も存在しない。

第5章

契約関係の処理(1)
—— 売買・取戻権 ——

川上　良

1　実体法の体系的理解の重要性

　契約関係にあった一方当事者が倒産した場合であっても契約関係は当然には終了しないので、契約当事者の義務が履行されずに残っている場合には、その契約関係を処理する必要がある。しかしながら、破産手続開始決定があると、破産財団に属する財産の管理処分権が破産管財人に専属する（破78条1項）。そのため、破産手続開始後に契約関係の処理の当事者となるのは、破産管財人と相手方当事者になる。

　ところで、「契約」に関する民法の債権各論の規定は、当事者の関係を権利義務として静的観点から定められている。しかし、実際の契約は、契約の締結から履行による契約の終了に至るまで履行過程という動的な流れがある。この履行過程に関する条文は、パンデクテン体系にしたがって、債権各論だけではなく、総則、債権総論、債権各論の総則など民法のあちこちに規定が存在する。例えば、売買契約を締結するとき、いきなり契約を締結することは稀であり、売主と買主の間で売買の目的、目的物、その性能や品質、対価などの交渉を経て、当事者が合意に至った段階で売買契約が締結される。交渉を経て契約内容が確定した段階で、一方当事者から売買契約の締結の申し込みがあり、相手方当事者がこれを承諾することにより契約が締結される。そして、契約締結後は、その履行過程として、各当事者は、それぞれ当該契約で義務付けられた履行の準備を行うことになる。売主は、目的物が種類物であるときは、契約にしたがって目的物を特定し、特定した物を買主に提供する。一方、買主は、履行の提供を受けた

物を受領し、対価である金銭を売主に給付する必要がある。このように売買契約を含めて契約は、権利義務という静的な側面だけではなく、履行過程という動的な側面も有することを意識しておく必要がある。

破産法における契約関係の処理を理解するには、このような動的な契約の履行過程の中で、破産手続開始決定があった時点での当事者間の契約の履行過程の状態、すなわち、履行過程のどの段階で破産手続開始決定があったのか、その時点で当事者が相互にどのような権利義務を有していたのかを正確に分析し理解することが出発点になる。

このように正常な契約関係での規律を正しく分析できないと、非常時である破産法における契約関係の処理が適切にできないことになる。したがって、破産法での契約関係の処理を考えるには、まず何よりも民法などの実体法の体系に基づく正確な理解、破産開始決定時の当事者間の権利義務関係の的確な分析、この理解と分析に基づいて、さらに当該権利義務関係が破産手続の中でどのような変容を受けているのか、なぜそのような変容を受けるのか、その変容が許容されるのはなぜか（制度趣旨）を順序立てて理解して、考えていく必要がある。

実務的には、多種多様な契約があり、そのすべてを本書で扱うことはできないので、この章では、簡単な例を用いて契約関係の処理の基本となる売買契約の処理について考えていくこととしたい。

2 双務契約の一方未履行の場合

(1) 動産売買契約

> **Q1** 売主Ａと買主Ｂは、製餡500キロを35万円で売却する売買契約を締結した。目的物である製餡は中等品であり、売主Ａは、自らが製餡して納品する予定であった。
> 　　売主Ａと買主Ｂの法律関係を説明しなさい。

Q1 のＡＢ間の契約は、Ａが製餡500キロという財産をＢに移転することを約し、それに対してＢが35万円を支払うことを約していることから、「当事者の一方がある財産権を相手方に移転することを約し、相手方がこれに対してその代金を支払うことを約する」（民555条）契約である

売買契約であると認定することになる。そして、この売買契約締結の効力
として、売主 A は、基本的な給付義務として財貨移転義務を負い、買主
B は代金支払義務を負うことになる。**Q1** の設例に具体的にあてはめると、
売主 A は買主 B に対し目的物引渡債務として製餡 500 キロの引渡義務を
負い、買主 B は売主 A に対し代金支払債務として 35 万円の支払義務を負
っていることになる。

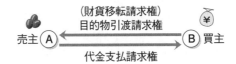

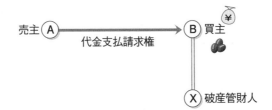

> **Q2** Q1 において、売主 A は製餡 500 キロを買主 B に引き渡した。
> その後、買主 B が代金を支払う前に、買主 B に破産手続開始決
> 定があり、破産管財人 X が選任された。
> 　本件売買契約はどのように扱われることになるか。

Q2 は、売買の履行過程中で生じた事案となるが、買主 B が破産した
時点で、売主 A の債務である製餡 500 キロの引渡義務の履行は完了して
いるのに対し、買主 B の債務である 35 万円の支払義務が残っており、未
履行となっている。すなわち、双方の基本的な給付義務に対価関係が認め
られる双務契約において、一方の債務が未履行の状態、特に買主が破産し
かつ買主（破産者）未履行の事案である。この事案で契約関係の処理とし
て残っている債務は、買主 B の売主 A に対する代金支払債務である。こ
の債務（売主 A から見れば代金支払請求権）は、破産手続開始前に締結さ
れた売買契約に基づき生じた財産上の請求権（破 2 条 5 項）であるから破産

債権であり、破産法の拘束を受ける（破100条1項）。したがって、実体法上はその全額が請求できる代金支払請求権の内容が、破産法により、配当による割合的満足を受けるに留まることに量的な変容を受ける。

> **Q3** Q1において、買主Bは代金35万円を売主Aに前払いした。その後、売主Aが製餡500キロを引き渡す前に、買主Bに破産手続開始決定があり、破産管財人Xが選任された。
> 　　本件売買契約はどのように扱われることになるか。

　Q3は、買主Bが破産した時点で、売主Aの目的物引渡債務が未履行であり、いわゆる買主破産の売主未履行の事案である。残っている債務は、売主Aの買主Bに対する目的物引渡債務である。この債務（破産管財人Xから見れば目的物引渡請求権）は、破産手続開始により買主（破産者）Bが有する財産上の権利として、破産財団を形成する（破34条1項）。このような場合を規律する規定は破産法にないことから、破産手続開始により目的物引渡請求権が変容を受けることはなく、破産手続開始後の管理処分権が帰属する破産管財人Xがこれを行使し、製餡500キロの引渡しを請求することができる。破産管財人Xは、売主Aから製餡500キロの引渡しを受けて、それを換価処分し財団の増殖を図ることになる。

> **Q4** Q1において、売主Aは製餡500キロを買主Bに引き渡した。その後、買主Bが代金を支払う前に、売主Aに破産手続開始決定があり、破産管財人Xが選任された。
> 　　本件売買契約はどのように扱われることになるか。

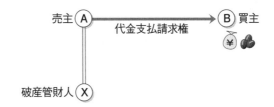

　Q4 は、売主 A が破産した時点で、買主 B の代金支払債務が未履行であり、売主破産の買主未履行の事案である。この事案では、処理しなければならない残っている売買契約上の債務は、買主 B の売主 A に対する代金支払債務である。この債務（破産管財人 X から見れば代金支払請求権）は、Q3 と同様に、破産手続開始により売主（破産者）A が有する財産上の権利として、破産財団を形成する。同じく、破産法にこれを規律する規定はないことから、代金支払請求権は破産手続開始により変容を受けることなく、破産管財人 X が代金支払請求権を行使し、代金 35 万円を回収し、財団の増殖を図ることになる。

> **Q5** Q1 において、買主 B は代金 35 万円を売主 A に前払いした。その後、売主 A が製餡 500 キロを引き渡す前に、売主 A に破産手続開始決定があり、破産管財人 X が選任された。
> 　　本件売買契約はどのように扱われることになるか。

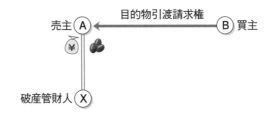

　Q5 は、売主 A が破産した時点で、売主 A の目的物引渡債務が未履行であり、売主破産の売主（破産者）未履行の事案である。この事案では、処理しなければならない契約上の債務は、売主 A の買主 B に対する目的物引渡債務である。この債務（買主 B から見れば目的物引渡請求権）は、破産手続開始前に締結された売買契約に基づき生じた財産上の請求権（破 2 条

5項）である破産債権であり、**Q2** と同様の処理となる。破産法の拘束を受ける（破100条1項）ことは同様であるが、さらに実体法上の目的物引渡請求権が破産手続開始時の評価額で金銭評価され（破103条2項1号イ）、配当による割合的満足を受けるに留まることになる。したがって、実体法上は、買主Bは製餡500キロの引渡しを請求できた目的物引渡請求権が、破産法により、配当を受ける権利に質的に変容し、さらに割合的満足を受ける権利に量的に変容を受ける。権利内容が質的、量的に変容することになる。

　以上をまとめると次のようになる。

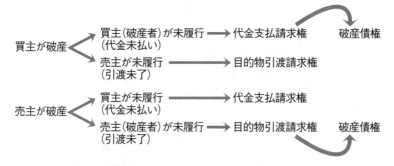

(2) 債権と物権の世界

　売買契約関係、すなわち債権法の世界での契約関係は上記のように処理されることになる。しかしながら、忘れてはならないのは、実体法の法律関係は、債権法の世界だけではなく、物権法の世界も存在することである。例えば、**Q2** では、売主Aが動産売買先取特権（民311条5号、同321条）を有する場合には、破産法上の別除権（破2条9項）が問題となる。また、**Q5** で製餡500キロの引渡債務が取立債務であり、買主Bへの納品用として分離、準備、通知がなされ、かつ売買契約で所有権移転時期の特約がなければ、買主Bに所有権が移転していると解されるから、買主Bの動産対抗要件である占有の有無によっては、買主Bの取戻権が問題となる。

　このように、契約関係の処理においては、契約＝債権という視野狭窄に陥ることなく、民法の体系に則して、各当事者にどのような権利義務があるのかを民法全般に照らして分析し考える必要がある。「契約の処理」ではなく「契約関係の処理」と言われている所以を理解して、少なくとも物

権関係と債権関係は意識して事案を分析することに注意してもらいたい。

⑶ 不動産売買契約

> **Q6** 売主 A は自己が所有する甲不動産を代金 3,000 万円で、買主 B に売却した。
>
> 　　売主 A と買主 B の法律関係を説明しなさい。

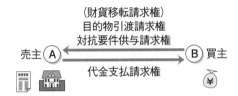

　Q6 の AB 間の契約も売買契約（民 555 条）であるが、**Q1** と異なるのは、目的物が不動産となっている点である。売買契約である以上、売主 A は基本的給付義務として財貨移転義務を負い、買主 B は代金支払義務を負うことは異ならない。ただし、動産売買では、権利移転の対抗要件に係る売主の義務（民 560 条）である「動産の引渡し」（民 178 条）が、占有の移転を目的とする目的物引渡債務とオーバーラップするので、別個に問題となる余地が少ないが、不動産売買の場合、売主 A が買主 B に対し負担する目的物引渡債務である占有移転義務と対抗要件供与債務（民 560 条）である登記協力義務が、別個の具体的な給付義務として顕在化してくる点が特徴となる。

> **Q7** Q6 において、売主 A は、甲不動産を買主 B に引き渡し、買主 B への所有権移転登記を完了した。その後、買主 B が代金を支払う前に、買主 B に破産手続開始決定があり、破産管財人 X が選任された。
>
> 　　本件売買契約はどのように扱われることになるか。

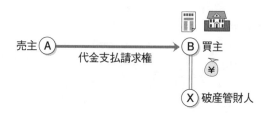

　Q7は、買主Bが破産した時点で、買主Bの代金支払義務が未履行であり、いわゆる買主破産の買主(破産者)未履行の事案である。この事案では、**Q2**と同様に、契約関係の処理として残っている義務は、買主Bの売主Aに対する代金支払債務である。この債務(売主Aから見れば代金支払請求権)は、破産手続開始前に締結された売買契約に基づき生じた財産上の請求権(破2条5項)である破産債権であり、破産法の拘束を受ける(破100条1項)。したがって、実体法上は全額請求できる代金支払請求権の内容が、破産法により量的な変容を受けることになる。

　ただし、この場合、売主Aが、売買契約と同時に不動産売買の先取特権の登記(民340条)を備えている場合、不動産売買の先取特権(民325条3号)が成立し、これにより別除権が行使できる(破2条9項)。

> **Q8** **Q6**において、買主Bは代金3,000万円を売主Aに支払った。
> その後、売主Aが甲不動産を買主Bに引き渡し、所有権移転登記を行う前に、買主Bに破産手続開始決定があり、破産管財人Xが選任された。
> 　本件売買契約はどのように扱われることになるか。

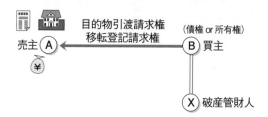

　Q8は、買主Bが破産した時点で、売主Aの目的物引渡債務および対抗要件供与債務(民560条)が未履行であり、買主破産の売主未履行の事

案である。この事案では、契約関係の処理として残っている債務は、売主Aの買主Bに対する目的物引渡債務（民 555 条）および対抗要件供与債務（民 560 条）である。この債務（破産管財人 X から見れば請求権）は、破産手続開始の時点で買主(破産者)B が有する財産上の権利であることは、**Q3** と同じであり、破産管財人 X がこれを行使して、不動産の引渡しと移転登記を受けて換価処分することになる。

> **Q9** Q6 において、売主 A は甲不動産を買主 B に引き渡し、買主 B への所有権移転登記を完了した。その後、買主 B が代金を支払う前に、売主 A に破産手続開始決定があり、破産管財人 X が選任された。
> 　　本件売買契約はどのように扱われることになるか。

Q9 では、売主 A が破産した時点で、買主 B の代金支払債務が未履行であり、売主破産の買主未履行の事案である。この事案では、契約関係の処理として残っている債務は、買主 B の売主 A に対する代金支払債務である。この債務（破産管財人 X から見れば代金支払請求権）は、破産手続開始の時点で売主（破産者）A が有する財産上の権利として、**Q3** と同様に、破産管財人 X がこれを行使し、代金を回収することになる。

> **Q10** Q6 において、買主 B は、3,000 万円を支払うのと引き換えに、売主 A から甲不動産の所有権移転登記を得た。その後、売主 A が甲不動産を買主 B に引き渡す前に、売主 A に破産手続開始決定があり、破産管財人 X が選任された。
> 　　本件売買契約はどのように扱われることになるか。

Q10 では、売主 A が破産した時点で、売主 A の目的物引渡債務が未履行であり、売主破産の売主未履行（引渡未了）の事案である。この事案では、契約関係の処理として残っている債務は、売主 A の買主 B に対する甲不動産の引渡債務である。

ここで想起しなければならないのは、不動産引渡請求訴訟における訴訟物である。そこでは、売買契約に基づく債権的請求権と所有権に基づく物権的請求権を考え、その選択を論じたはずである。ここでも、債権の世界と物権の世界が交錯する。そして、この両請求権の実体法上の関係を請求権競合と解すると、次のように処理することになる。

売買契約に基づき発生した債権は、破産手続開始前に締結された売買契約に基づき生じた財産上の請求権（破 2 条 5 項）である破産債権として破産法の拘束を受ける。債権法の世界での処理はこのようになる。なお、債権的請求権は、破産債権として破産手続内で処遇されるから、原則として取戻権の基礎になることはない。

他方、物権法の世界では、所有権が買主 B に移転しており（民 176 条）、破産手続開始決定前に買主 B 名義の登記を経由していることから、買主 B は、破産管財人 X に対して、甲不動産の所有権を対抗することができることになり（民 177 条）、甲不動産の所有権は買主 B に確定的に帰属していることになる。したがって、買主 B は、取戻権（破 62 条）を根拠に、破産管財人 X に対し、甲不動産の引渡しを求めることができる。

Q11 Q6 において、買主 B は、3,000 万円を支払うのと引き換えに、売主 A から甲不動産の引渡しを受けた。その後、売主 A が甲不動産の所有権移転登記を行う前に、売主 A に破産手続開始決定があり、破産管財人 X が選任された。

Q11 では、売主Aが破産した時点で、売主Aの対抗要件供与債務（登記協力義務）が未履行であり、売主破産の売主未履行(登記未了)の事案である。この事案では、契約関係の処理として残っている債務は、売主Aの買主Bに対する甲不動産の対抗要件供与債務（登記協力義務）である。

Q10 と同様に、この債務（義務）の発生原因は、売買契約に基づく債権的登記移転請求権と所有権に基づく物権的登記移転請求権の2つが考えられる。

ここまでで見てきたように、売買契約に基づき発生した債権は、破産債権として破産法の拘束を受けることになるが、買主Bが売主Aに対して対抗要件具備を求める請求権は、非金銭債権であるから、これを金銭評価（破103条2項1号イ）して、買主Bは破産債権として破産手続に参加することになる。

他方、物権法の世界では、Q11 は Q10 と異なり、買主Bが甲不動産についての対抗要件（民177条）である移転登記を具備していないため、買主Bは自己の所有権を破産管財人Xに対抗することができず、取戻権（破62条）も認められない。

以上をまとめると次のようになる。

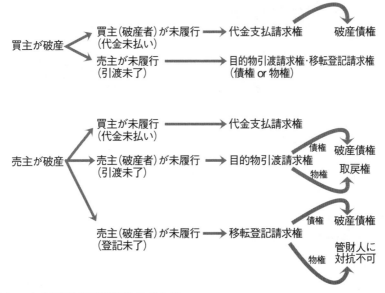

⑷ 一方未履行の双務契約のまとめ

　一見すると、複雑な処理のように見えるかもしれない。しかしながら、①破産手続開始決定時点で、残っている契約関係に基づく債権債務を分析し、②それが、誰の誰に対する権利義務なのかを確定し、③破産法での規律の有無、④破産法に規律がある場合、権利がどのように質的、量的に変容するのか、⑤債権法の世界と物権法の世界を順に考えているだけであることが分かると思う。また、ここまでは破産した場合を例に考えてきたが、民事再生などの再建型の手続においても考え方は同じである。

　いわゆる一方未履行の双務契約の処理については、破産法の世界では、破産した債務者が自己の債務を先履行している場合には、相手方は平常時と変わりなく債務の履行を求められる。逆に、破産した債務者の相手方がその債務を先履行している場合には、破産した債務者の債務は、破産法により破産債権となり、相手方の権利は質的、量的に変容を受けることになる。

　このような破産法の規律は、先に債務を履行した誠実な相手方の保護に欠けるように思われるかもしれない。しかしながら、平常時においても、自己の債務を先に履行してしまった場合、相手方から反対給付を受けるこ

とができるか否かは確実ではない。そのリスクを避けるために、もともと民法では同時履行の抗弁（民533条）がメニューとして用意されている。同時履行の抗弁を放棄して、先に履行するという行為は、相手方に信用を与え、相手方の信用リスクを引き受けていると評価される。そして、破産時には、その信用リスクが現実化したに過ぎないのであるから、破産法は民法の規律を変容していることはない。

3 双務契約の双方未履行の場合

> **Q12** 売主Aと買主Bは、製餡500キロを35万円で売却する売買契約を締結した。ところが、売主Aが製餡500キロを引き渡す前に、また、買主Bが35万円を支払う前に、買主Bに破産手続開始決定があり、破産管財人Xが選任された。
>
> 本件売買契約はどのように扱われることになるか。

(1) 双方未履行の双務契約

Q12は、**Q1**の事案と同じく売買契約である。そして、売主Aは買主Bに対し目的物引渡債務を、買主Bは売主Aに対し代金支払債務を負担しているところ、その両債務が履行される前に買主Bが破産した場合である。講学上、「双方未履行の双務契約」といわれる場合である。

平常時であれば、相手方の債務が不履行に陥っていれば解除権（民541条）の行使により契約関係からの離脱が可能であり、自分の債務が先履行となっている場合には不安の抗弁権などによるリスクの回避が問題となる局面である。

この場合について、倒産法は、破産法53条、民事再生法49条、会社更生法61条の規定を設けて、民法の規律を修正し、特別な規律をしている。その規律の特徴は、「破産管財人は～」（破53条）、「再生債務者等は～」

（民再49条）、「管財人は〜」（会更61条）とあるように、倒産した債務者（管財人）に、契約を存続させるか、または解除権の行使によって契約関係を消滅させるかの選択権を与えていることにある。

(2) 履行か解除の選択権

Q12の事案では、破産法53条により、破産管財人Xに、売買契約関係の処理のイニシアティブが委ねられている。破産管財人Xが、売買契約を維持することが財団にとって望ましいと判断すれば、契約を維持して合意内容を実現させる（履行選択）。破産管財人Xが、売買契約から離脱することが財団にとって望ましいと判断すれば、解除権を行使して契約関係から離脱することができる（解除選択）（破53条1項）。

(3)「履行を完了していないとき」

破産法53条1項を適用するためには「履行を完了していないとき」であることが必要である。この「履行を完了していない」とは、破産手続開始時点で債務の全部の履行がない場合、一部の履行がない場合、契約に照らして不完全な履行など債務の本旨に従った履行（民415条1項）がない場合であり、従たる義務の履行がない場合も含まれる。

しかしながら、単に債務が発生する可能性があり、その履行がなされていないという場合は、未履行に当たらない。例えば、会員に年会費の支払義務のない預託金ゴルフ会員契約で会員が破産した場合、会員がゴルフ場施設を利用するときに発生する施設利用料金の支払債務は、抽象的には観念できるが、具体的には会員が実際に施設を利用しない限り発生しない。したがって、破産手続開始時における未履行債務に当たらず、破産手続開始時にゴルフ会員契約が双方未履行の状態にあったということはできない。このような事案では、債務者である会員の破産管財人は破産法53条1項に基づいて預託金ゴルフ会員契約について解除権を行使することができない（最判平12・3・9判時1708号123頁〔百選81②〕）。

また、「履行を完了していない」は、その履行の程度は考慮されていない。未履行の部分がわずかな場合であっても、原則として、全部未履行の場合と同様に処理される。

> **Q13** Q12 で、売主 A が、破産手続開始前に 5 キロ入り製餡 100 袋を納品したが、1 袋（5 キロ）が賞味期限切れであったことから、買主 B が不完全な履行であるとして、5 キロの追加納品を請求していた。その最中に、買主 B に破産手続開始決定があり、破産管財人 X が選任された。
>
> 　本件売買契約はどのように扱われることになるか。

　Q13 は、500 キロの製餡の引渡債務の一部が不完全履行であったため債務の本旨に従った履行はなされていないことから、双方未履行の双務契約となる。したがって、破産管財人 X は、原則として、履行または解除を選択することができる。

　ただし、ここで破産管財人 X が売買契約を解除すると、既履行部分について原状回復（民 545 条 1 項本文）が義務となることから、破産管財人 X は売主 A に製餡 495 キロを返還しなければならない。売主 A は、全体量からしてわずかな量の未履行（しかも自己に帰責性がない）があったばかりに、全てが解除され、495 キロの返還を受けなければならなくなる。この結論は、事案の解決の落としどころとして、いかにもバランスを失する。この点、契約の趣旨に照らし、債務が可分であると解釈し未履行部分の 5 キロのみを一部解除するなどの処理が考えられる。さらには、破産管財人 X に履行または解除の選択権が認められるとしても、その選択権に限界はないのかも検討すべき問題となる。

(4) 破産管財人による選択後の相手方の権利

(i) 履行が選択された場合

　破産管財人が履行を選択する場合には、裁判所の許可が必要である（破 78 条 2 項 9 号）。ただし、最高裁判所規則（破規 25 条）で定める金額（100 万円）以下のものについては、許可は必要ない（破 78 条 3 項 1 号）。

　このような手続に基づいて破産管財人が履行選択をした場合、相手方の債権は財団債権として扱われることになる（破 148 条 1 項 7 号）。

(ii) 解除が選択された場合

　破産管財人が解除を選択した場合、破産管財人と相手方はそれぞれ既履行部分について原状回復義務を負うことになる（民 545 条 1 項本文）。

　また、その物の所有権が相手方に復帰することから、給付した物が破産財団の中に現存する場合には、相手方はその物に対して取戻権を有する（破54条2項前段）。破産財団中に現存しない場合には、その価額に相当する金額の償還請求権を財団債権として行使することができる（破54条2項後段）。

　さらに、解除により相手方に損害が発生した場合には、その賠償請求権は破産債権になる（破54条1項）。

(5) 確答催告権

　以上のように、破産管財人が履行選択するのか、解除選択するのかによって、契約関係の処理が大きく変わることになる。したがって、破産管財人が破産法53条の選択権を行使するまでの間、相手方の権利は不安定な状態におかれることになる。このような相手方の保護のため、破産法では、相手方に破産管財人に対していずれを選択するかを確答するように催告する権利（確答催告権）が与えられている（破53条2項前段）。この確答催告権は、破産手続開始後であれば、義務の履行期の前後を問わず行使することができる。

　この相手方からの催告に対し、破産手続では、期間内に確答がないときは解除したものとみなされる（破53条2項後段）。再建型の手続である民事再生手続においても、同じく相手方に確答催告権が認められている（民再49条2項前段）が、期間内に確答がないときは、再生債務者が解除権を放棄したものとみなされ（民再49条3項後段）、清算型の破産手続とは確答がない場合の効果が逆転している。この取扱いの違いは、清算手続である破産では契約は不要となるのが通常である一方、再建手続である民事再生では、契約の維持が期待されるのが通常と考えられるからである。

(6) 破産法53条の趣旨

　このような破産法53条の趣旨について、通説的見解は、次のように説明している。先に説明した双務契約の一方当事者の未履行の場合の処理の考え方を敷衍すると、本来は、相手方の債権は破産債権となり、配当による割合的満足しか得られない反面、自己の債務は履行しなければならないはずである。しかしながら、これは、実体法上、対価関係を有する双方の債務は相互に同時履行の関係にあることで、担保しあって先履行のリスク

を避けていたはずなのに、破産手続が開始した途端に、自己の債務は全部
履行しなければならず、反対給付は割合給付で満足しなければならないの
が、契約関係の処理として公平に反する結果となる。すなわち、一方未履
行の場合、先履行した当事者は、自己の有する権利の履行について、相手
方に信用を供与したリスクが現実化したものと捉えることができるが、双
方未履行の場合、相手方にそのような信用は供与していない。このような
違いのある関係を同列に扱ってよいのかということである。また、清算手
続である破産においては、円滑かつ迅速に権利関係を清算することが要請
される。このような理由から、清算を円滑かつ迅速に進めるために、破産
管財人に履行か解除の選択権を与える一方で、実体法上の対価関係を破産
手続上も尊重し、履行が選択された場合、本来は破産手続前の契約を原因
とする売主Aの権利を破産債権から財団債権に格上げする。解除された場
合、契約関係を消滅させ、双方が原状回復義務を負うことで対価関係を維
持し、また劣後的破産債権である解除に伴う損害賠償請求権を破産債権に
格上げしたと説明している。

　破産法53条の制度趣旨に関しては、このような通説的な見解に対して、
実体的観点、手続的観点、政策的観点を踏まえて多様な議論がなされてい
る。破産法53条という明文規定がある以上、見解の対立は説明の仕方の
差異にすぎないように見えるかもしれないが、同様の規定がない清算手続
などでの取扱いや、ファイナンスリースや信用購入あっせんなどの新種の
契約関係での射程を考える際に、差異を生じ得る可能性がある。

…コラム…
破産管財人の解除選択の限界

　Q13 で破産管財人の解除選択が問題となる局面に触れたが、著名な判
例として、預託金会員制ゴルフクラブの会員が破産した場合に破産管財人
が破産法53条1項に基づく解除権を行使することができるかが争われた
最判平12・2・29民集54巻2号553頁〔百選81①〕が存在する。
　この判決の中では、双方未履行の双務契約であっても、契約を解除する
ことで相手方に著しい不利益を与える場合には、破産管財人は解除するこ
とができないと判示している。そして、その考慮要素として、①解除によ
って契約当事者双方が原状回復等としてなすべきことになる給付内容の均

衡、②原状回復義務に関連する破産法の規定により相手方の不利益がどの
程度回復されるか、③破産者側の未履行債務が双務契約において本質的・
中核的なものか、それとも付随的なものかなどの事情を挙げている。

　この判決は、双方の債務の対価性の均衡が崩れている場合に、破産法
53条の適用を否定するものではない。破産法53条の適用は肯定したうえ
で、①および③の事情を総合考慮して破産管財人による解除権の行使は許
されないとの論理を展開していることに注意する必要がある。

4　取戻権

　契約関係の処理は、債権関係の処理として論じられることが多い。しか
し、契約関係の処理として物権も意識しなければならないことは既述のと
おりである。さらに、破産手続開始決定時に、破産者に帰属していた財産
は破産財団となり破産管財人の管理下に置かれることになるが、この破産
者に帰属していた財産か否かは、手続の迅速性と明確性のため、破産者の
占有や名義などの外形を基準として決められることになる。そのため、実
質的には第三者に帰属している物が混入してしまっていることがあり得る。

> **Q14** B会社に勤めているAは、私物であるA所有のノートパソコ
> ンを会社に持ち込んで仕事をしていたが、家に持ち帰ることなく
> 会社に置いていた。ところが、Aが長期出張している間に、B
> 会社に破産手続開始決定があり、破産管財人Xが選任され、会
> 社に入ることができなくなった。
> 　Aはパソコンを返してもらうことはできるか。

　Q14では、AB間に契約関係があるわけではないので、Aは、契約関
係に基づいてノートパソコンの引渡しを求めることができない。しかし、
ノートパソコンの所有権がAにあり、その所有権を破産管財人Xに対抗
できる場合、破産者Bの責任財産を構成するものではなく、破産管財人
Xには正当な管理・処分権限はない。このように、破産者Bの責任財産
として実体法が想定している範囲の破産財団と現実に管理している財団の
間にズレが生ずることがあり、そのズレを是正するために、第三者には特

定の財産が破産財団を形成するものではないことに基づいて、破産財団からこれを取り戻す権利（取戻権）が認められている（破62条）。そして、第三者が、特定の財産について、実体法上の権利（「取戻権の基礎」。多くは所有権）に基づいて有する取戻権を「一般の取戻権」という。

　Aが、破産管財人Xに対し、取戻権を主張する方法については特に規定がないので、裁判による必要はなく、破産管財人に任意に履行を求めることができる。ただし、破産法78条3項で除外（同項1号の場合100万円〔破規25条〕以下）されていないものについては、取戻権の承認につき裁判所の許可が必要である（破78条2項13号）。また、取戻権の有無に争いがある場合には、Aと破産管財人Xとの間で訴訟による解決が必要となる（破80条）。

　この「一般の取戻権」は、破産財団に混在してしまった特定の財産について、実体法上の権利の破産法における効果として認められるものであるが、これと異なり、実体法上の権利とは無関係に破産手続における当事者間の調整を図る目的で、特定の場面に限って認められる「特別の取戻権」も定められている（破63条、64条）。

第6章

契約関係の処理(2)
──賃貸借・請負・リース契約──

川上　良

　前章では財産権移転型契約の典型である売買契約が破産手続でどのように処理されるかをみた。本章では、さらに貸借型契約の典型である賃貸借契約と労務提供型契約の典型である請負契約が、倒産手続でどのように処理されるのかを、破産手続の場合を例に考えてみることとする。

1　賃貸借契約

　賃貸借契約とは、当事者の一方（賃貸人）が相手方（賃借人）に対し、ある物の使用収益をさせることを約束し、相手方がこれに賃料を支払うことを約束することによって成立する契約である（民601条）。つまり、賃貸人は使用収益を供与する債務を負い、これに対し賃借人は賃料支払債務を負い、その両債務が牽連性を有する双務契約である。

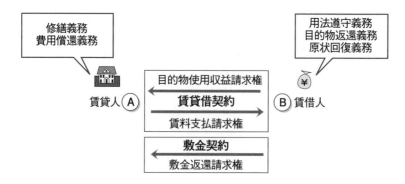

　賃貸借契約は、売買契約と異なり、当事者が一定期間、相互に拘束される継続的な法律関係となる。その結果、対価関係を有する債権債務以外に

も賃貸人の修繕義務や費用償還義務、賃借人の用法遵守義務、目的物返還義務や原状回復義務などの多数の権利義務が生ずる。また、敷金契約が付随して締結されていることもよく見られる。さらに、賃貸借契約は賃借人の生活や事業の重要な基盤となっていて、債務者のフレッシュ・スタートや再建にとって重要な財産となることが多い。

このように賃貸借契約を巡る法律関係は多岐にわたり、実体法上も多くの論点が含まれる（加えて、特別法である借地借家法や農地法の問題もある）。これを反映して、破産手続においても、多くの論点がある。

(1) 賃借人の破産

Q1 賃貸人Ａは賃借人Ｂとの間で、甲不動産を賃料月額70万円で一定期間貸す契約を締結し、賃貸人Ａは甲不動産を賃借人Ｂに引き渡したところ、その契約期間の途中で、賃借人Ｂに破産手続開始決定があり、破産管財人Ｘが選任された。

本件賃貸借契約はどのように扱われることになるか。

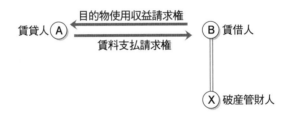

(i) 適用条文

Q1 のＡＢ間の契約は賃貸借契約であり、破産手続開始決定時点では、当初の契約で定められた契約期間から経過期間を除いた残存期間について賃貸人Ａは引き続き甲不動産の使用収益供与債務を負い、これに対応する期間について賃借人Ｂは賃料支払債務を負う。いずれも未だ履行されずに残存していることから双方未履行の双務契約である。

この賃借人が破産したケースについては、民法上も破産法上も賃貸借契約の処理に関する特則が置かれていないことから、双方未履行の双務契約を規律する破産法53条が適用される。その結果、賃借人Ｂが破産した場

合、破産管財人Xは、①契約の解除または②履行の選択権を有することになる。

(ii) 解除を選択した場合

破産管財人Xが賃貸借契約の解除を選択した場合、Xは賃貸人Aに対し目的物返還義務を負うことになる。そして、目的物の返還までに具体的に発生している賃料債務は、①破産手続開始前の時期に関する賃料債権は破産債権として、②破産手続開始後の時期に関する賃料債権は財団債権（破148条1項8号）として扱われる。

また、破産管財人Xの解除権の行使により賃貸人Aが損害を被った場合には、賃貸人Aは、その損害賠償請求権を破産債権として行使することになる（破54条1項）。

(iii) 履行を選択した場合

借地上に破産者B所有の建物があり、借地権付建物として売却するために借地権が必要である場合や、破産者の本店や倉庫が賃借不動産であり、管財事務の遂行のために当該賃借不動産が必要である場合には、破産管財人Xが賃貸借契約の履行を選択することがある。破産管財人Xが、賃貸借契約の履行を選択した場合、賃借権は存続し、賃貸人Aが有する債権は財団債権となる（破148条1項7号）。

ただし、破産手続開始決定前に既に発生していた未払賃料をどう取り扱うかは問題である。通説的な見解は、破産手続開始決定後の賃料債権は財団債権となるが、開始決定前の期間に関する賃料は破産債権になると解している（破産債権説）。これに対して、破産手続開始前の未払賃料も含めて破産法148条1項7号の財団債権になるとする見解もある（財団債権説）。

Q2 Q1において、賃借人Bに4月10日に破産手続開始決定があった。賃料の支払時期は各月末となっていたが、賃借人Bは3月分（3月末支払）の未払いがあった。破産管財人Xが、解除を選択した場合、履行を選択した場合、それぞれ賃貸人Aの賃料請求権はどのように扱われるか。

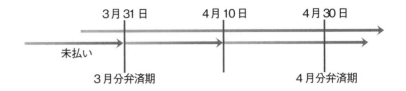

Q2 は、賃借人Bが破産した場合の賃貸人Aの賃料請求権の取扱いに関する問題であるが、まとめると次のようになる。

	履行選択		解除選択
	破産債権説	財団債権説	
3月分以前	破産債権	財団債権	破産債権
4月分 （4/10決定）	財団債権		4/9まで日割　破産債権
			4/10以降日割　財団債権
5月分以降			財団債権

⒤ 賃貸人からの解除

㋐ 法定解除

　賃貸人は、賃借人について破産手続が開始されたことを理由に解除することはできない（民法旧621条の廃止）。賃貸人には、確答催告権が与えられているのみである（破53条2項）。

㋑ 約定解除

　賃貸借契約では「賃借人に、次のいずれかの事由が生じた場合、賃貸人は、何ら通知催告を要せず即時本契約を解除することができる。一．賃借人が破産、民事再生、会社更生、特別清算の申立てを受けたとき」と定められていることが多い。Q1 でこのような約定が定められていた場合、賃貸人Aはこの約定に基づき賃貸借契約を解除できるかが問題となる。この問題は、一般に倒産解除条項の有効性として論じられている問題である。

　従来から実体法の解釈として、賃貸借契約の解除については信頼関係破壊の理論により、賃貸人と賃借人の間の権利関係の調整を図ってきているが、破産手続の開始による効果として弁済が禁止されるのであり、債務者に帰責性のある事由ではなく、当事者間の信頼関係が破壊されることはな

いので、倒産解除条項の効力は否定されている。

　今般、解除に関する民法の改正により、旧法下では債務者の帰責事由が必要とされていたものが、解除は、当事者を契約に拘束することが不当と評価される場合に、当事者を契約の拘束力から解放する制度と位置づけられ、解除の要件として債務者の帰責性は不要とされた。この改正は、理論面においては大きな転換であるが、実務的な影響は限定的と考えられている。まず、債務者に帰責事由がある場合に解除が可能であること、債権者に帰責事由がある場合に債権者から解除できないことに変更はない。改正前後で違いが生じるのは、契約当事者双方に帰責事由がない場合である。改正前は解除ができないケースであり、危険負担の問題として処理されたものが、改正後は解除が可能となり、危険負担は履行拒絶の抗弁として整理されることになった。このように解除の理論的な説明は異なることになるが、破産手続の開始により、当事者間の信頼関係が破壊されることはないことは同じであり、倒産法の趣旨、目的に照らしても、倒産解除条項は否定されるものと考える。

(ウ) 債務不履行解除

　破産手続開始決定前に既に賃借人Bに債務不履行があり、解除の要件が備わっている場合には、賃貸人Aは破産管財人Xに対し解除権を行使することができる。

(2) 賃貸人の破産

> **Q3** Q1において、賃貸人Aに破産手続開始決定があり、破産管財人Xが選任された。
> 　　本件賃貸借契約はどのように扱われることになるか。

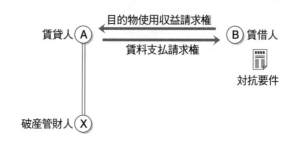

(i) 適用条文

Q3 における AB 間の法律関係は **Q1** と同じである。そして、賃貸借契約が双務契約であることからすれば、破産法53条が適用されることになる。

しかし、不動産の賃貸借は、実体法上、「賃借権の物権化」が進んでおり、対抗要件を具備した場合には第三者に対抗できるものとされている。また、実質的にみても、賃貸人 A の破産という事情により、賃借人 B の使用収益権が一方的に剝奪されるのは、賃借人 B に著しく酷である。

そこで、破産法は、賃貸人が破産したときで、賃借人が権利保護資格要件としての対抗要件（建物であれば、その引渡し。借地借家31条1項）を備えている場合には、破産法53条1項および2項の適用を排除し、破産管財人 X は契約を解除することができないこととしている（破56条1項）。

他方、破産管財人に対する対抗要件を備えていない賃借権については原則どおり破産法53条により、破産管財人 X は履行または解除を選択することができる。ただし、破産管財人の解除権に限界はないのかは問題である。

(ii) 賃借人の有する請求権

破産法56条1項の適用がある賃貸借契約については、破産管財人が解除できないことから、結果として、履行が選択された場合と同じ取扱いになる。

(ア) 使用収益

破産法56条1項が適用されると、賃貸借契約が存続することになり、破産法56条2項により、相手方（賃借人）が有する請求権は財団債権となる。その主な請求権は使用収益権である。

(イ) 修繕

賃貸人 A の甲不動産の修繕義務（民606条1項）、すなわち賃借人 B の修繕請求は賃貸人の使用収益させる義務の結果として認められ、それは賃貸借中の全期間に及ぶことから、契約の目的に照らして必要な限度で、財団債権となる。

(ウ) 敷金

敷金は、「賃料債務その他の賃貸借に基づいて生ずる賃借人の賃貸人に

対する金銭の給付を目的とする債務を担保する目的で、賃借人が賃貸人に交付する金銭」（民622条の2第1項）であり、当事者間で締結される敷金契約は賃貸借契約に付随する契約ではあるが、別個の契約である。このように敷金契約と賃貸借契約とは別個の契約であることから、賃借人Ｂの賃貸人Ａに対する敷金契約に基づく敷金返還請求権は、賃貸借契約と対価関係に立つものでもない。したがって、敷金返還請求権は後述するように取り扱われ、破産法56条2項により財団債権となるものではない。

> **Q4** Q1 において、賃貸人Ａに対する破産手続開始決定があった時点で、賃貸人Ａは、第三者Ｃに、将来発生する3年分の賃料債権を債権譲渡していた。

Q4 は、将来賃料が債権譲渡されていたケースである。

破産法においては、このような将来賃料の債権譲渡について特に規定を置いていないので、適法な賃料前払いや将来賃料の譲渡はその効力を有する。したがって、第三者Ｃが債権譲渡の対抗要件を備えていれば、破産管財人Ｘに対し賃料債権の譲渡を対抗でき、第三者Ｃは賃借人Ｂに賃料支払請求ができ、賃借人Ｂが賃料を支払うべき相手は第三者Ｃとなる。

> **Q5** Q1 において、賃貸人Ａと賃借人Ｂとは、甲不動産の賃貸借契約に付随して敷金契約を締結し、それに基づき賃借人Ｂは賃貸人Ａに敷金420万円（賃料月額70万円の6か月分相当）を交付した。その後、賃貸人Ａに破産手続開始決定があり、破産管財人Ｘが選任された。

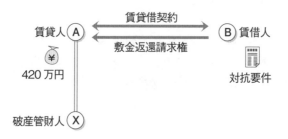

⑴ 敷金契約

Q5 では、賃貸人 A と賃借人 B の間で敷金契約が締結されている。敷金は、賃貸借契約から生ずる金銭債務を担保するために、契約締結時に、賃借人から賃貸人に交付する金銭（民 622 条の 2 第 1 項）であり、敷金は、賃貸借契約とは別個の敷金契約により交付される。

そして、敷金は、賃貸借契約存続中に生じた債権のみならず、契約終了後明渡しまでに生じた一切の債務を担保するものとされている（最判昭 48・2・2 民集 27 巻 1 号 80 頁）。すなわち、敷金返還請求権が具体化するのは明渡時である（明渡時説）。このことを踏まえると、特約がなければ、目的物返還義務と敷金返還義務とは同時履行の関係に立たず、目的物返還義務が先履行となり、目的物が返還された後で敷金が残債務に当然に充当され（敷金契約の趣旨に照らして当然に充当されるので、別に相殺の意思表示は不要であることに注意を要する。具体的な敷金返還請求権は、残債務が当然充当され控除された残額について発生する）、その残余の金銭が賃借人に返還されることになる。

このような敷金返還請求権の性質から、目的物の返還がなされる前には、具体的な敷金返還請求権は発生していないことから、破産法では、停止条件付破産債権として扱われる。そのため賃料債務と相殺することは許されないが、後述のとおり、後に停止条件が成就した敷金返還請求権と相殺するために、破産管財人 X に対して賃料債務を弁済する際に寄託を請求することができる（破 70 条後段）。

> **Q6** Q5 において、
>
> ⑴　賃借人 B は、敷金返還請求権を自働債権、賃料支払債務を受働債権として相殺することができるか。
>
> ⑵　賃借人 B に 3 か月分の賃料未払いがあり、破産管財人 X の請求にもかかわらず支払われなかったため、破産管財人 X は賃貸借契約を解除した。賃借人 B は直ちに甲不動産を明け渡したが、原状回復費用として 30 万円が発生した。賃借人 B の敷金返還請求権はどのように扱われるか。

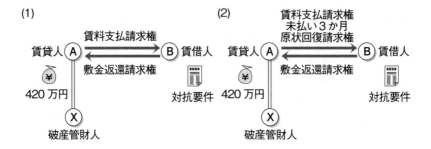

(i) 敷金返還請求権と相殺

Q6 の問(1)は、敷金返還請求権を自働債権とする相殺の可否が問題となる。既にみたように賃借人Bの有する敷金返還請求権は停止条件付債権であり、賃貸借契約存続中は相殺適状にないことから、これを自働債権とすることはできない。

なお、賃借人Bが、それ以外の具体的に発生している破産債権を有している場合には、その破産債権と自らの賃料支払債務の期限の利益を放棄することで、賃料支払債務を受働債権として相殺することはできる（破67条2項）。

Q6 の問(2)では、敷金で担保される債務は、未払賃料債務210万円と原状回復債務30万円の合計240万円となる。これが敷金額420万円に当然充当され、両債務が消滅し、これが差し引かれた180万円の敷金返還請求権が発生し、破産債権として扱われることになる。

(ii) 賃料の寄託請求

敷金返還請求権を有する賃借人Bも、賃貸借契約の存続中は、破産管財人Xに賃料を支払わなければならないが、その支払いにあたっては、敷金の額を限度額として、支払う賃料の寄託を請求することができる（破70条後段）。賃借人Bから寄託を請求された場合、破産管財人Xは、当該金額を特別の財産として保管しておく必要がある。

> **Q7** 賃借人Bは、賃貸人Aから、甲不動産を月額賃料30万円で賃借するとともに、敷金として賃貸人Aに300万円を交付していた。その後、賃貸人Aに破産手続開始決定があり、破産管財人

> 　Xが選任された。さらに、破産手続が開始した6か月後に、賃借人Bが賃貸借契約を解約し、甲不動産を明け渡した。賃貸人Aの破産手続における配当率は最終的に10%となった。

　Q7を例に、寄託請求を考えてみる。まず、仮に、賃借人Bが、敷金返還請求権を自働債権として賃料支払債務を相殺することができれば、300万円と180万円が対当額で消滅し、残る120万円のうち10%の12万円の配当を受けることで、192万円の回収ができたことになる。しかし、この相殺が認められないことは**Q6**で検討したとおりである。

　したがって、賃借人Bは、破産管財人Xに対し、約定どおり、月額30万円を6か月間（総額180万円）支払わなければならない。その後、賃借人Bが甲不動産を明け渡すことにより、敷金返還請求権が具体的に発生するが、同請求権は破産債権であることから、配当率10%により、賃借人Bは30万円の配当を受けるに留まる。

　では、賃借人Bが破産管財人Xに月額賃料の寄託を請求したうえで、各月の賃料を支払っていた場合はどうであろうか。この寄託請求をしたうえでの賃料債務の弁済は、敷金返還請求権の停止条件（甲不動産の明渡）成就を解除条件とする弁済と解されている。したがって、停止条件である甲不動産の明渡しが完了すれば、解除条件が成就する。すると、解除条件が発動する結果、月額賃料の弁済の効力が失われ、賃料支払請求権が復活する。この時点であれば、敷金返還請求権は具体化しており、賃料支払請求権と相殺適状にあることから相殺が可能である。さらに賃料支払請求権が相殺により消滅すると、破産管財人が月額賃料として受領していた金員は給付不当利得となる。そして、賃借人Bは、この不当利得返還請求権を財団債権（破148条1項5号）として行使することになる。以上をまとめると、賃借人Bが寄託請求をした場合、賃借人Bは、一旦、180万円の賃料を破産管財人Xに給付することになるが、甲不動産を明け渡すことにより、300万円と180万円の相殺が可能となる。残る敷金返還請求権は120万円であるが、その10%を配当として受け取ることで12万円の回収ができる。さらに、破産管財人Xに寄託していた180万円を財団債権として回収できる。結果、192万円を回収したのと同じ状況となる。これ

は、初めにみたように、明渡し前に相殺を認めたのと同じ結果であり、この結果を作出するための制度が寄託請求の制度である。

···コラム···

賃貸人の民事再生

　賃貸人Ａに民事再生手続が開始され、かつ賃借人Ｂが第三者対抗要件を備えている場合、双方未履行の双務契約に関する規定が適用されないことは、破産の場合と同じである（民再51条、破56条1項）。そして、第三者対抗要件を備えている賃借人Ｂの請求権は共益債権となる（民再51条、破56条2項）。また、再建型の手続であることを考慮して、賃借人からの賃料債務との相殺と敷金返還請求権について、破産法と異なる規律がなされている。

①相殺

　破産法では、賃料債務を受働債権とする相殺は、賃借人が期限の到来している破産債権を有する限り無制限であるが、この規律をそのまま民事再生に当てはめると、再生債務者の賃料収入による収益が見込めなくなり、再建に支障を来すおそれがある。そこで、賃借人が期限の到来している再生債権を有している場合には、再生手続開始時点における6か月分の賃料相当額を限度として、債権届出期間内に限り、再生計画の定めによらないで相殺できるものとされている（民再92条2項）。

②敷金返還請求権

　敷金返還請求権は、賃貸借契約に基づく請求権ではなく、本来的には再生債権となるべきものである。しかしながら、民事再生法92条3項により、敷金のうち賃料の6か月分相当額については、賃借人Ｂが民事再生手続開始後も賃料をその弁済期に支払い、かつその後に賃貸借契約が終了し明渡しが完了したときには、民事再生手続開始後の賃料6か月分相当額が共益債権化される。

2　請負契約

　請負契約とは、当事者の一方（請負人）がある仕事を完成させることを約束し、相手方（注文者）がその仕事の結果に対して報酬（請負代金）を与えることを約束する契約である（民632条）。つまり、請負人は目的物の引渡しを含めた仕事完成義務を負い、これに対し注文者は報酬支払義務

を負い、その両債務が牽連性を有する双務契約である。

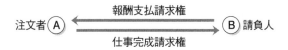

　賃貸借契約は、目的物の使用収益という物的側面（一般的に、目的物の所有者であれば、賃貸人の義務は履行が可能）が重要視されるが、請負契約では、請負人の労務の提供による仕事の完成という人的側面（請負人は誰でもよいというわけではない）が重要となる点が特徴となる。また、注文者の報酬支払義務について、請負契約時には仕事の完成がないことから、請負人の報酬債権の具体的な発生時期が問題となり、報酬も独特の定め方がなされていることが多い。

(1) 請負人の破産

> **Q8** 注文者Ａは、請負人Ｂとの間で、請負代金1,500万円で甲建物の建築請負契約を締結した。その後、請負人Ｂが仕事を完成する前、かつ注文者Ａが請負代金全額を支払う前に、請負人Ｂに破産手続開始決定があり、破産管財人Ｘが選任された。
> 　本件請負契約はどのように処理されるか。

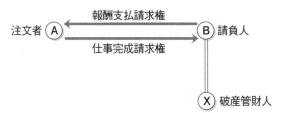

　Q8では、注文者Ａと請負人Ｂの両方の債務が履行されていない時点で、請負人に対し破産手続が開始されたことから、請負契約の請負人破産の双方未履行の双務契約となっている。請負人の破産の場合には、民法や破産法に特別の規定がないことから、双方未履行の双務契約の原則である破産法53条、同54条による処理を考えることになる。

　ただし、請負契約は、請負人の労務の提供による仕事の完成という人的

側面に特徴があることから、請負契約の目的である仕事が破産者以外の者では完成できない性質のものもあり、破産管財人において破産者の債務の履行を選択する余地がないこともある。破産管財人による履行選択が不可能である以上、破産法53条を適用する基礎が崩れてしまっており、同条を適用する実質的な理由はなくなってしまっている。

このようなことから、請負人破産の双方未履行の場合、請負契約の目的である仕事が請負人以外の者において完成することのできない性質のものではない限り、原則である破産法53条、同54条が適用されると考えられている（最判昭62・11・26民集41巻8号1585頁〔百選79〕）。なお、破産法53条、同54条の適用がない請負契約は、破産管財人Xに引き継がれず、注文者Aと請負人Bとの間で存続し、その報酬請求権は請負人Bの新得財産になる。

(i) 履行が選択された場合

破産管財人Xが履行を選択した場合、破産管財人Xは、甲建物の完成及び引渡しという請負人Bの債務を履行し、注文者Aに請負代金を請求することになる。

(ii) 解除が選択された場合

破産管財人Xが解除を選択した場合、当該請負契約は解除により終了する。この場合の原則的な処理は次のとおりである。破産管財人Xは、請負契約の終了により、以降の請負人の債務を免れる。注文者は、履行を受けることができなくなることから損害賠償請求が可能となり、その請求権は破産債権として扱われる（破54条1項）。また、注文者は、請負人に給付しているものがあれば、その現物の返還またはその価額について財団債権者として権利を行使することができる（破54条2項）。

> **Q9** Q8において、請負人Bは基礎工事を完了しており、注文者Aは前払金として750万円を支払っていたところ、請負人Bに破産手続開始決定があり、破産管財人Xが選任された。その後、破産管財人Xは、本件請負契約を破産法53条に基づき解除し、基礎工事の出来高は500万円相当と評価された。
>
> 本件はどのように処理されることになるか。

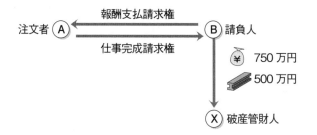

　請負契約における請負人の仕事の完成は、目的物が徐々に完成されていくのが通常であり、破産手続開始時点において完成途中の成果物が存在することは珍しいことではない。**Q9** では、基礎工事が終了した段階で請負人Bが破産し、破産管財人Xが解除を選択しているが、基礎工事という成果物が存在している。このような場合、注文者Aに原状回復請求権、妨害排除請求権を認め、基礎の撤去またはその費用を財団債権として行使させるのは不経済であり、合理的ではない。むしろ、利用できる基礎工事の結果を注文者Aに帰属させ、出来高相当額で清算する方が、当事者の利害の調整としては合理的である。判例も、「建物その他土地の工作物の工事請負契約につき、工事全体が未完成の間に注文者が請負人の債務不履行を理由に右契約を解除する場合において、工事内容が可分であり、しかも当事者が既施工部分の給付に関し利益を有するときは、特段の事情のない限り、既施工部分については契約を解除することができず、ただ未施工部分について契約の一部解除をすることができるにすぎないものと解するのが相当である」（最判昭56・2・17判タ438号91頁）と解されている。そして、注文者が工事の進捗状況に応じて支払った工事代金の合計額が、破産手続開始決定時点での工事の出来高の評価額を上回る場合に、判例（最判昭和62・11・26民集41巻8号1585頁〔百選80〕）によれば、破産法53条が適用されることから、その差額は破産法54条2項後段により財団債権として扱われることになる。したがって、**Q9** では、注文者Aは、250万円を財団債権として行使することができることになる。

　この見解に対しては、破産法54条2項が、解除から生ずる双方の原状回復義務は同時履行の関係に立つにもかかわらず、破産管財人が解除した場合、相手方の原状回復請求権が破産債権になることは公平に反すること

から、相手方の請求権を財団債権と扱うこととしたものであると理解し、出来高を超過する前払金部分には、対応する同時履行に立つ債権が存在しない。また、出来高を超過する前払金部分は無担保の信用供与と評価できることなどを考慮して、破産債権になるとする見解も有力である。

⑵ 注文者の破産

> **Q10** 注文者Aは、請負人Bとの間で、請負代金1,500万円で甲建物の建築請負契約を締結した。請負人Bが仕事を完成する前、かつ注文者Aが請負代金全額を支払う前に、注文者Aに破産手続開始決定があり、破産管財人Xが選任された。
> 　　本件請負契約はどのように処理されるか。

⑴ 適用条文

Q10では、注文者Aと請負人Bの両方の債務が履行されていない時点で、注文者に対し破産手続が開始されたことから、請負契約の注文者の破産の双方未履行の双務契約となっている。破産法の条文からすると、双方未履行の双務契約であり、請負契約に関する特別な条文が規定されていないことから破産法53条、同54条が適用されそうである。しかしながら、請負契約では、請負人の目的物完成義務が報酬請求権に対し先履行となるところ、その報酬の支払いの見込みが明らかでないのに、請負人を拘束し続けるのは公平の観点から妥当でない。そのため、民法に特別規定が置かれている（民642条）。この両者の関係を規律する民法642条は、破産法53条、同54条の特則である。これにより、注文者Aの破産管財人Xだけではなく、請負人Bにも解除権が認められることになる。

この民法642条は、「破産手続開始決定」とあるように、破産手続が対象であり、再建型の手続では適用されないことに注意する必要がある。再

建型の手続の場合には、双方未履行の双務契約の原則どおり（民再 49 条等）に処理される。

(ii) 破産管財人も請負人も解除しない場合

まず完成した仕事の目的物は財団に帰属する。これに対して、請負人の報酬請求権は、どのように扱われることになるか。形式的に破産手続開始決定前の部分と、その後の部分に分けられる場合、破産手続開始決定前の出来高に相当する報酬請求権は破産債権となり、破産手続開始決定後の出来高に相当する報酬債権は財団債権（破 148 条 1 項 7 号）と考えることができる。

通説的な見解は、請負人の報酬請求権は仕事の完成により初めて具体的に請求できる不可分なものであること、報酬請求権の全額が確保されない限り請負人は、解除するであろうから、結局、破産管財人に履行選択を認めた意味がなくなってしまうことから、全額につき財団債権になると解している（破 148 条 1 項 7 号）。

しかしながら、出来高による査定評価が可能である以上、破産手続開始前の仕事に相当する部分は破産債権となるのが原則であること、請負人の報酬全額を財団債権とした場合、**Q10** では 1,500 万円の全額が財団債権となるが、財団の形成状況を正確に把握できない限り、事実上、破産管財人 X は履行選択が困難となってしまい、やはり破産管財人の履行選択の意味を失わせてしまうおそれがあること、建物その他土地の工作物の工事請負契約については可分な給付であることから、破産手続開始前の報酬債権を破産債権として扱う考え方も有力である。

(iii) 破産管財人または請負人から解除された場合

まず、解除により仕事の結果である目的物は破産財団に帰属することになる（最判昭 53・6・23 金判 555 号 46 頁〔百選 78〕）。請負人は既になした仕事の報酬や費用について、破産債権者として権利行使することになる（民 642 条 2 項）。さらに、請負人が仕事の目的物を占有している場合、報酬や費用を被担保債権として商事留置権を行使できる場合もある。

また、請負人が、解除により損害を被った場合、損害賠償請求権の取り扱いが問題となる。そして、誰から解除したかにより場合分けされる。

① 破産管財人から解除した場合

請負人は、損害賠償請求権を破産債権として行使できる（民642条3項）。これは、破産法54条1項と同じ扱いである。

② 請負人から解除した場合

請負人は、損害賠償請求権を破産債権として行使することはできない。また、破産管財人からの損害賠償請求権も認められない（民642条3項）。

このような取扱いの差違は、解除について帰責性のない請負人の保護（契約からの解放と財貨移転の公平）に趣旨があり、請負人が自らの意思で解除を選択した場合には、民法642条1項を超える保護を与える必要はないと判断されたことにある。

③ 破産管財人と請負人の双方から解除した場合

民法642条1項の規定から明らかではない。請負人が、自らも解除の意思表示をしたことは、民法642条1項で与えられた保護以上は求めない意思と解することができるので、請負人から解除された場合と同様に扱ってよいであろう。

3 ファイナンス・リース契約

ファイナンス・リース契約は、特定の物件の使用収益を求めるユーザー（U）が、その物件を所有するサプライヤー（S）から当該物件の引渡しを受け、リース業者（L）が当該物件の代金をサプライヤーに支払うとともに、ユーザーがリース業者に対してリース料の支払いを約束する三面契約である。

契約書などの形式からは、LS間の売買契約、LU間の賃貸借（リース）契約と分析される。ただし、①物件の選定はSU間で決定され、Lは関与しない。②リース料は、物件購入費、諸経費、金利、手数料等を加えた金額から、リース期間満了時における物件の残存価値を控除した額が回収できるように算定される（残存額ゼロとして、Lが投下した資本の全額を回収できるようにリース料が計算されているものを「フル・ペイアウト方式」と呼ぶ）。③LU間の賃貸借（リース）は中途解約が認められていない。④物件に瑕疵があった場合、Lは一切の責任を負わず、SがUに対して直接責任を負う。⑤Lが物件を引き揚げた場合、清算義務があるなどの特殊性がある。

　SLU の三者がこのような取引を行う目的は、S から直接、信用供与でき
ない U に対して、L が信用を供与する（金融の便宜）ことにある。すなわ
ち、SLU 間の契約形式と契約目的に乖離がある。そのため、形式に基づ
く処理を行うのか、実質に基づく処理を行うのかが、問題となる。
　この点、U の破産の際の契約処理について、ファイナンス・リース契
約の契約形態を重視し、賃貸借契約類似と考え、破産法 53 条の適用を肯
定する見解もある。しかしながら、判例・通説は、信用供与というファイ
ナンス・リース契約の目的を重視し、その実質は金融上の便宜であるとし
て破産法 53 条の適用を否定している（最判平 7・4・14 民集 49 巻 4 号 1063
頁〔百選 75〕、最判平 20・12・16 民集 62 巻 10 号 2561 頁〔百選 77〕）。そして、
L はリース料債権確保のために物件の所有権を留保していると考えられ、
所有権留保売主と類する立場にあることから、L は破産手続において物件
に対する別除権者として取り扱われることになる。

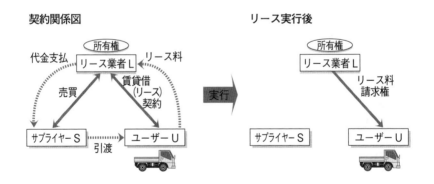

第7章

否認権（1）
—— 詐害行為否認と偏頗行為否認 ——

野村剛司

　本章と次章（第8章）で否認権を扱うが、単なる論点という認識ではなく、否認権という制度がなぜ必要なのか、否認権の仕組みはどうなっているのか、詐害行為否認と偏頗行為否認のイメージを理解することで、どのような行為が行われた場合にどの否認権の問題になるのか、そして、その効果がどうなるのかを理解できるようになろう。

1 否認権の意義

> **Q1** 否認権の制度はなぜ必要か。否認権の制度がないとどのような不都合が生じるか。

(1) 否認権の制度趣旨

　否認権は、債務者の責任財産が絶対的に減少する詐害行為や債権者間の公平を害する偏頗行為があった場合に、管財人がこれを行使することで、破産財団から逸出した財産の返還や金銭の返還を受けることにより、破産財団を増殖させ、これを債権者に対し公平に分配（配当）するために認められた制度である。

　破産手続においては、破産手続開始決定により、破産債権者の個別の権利行使を禁止し、破産者の破産手続開始時に有する財産を破産財団とし（包括的な差押え）、破産管財人がこれを換価し、破産債権者に平等に配当することになるが、この債権者平等原則を徹底させる時期は、破産手続開始時を基準にすることでよいだろうか。債務者の危機時期において、債務者が保有する財産を廉価売却または贈与した場合や一部の債権者が抜け駆

け的な債権回収を行うことで弁済を受けた場合、本来破産財団になるべき財産が流出していることになる。そこで、これらの否認対象行為を破産管財人が否認権を行使することで対象財産を破産財団に取り戻し、破産債権者に平等に分配することにしたのである。

　そして、この否認権は、破産手続開始前の破産者の行為を破産財団と相手方との関係において、遡及的に無効として取り戻す、形成権と解されている。

　この否認権の制度がないと、破産手続開始時が全ての基準時となり、それまでの間に、債務者の債権者を害する財産処分や一部債権者の抜け駆け的な債権回収を助長することになる。

【否認権のイメージ】

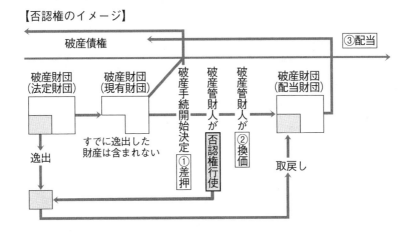

(2) 否認権により債権者平等を図る時期

　否認権を行使して債権者平等を図る時期については、通常、債務者は、①支払不能→②支払停止→③破産手続開始申立て→④破産手続開始決定の順で破産に至る。そこで、その時期としては、破産手続開始時から順次遡っていき、支払不能も含む実質的な危機時期まで遡ることとした（なお、後述するとおり、全債権者を害することになる絶対的財産減少行為の詐害行為否認については、時期の限定を定めていないので〔無資力要件となる〕、支払不能よりさらに遡る可能性がある〔破160条1項1号〕。また、偏頗行為否認では、基本的に支払不能まで遡ることとしている〔破162条1項1号〕）。

2 詐害行為否認と偏頗行為否認のイメージ

> **Q2** ①債務者Aが所有する不動産をEに廉価売却または贈与してい
> た場合や②Aが特定の債権者Dにのみ100万円を弁済していた
> 場合、Aが破産手続開始決定を受け、選任された破産管財人は、
> いかなる否認権を行使できるか。

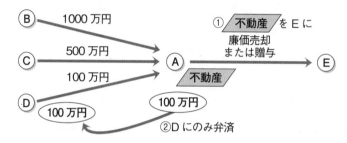

(1) イメージの視点

　現行法は、詐害行為否認と偏頗行為否認の大きく2つの類型に整理した。
ここでは、そのイメージができるようになろう。

　イメージをする前提として、会社法の関係で貸借対照表を見たことがあ
るだろう。貸借対照表（バランスシート）は、資産と負債＋資本がイコー
ルになる、すなわちバランスがとれていることを表しているが、ここでは、
これをデフォルメして、資産＜負債、それも大幅な債務超過に陥っている
状況を想定して考えてみよう。以下の図は、貸借対照表と同様に、左側に
資産、右側に負債を示し（資本については省略している）、□の大きさがそ
の額を示しているので、資産より負債が大幅に上回っている債務超過状態
にあるとイメージしてほしい。

　なお、設問の基本的な登場者、設定は、序章「倒産法の考え方・イメ
ージ」と同様としているので、併せて参照されたい。検討の際、関係図を
描くこと、時系列を確認することは有益であり、徹底しよう。

(2) 詐害行為否認

　まず、①債務者Aが危機時期に所有不動産をEに廉価売却した場合、
全債権者の引当てとなる責任財産である不動産がその評価額に見合わない

現預金に変化する。この状態を次のイメージ図で見よう。

【詐害行為否認のイメージ】

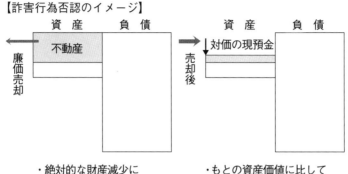

A が E に不動産を廉価売却していなければ、A が破産手続開始決定を受ければ、破産管財人により換価され、配当財団を形成するはずであるが、廉価売却が行われると、その差額分が財産減少し、その分配当財団とならない結果となる。このように、絶対的な財産減少行為である詐害行為は、債権者全員を害する行為という意味である。

この詐害行為否認は、破産法 160 条 1 項に規定されている。

(3) 無償行為否認

詐害行為否認の例で見た廉価売却ではなく、A から E への贈与だった場合はどうか。同じく、この状態を次のイメージ図で見てみよう。

【無償行為否認のイメージ】

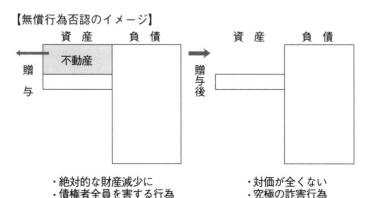

AがEに贈与した場合、Aには対価は全くなく、廉価売却の場合よりもさらに財産減少した結果となる。その意味では、贈与のような無償行為は、究極の詐害行為といえよう。

この無償行為否認は、破産法160条3項に規定されている。

⑷ 偏頗行為否認

②債務者Aが危機時期に特定の債権者Dにのみ100万円を弁済した場合、100万円分の現預金が減少することから、その面では財産減少行為に見えるが、この状態を次のイメージ図で見てみよう。

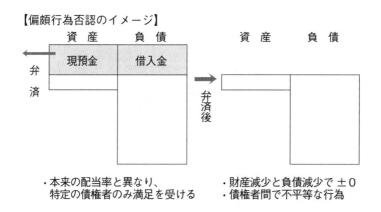

【偏頗行為否認のイメージ】

Aが特定の債権者Dに債権額100万円全額を弁済した場合、資産としての現預金100万円が減少するが、これに対応する負債であるDからの借入金100万円も減少する。イメージ図の右側のように、弁済後の姿は、財産減少と負債減少でプラスマイナス0となる。ただ、この結果は、他の債権者との関係で見れば、他の債権者B、Cは、破産手続において配当による割合的弁済しか受けられず（配当がない場合もある）、債権者間の平等を害している。このような偏頗行為についても破産法は否認権を行使できるものとしたのである。

この偏頗行為否認は、破産法162条1項に規定されている。

3 詐害行為否認

> **Q3** Q2 の①の債務者 A が E に所有不動産を廉価売却していた場合
> を用いて、詐害行為否認の要件、効果、行使方法を説明したうえ
> で、破産管財人として何を考慮しているのか検討せよ。

(1) 詐害行為否認に該当するとどうなるか

　否認権は、破産手続開始前に行われた有効な行為を取り消して、流出した財産を取り戻してくることに意味がある。ただ、平常時の債務者の資産状況に問題のない時期であれば、廉価売却をすること自体も何ら問題がないはずであり、平常時の正常な取引を害することのないように、否認権の要件面で様々な配慮を行っている。その観点を念頭に、ここでは、詐害行為否認に該当した場合に、どのようにして取り戻し、最終的にどうなるのかまでをトータルに見ておきたい。そうすれば、なぜそのような配慮をしているのかが自ずと理解できるであろう。

(2) 詐害行為否認の要件

(i) 原則型

　まず、詐害行為否認の原則型として、破産法 160 条 1 項 1 号がある。

　要件は、①詐害行為、②破産者の詐害意思、③受益者の悪意の 3 つである。①は客観的要件、②と③は主観的要件であり、詐害行為の場面の当事者は、債務者（破産者）と受益者であるから、その双方の主観的要件を考えることになる。この原則型においては、詐害行為の時期を問わず、民法の詐害行為取消権（民 424 条）と同様に無資力要件とされる。

　まず、①詐害行為は、前述のとおり、絶対的な財産減少行為であり、偏頗行為否認との仕分けの観点から、担保の供与または債務消滅行為（弁済や代物弁済）を除くとされている（これらは偏頗行為否認の対象となる）。

　次に、②破産者の詐害意思は、積極的な害意までは不要で、詐害行為であることの認識（時期と行為につき）で足りる。

　①②は、破産管財人に証明責任がある。

　さらに、③受益者の悪意については、消極的要件として、受益者がその行為の当時、破産債権者を害する事実を知らなかったことをいい、受益者

側に善意の証明責任がある。

(ii) 支払停止等以降の場合

次に、時期を限定し、支払停止または破産手続開始申立てがあった後にした詐害行為については、要件が緩和されている。債務者の危機的な時期であり、債務者の責任財産を確保すべき要請が強くなるからである。

破産法160条1項2号の要件は、①詐害行為、②時期が支払停止または破産手続開始申立て後、③受益者の悪意である。破産者の詐害意思は不要となる。①と②は破産管財人に証明責任がある。③の受益者の悪意は、消極的要件として、その行為の当時、支払停止等および破産債権者を害する事実を知らなかったことをいい、受益者側に善意の証明責任がある。

なお、破産手続開始申立ての日から1年以上前にした行為については、支払停止後にされたものであることまたは支払停止の事実を知っていたことを理由としては否認できない（破166条）。要件が緩和された中、受益者が長期間否認リスクを負うことは相当でないからである。

(iii) 無償行為否認の要件

ここで、説明の便宜上、詐害行為否認の要件と対比して、無償行為否認の要件を見ておきたい。

無償行為は、究極の詐害行為ともいえることから、客観的要件のみで足りる。すなわち、破産者が支払停止等の後またはその前6月以内にした無償行為およびこれと同視すべき有償行為（対価が名目的な金額で、経済的に対価としての意味を有しない行為）は無償行為否認できる（破160条3項）。破産者の詐害意思と受益者の悪意という主観的要件は求められていない。

なお、破産法166条は、無償行為否認の場合には適用されない（同条かっこ書）。

(iv) 否認権の一般的要件との関係

従前から否認権の一般的要件として、条項とは別に、①有害性、②不当性、③債務者（破産者）の行為の要否が挙げられるが、現行法においては、詐害行為否認と偏頗行為否認の各類型を整備したことから、基本的には、①有害性は各類型の要件の中に込められているといえよう。また、②不当性は、有害性のある否認対象行為であるとしても、有用の資に充てるための売却のように不当性を欠く場合に否認権の成立を阻却するものと理解さ

れている。③の債務者の行為の要否については、判例は債務者の行為または
はこれと同視できる第三者の行為があった場合と捉えており、各類型の個
別的要件の検討の際に考慮することで足りるであろう。

【詐害行為否認と無償行為否認の要件の概要】

類　型	詐害行為否認 ―原則型	詐害行為否認 ―支払停止等後	無償行為否認
適用条文	160条1項1号	160条1項2号	160条3項
対象行為	詐害行為	詐害行為	無償行為
破産者の 詐害意思	必要	不要	不要
受益者の 主観的要件	受益者に善意の 立証責任	受益者に善意の 立証責任	不要
対象時期	時期は問わない （無資力要件）	支払停止または破産 手続開始申立て後	支払停止等後または その前6月以内

(3) 詐害行為否認の否認権行使の効果
(i) 最終的な姿

　詐害行為否認に該当し、破産管財人が否認権を行使し、これが認められ
た場合には、詐害行為がなかった状態に戻すということになる（破167条
1項。原状回復）。

　受益者との間では、まず、詐害行為が全くなかった状態、すなわち、破
産管財人が受益者から物の現物返還を受け、または、権利を破産財団に復
帰させ、逆に受益者から得ていた対価を破産管財人が原則財団債権として
返還し（破168条1項）、破産財団に復帰した財産を破産管財人が換価し、
財団債権額との差額につき破産財団を増殖する方法がある。次に、詐害行
為であった廉価売却が適正価格売却になるよう、その差額に当たる価額の
償還請求をし（破168条4項）、破産財団を増殖する方法もある。破産管財
人の業務の円滑化、合理化を図る観点から、この現物返還と価額償還の選
択は破産管財人の判断に委ねられている。

(ii) 破産財団の原状回復

　否認権行使により、否認対象行為は、破産財団との関係で遡及的に無効
となり、原状回復させることになる（破167条1項）。なお、行使の相手方

（受益者）との間での相対的な無効となる。

(iii) 現物返還と価額償還

　詐害行為である廉価売却の対象物が受益者にそのまま残っていれば、現物返還を求めることになるが、現物返還を求められる場合であっても、価額償還も選択可能である（破168条4項）。

　また、価額償還請求の場合には、価額評価の基準時が問題となり、判例は否認権行使時とする（最判昭61・4・3判時1198号110頁〔百選43〕等）。

　なお、無償行為否認については、前述のとおり、受益者の主観的要件を求めていないが、受益者の保護のために、受益者が当該行為時に支払停止等があったことおよび破産債権者を害する事実を知らなかったときは、現に受けている利益を償還すれば足りることにしている（破167条2項）。

(iv) 相手方の地位——反対給付の返還

　廉価売却の場合、受益者は、対価を破産者に支払っているので、その反対給付の返還を求めることができる（破168条）。破産者の受けた反対給付が破産財団中に現存する場合には、その返還を求めることができ（同条1項1号。一種の取戻権）、現存しない場合（受益者が対価を金銭で支払っている場合は、この現存しない場合に該当する）には、財団債権者として反対給付の価額の償還を求めることができる（同条項2号）。旧法では、破産債権とされていたが、公平の見地から妥当でないとして、原則として財団債権とされた。

　ただ、当該行為時に破産者が対価として取得した財産について隠匿等の処分をする意思を有し、かつ、相手方が破産者がその意思を有していたことを知っていたときは、現存利益のみを財団債権として返還を求めることができるにすぎず、その余は破産債権となる（同条2項。相手方が内部者である場合には、悪意が推定される〔同条3項〕）。

(v) 否認の登記

　破産管財人が否認権を行使し、不動産の登記原因となる行為または登記が否認された場合、破産管財人は、否認の登記手続を申請する（破260条1項）。その後、否認の登記は、破産管財人が当該不動産を換価処分した場合、職権で抹消される（同条2項）。

⑷ 否認権行使の方法

　否認権は、訴え、否認の請求または抗弁によって破産管財人が行使するとされている（破173条1項）。現行法において、否認の請求（破174条）が導入され、決定手続により簡易迅速に否認権行使ができるようになった。否認の請求が認容された場合には、相手方は、決定の送達を受けた日から1月の不変期間内に異議の訴えを提起することができる（破175条1項）。

　否認権行使の実効性を確保するために、破産手続開始申立てがあった時から当該申立てについての決定（通常は破産手続開始決定）があるまでの間、否認権のための保全処分が可能である（破171条1項）。破産手続開始後、破産管財人はこれを続行することができる（破172条1項）。破産手続開始後に破産管財人が保全処分を求める場合は、通常の民事保全の申立てとなる。

　なお、否認権は、破産手続開始日から2年を経過したときは行使できない。否認しようとする行為の日から10年（平成29年の民法〔債権法〕改正に伴い、20年から短縮された）を経過したときも同様である（破176条）。これらの期間は、いずれも除斥期間である。

⑸ 破産管財人が考慮する点

　破産管財人としては、詐害行為否認対象行為を発見した場合、要件該当性を検討し、その立証可能性を検討する。要件が緩和されている類型ほど立証も容易になっていくが、詐害行為否認の原則型の場合は、否認可能な時期（無資力要件）かの検討が重要となる。また、受益者の主観的要件についても、受益者側に善意の立証責任があるとはいえ、悪意の事情を確認しておく必要がある。

　破産管財人としては、要件該当性だけではなく、否認権行使の効果面を検討する必要がある。前述したとおり、現物返還を受け、対価を財団債権として払った後に、より高額で換価して得た差額をもって破産財団を増殖させるか、価額償還請求で増殖させるか、価額償還請求をするとしてもその評価をどうするか、といった点が現実的な問題となってくる。

　また、否認権の行使方法は、前述のとおりであるが、実際には、破産管財人が受益者に対し、否認権行使を背景にした任意の返還請求を行うことが多い。

4 偏頗行為否認

> **Q4** Q2の②の債務者Aが特定の債権者Dにのみ100万円を弁済していた場合を用いて、偏頗行為否認の要件、効果、行使方法を説明したうえで、破産管財人として何を考慮しているのか検討せよ。

(1) 偏頗行為否認に該当するとどうなるか

前述のとおり、詐害行為否認、無償行為否認は、絶対的な財産減少行為であって、全債権者が等しく害される状況にあったが、偏頗行為否認は、偏頗弁済を受けた特定の債権者は回収でき、他の債権者は回収できないという債権者間の平等を害する状況となる。そこで、偏頗弁済分を取り戻し、当該債権者も他の破産債権者と共に平等に配当を受けることにするのが偏頗行為否認である。この違いを理解しておけば、わかりやすいであろう。ここでも、偏頗行為否認に該当した場合に、最終的にどうなるのかまでをトータルに見ておきたい。

(2) 偏頗行為否認の要件

(i) 原則型

まず、偏頗行為否認の原則型として、破産法162条1項1号がある。

偏頗行為否認は、原則として、破産者の支払不能後に既存の債務についてされた担保供与または債務消滅行為を対象とする。現行法は、ここで、詐害行為との仕分けをし、原則として対象時期を支払不能後に限定する。債権者平等を徹底させる時期を支払不能まで遡らせることにしている点は、相殺禁止の規律（破71条、72条）と同様である。

要件としては、①支払不能後または破産手続開始申立て後の偏頗行為と②相手方の悪意となる。①偏頗行為は、既存の債務に対してされたものに限定しており、同時交換的行為を除く（第8章**3**参照）。主観的要件は、偏頗行為の場面の当事者は債務者（破産者）と特定の債権者であるが、債務者の主観的要件は問わず、債権者側の主観的要件のみとなる。②相手方の悪意については、支払不能後の場合は、支払不能または支払停止についての相手方の悪意、破産手続開始申立て後の場合は、破産手続開始申立てについての相手方の悪意となり、破産管財人に立証責任がある。支払停止

（破産手続開始申立て1年以内のものに限る）があった後は、支払不能と推定する（同条3項）。なお、破産手続開始申立ての日から1年以上前にした行為については、支払停止後にされたものであることまたは支払停止の事実を知っていたことを理由としては否認できない（破166条）。

　また、内部者（破161条2項各号）や非義務行為（方法も含む。例えば代物弁済）の場合には、相手方の悪意が推定される（破162条2項）。

(ii) 支払不能前30日以内の非義務偏頗行為の否認

　次に、支払不能前30日以内まで遡る破産法162条1項2号がある。

　偏頗行為否認は、前述のとおり、支払不能まで遡ることを時的限界としているが（詐害行為否認の原則型は更に遡る可能性がある）、非義務行為（破産者の義務に属せず、または、その時期が破産者の義務に属しない行為。その方法が破産者の義務に属しないもの（例えば代物弁済）を含まない）の場合には、支払不能になる前30日以内にされたものも偏頗行為否認の対象とする。

　要件としては、①支払不能前30日以内の非義務偏頗行為と②相手方の悪意で、②相手方の悪意は、消極的要件として、行為当時他の破産債権者を害する事実を知らなかったことをいい、相手方に善意の立証責任がある。

【偏頗行為否認の要件の概要】

類　　型	偏頗行為否認 ―原則型	偏頗行為否認 ―内部者、 非義務行為	支払不能前30日以 内の非義務偏頗行為 の否認
適用条文	162条1項1号	162条2項	162条1項2号
対象行為	偏頗行為	偏頗行為	非義務偏頗行為
相手方の 主観的要件	相手方の悪意 ―管財人に立証責任	相手方の悪意推定 ―相手方に善意の 立証責任	相手方に善意の 立証責任
対象時期	支払不能後または破 産手続開始申立て後	支払不能後または破 産手続開始申立て後	支払不能前 30日以内

(3) 偏頗行為否認の効果

(i) 最終的な姿

　偏頗行為否認に該当し、破産管財人が否認権を行使し、これが認められ

た場合には、偏頗行為がなかった状態に戻すということになる（破167条1項。原状回復）。

相手方となる特定の債権者に対する偏頗弁済をなかったことにするので、相手方から金銭給付の返還を受けると、その対応する債権が復活し（破169条）、他の破産債権者と共に平等な配当を受けてもらうことになる。これにより、債権者平等が図られることになる。

(ii) 金銭給付の返還

偏頗弁済の場合、破産者から相手方である債権者に金銭給付がされており、金銭の返還を求める。その際、遅延損害金は、相手方の受領日から、法定利率（民404条2項で3パーセント。なお、緩やかな変動制が採用されている。また、平成29年の民法〔債権法〕改正に伴い、民事法定利率5パーセントに1パーセント上乗せした年6パーセントの商事法定利率を定めていた商法514条が削除された）を付すことになる。

なお、代物弁済では、目的物に代えて価額を償還することもある。この場合の遅延損害金は否認権行使日から付すことになる。

(iii) 相手方の債権の復活

相手方である債権者は、金銭給付の返還を現実に行ったときに原状に復し、その債権は破産債権となる（破169条。返還後にもとの状態に戻る）。

(iv) 否認権行使の方法

この点は、詐害行為否認と同様で、訴え、否認の請求または抗弁によって破産管財人が行使する（破173条1項）。

(4) 破産管財人が考慮する点

破産管財人としては、偏頗行為否認対象行為を発見した場合、要件該当性を検討し、その立証可能性を検討する点は詐害行為否認と同様であるが、支払不能の時期や相手方の主観的要件の立証が問題となる。

また、詐害行為否認の場合と異なり、偏頗弁済の場合、否認権行使により返金を受けるのみであり、対価の返還を考慮する必要がない（相手方の債権は、現実に返還した分が破産債権として復活するのみである）。

詐害行為否認においても指摘したとおり、実際には、破産管財人が相手方に対し、否認権行使を背景にした任意の返還請求を行うことが多い。

…コラム…
支払不能の判断場面による違い

　支払不能が問題となる場面は、①破産手続開始原因と②否認権や相殺禁止の大きく 2 つの場面である。支払不能とは、債務者が、支払能力を欠くために、その債務のうち弁済期にあるものにつき、一般的かつ継続的に弁済することができない状態をいう（破 2 条 11 項）。この客観的状態である支払不能が破産手続開始原因であるが（破 15 条 1 項）、外部に表明する行為である支払停止により支払不能を推定することにしている（同条 2 項）。

　自己破産の場合を想定すると、通常は支払不能状態となった上で支払停止となるので、破産手続開始原因を判断する際に大きな問題となることはない。今、破産手続開始決定をしてもよいかという判断の場面だからである。

　これに対し、否認権や相殺禁止の場面における支払不能は、債権者平等を徹底させる時期をどこまで遡らせるかという問題となることから、どの事案においても、支払停止前のどの時期に支払不能に陥っていたのかの判断は実務上大きな問題となるのである。

　この点、高松高判平 26・5・23 判時 2275 号 49 頁〔百選 27〕は、支払不能は弁済期の到来した債務につき判断すべきであるとの原則を確認した上で、債務者が弁済期の到来している債務を現在支払っている場合であっても、少なくとも債務者が無理算段をしているような場合には、支払不能と認めるのが相当であるとして、支払不能の認定を遡らせた。

　ちなみに、債務超過につき、最判平 29・11・16 民集 71 巻 9 号 1745 頁〔百選 37〕は、再生債務者が無償行為等の時に債務超過であること又はその無償行為等により債務超過になることは、無償行為否認の要件ではないとした。

5　保証・担保供与の無償行為該当性

> **Q5** Q2 の債務者 A が法人として、その代表者 F が支払停止の前 6 ヶ月以内に B のために連帯保証や物上保証した場合、F の破産管財人はこれを否認できるか。

　法人代表者が法人の債務につき連帯保証や物上保証した行為が無償行為に該当するか。この点、判例（最判昭 62・7・3 民集 41 巻 5 号 1068 頁〔百選

36）) は、義務なくして他人のためにした保証や担保提供は、それが債権者の主債務者に対する出捐の直接的な原因をなす場合であっても、破産者がその対価として経済的利益を受けない限り、無償行為に該当し、このことは、主債務者がいわゆる同族会社で、破産者が代表者で実質的な経営者であるときにも妥当するとし、無償性は、専ら破産者について決すれば足り、受益者の立場で無償であるか否かは問わないとして無償行為否認を肯定した。

6 詐害行為取消権との比較

Q6 否認権と詐害行為取消権の異同について検討せよ。

　破産法における否認権と民法における詐害行為取消権（民424条）は、①行使主体、②対象行為、③行使方法、④要件、⑤効果の全般において様々な違いがある。平成29年の民法（債権法）改正に伴い、詐害行為取消権が否認権に近づいたが、必ずしも一致するわけではない（例えば、詐害行為取消権の対象行為は、詐害行為と債務者が債権者と通謀してした偏頗行為である）。

　ここでは、大きな違いとして、①行使主体と⑤効果を見ておく。

　①行使主体については、詐害行為取消権が個別の債権者であるのに対し、否認権では破産管財人が全債権者の利益を代表して行使することになる。

　⑤効果についても、詐害行為取消権では、個別の債権者の権利行使の一環として、金銭で返還を受けた場合に、当該債権者が事実上の優先弁済を受ける結果となるが、否認権は、破産管財人が行使し、破産財団を増殖できれば、全破産債権者にとって配当原資となる。

第8章

否認権（2）
——様々な否認権——

野村剛司

　本章では、第7章で理解した詐害行為否認と偏頗行為否認の違いを前提に、詐害行為否認の対象にならない場合、偏頗行為否認の対象にならない場合、詐害行為否認と偏頗行為否認の両面から考える場合といったように、様々な類型の否認権を理解しよう。

1　相当の対価を得てした財産処分行為の否認

> **Q1**(1)債務者Aが所有する不動産（時価500万円）をEに500万円で売却していた場合、Aの破産管財人は、否認権を行使できるか。
> (2) 400万円の場合はどうか。

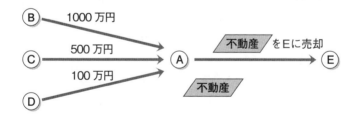

⑴ 相当の対価を得ていると原則として詐害行為ではない

(i) 不動産の適正価格売却の場合のイメージ

　Q1の**問**(1)のように不動産を適正価格で売却した場合、次のイメージ図のように、資産である不動産が売買代金である現預金に変化するだけのことであり、計数上であるが、ここには財産の減少がないことになる。第7

章で見た詐害行為のイメージ図と異なることがわかるだろう。

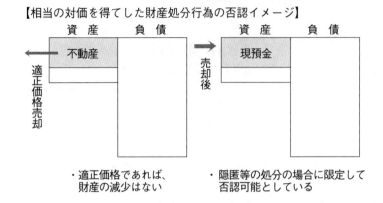

【相当の対価を得てした財産処分行為の否認イメージ】

・適正価格であれば、財産の減少はない

・隠匿等の処分の場合に限定して否認可能としている

破産法161条1項では、このような相当の対価を得てした財産（原則不動産）の処分行為については、後述する要件に該当する例外的な場合に限り否認できるとし、原則は否認できないと規定する。

この点、平成29年改正前の民法の詐害行為取消権における判例法理では、不動産を適正価格で売却したとしても、消費または隠匿もしくは散逸しやすい金銭に代えることは共同担保の効力を削減することになるとして、原則としては詐害行為になるとされていた（なお、債務の弁済資金にするためなど有用の資に充てるための売却の場合は否定される）。倒産法は、取引の安全と債務者が資金化して経済的に再生する途を閉ざさないよう規律を変容させていたが、民法が同じ規律を採り入れたことになる。

(ii)「相当の対価」性

Q1では、Aが所有する不動産を、不動産の時価が500万円のところ、**問(1)**では、Eに500万円で売却しており、「相当の対価」性につき特に問題はない。**問(2)**では、Eに400万円で売却しており、時価の8割となっている。実際上、「相当の対価」である適正価格には、一定の幅があり、一義的に決まるものではなく、早期処分価額であっても幅の範囲内であるとされているので、400万円がその幅の範囲内であれば、「相当の対価」といえよう。対価の相当性が認められない場合は、原則どおり詐害行為否認（破160条1項1号）の要件該当性を検討することになる。

(2) 詐害行為否認の対象となる場合

　適正価格売却の場合に例外的に詐害行為否認の対象となる要件については、破産法 160 条 1 項 1 号の詐害行為否認の原則型における①詐害行為、②破産者の詐害意思、③受益者の悪意と比較するとわかりやすい。詐害行為否認の原則型の要件を前提としたうえで、①当該行為が、不動産の金銭への換価その他の当該処分による財産の種類の変更（一般の動産の場合は該当しないが、登録のある普通自動車や大型の工作機械等は該当の余地あり）により、破産者において隠匿、無償の供与その他の破産債権者を害する処分（以下「隠匿等の処分」という）をするおそれを現に生じさせるものであること（破 161 条 1 項 1 号）、②破産者が、当該行為の当時、対価として取得した金銭その他の財産について、隠匿等の処分をする意思を有していたこと（同項 2 号）、③相手方（受益者）が、当該行為の当時、破産者が隠匿等の処分をする意思を有していたことを知っていたこと（悪意。同項 3 号）となり、かなり限定された場合となる。

　①から③はいずれも破産管財人に証明責任がある（③の相手方〔受益者〕の悪意も含め）。ただ、相手方が破産法人の役員、親会社、破産者の親族といった内部者の場合には、相手方の悪意が推定される（同条 2 項）。

2　代物弁済の否認

> **Q2** (1) A が所有する動産（時価 100 万円）を D に代物弁済していた場合、A の破産管財人は否認権を行使できるか。
> (2) 代物弁済した動産の時価が 250 万円だった場合はどうか。

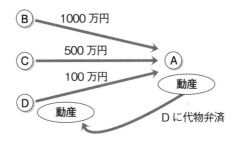

(1) 代物弁済の否認

　問(1)のように、Aが所有する動産を特定の債権者Dのみに代物弁済した場合、代物弁済も弁済と同様に、既存の債務についてされた債務の消滅に関する行為であり、次のイメージ図のように、代物弁済の対象である資産としての時価100万円の財産が減少するが、これに対応する負債であるDからの借入金100万円も減少する。

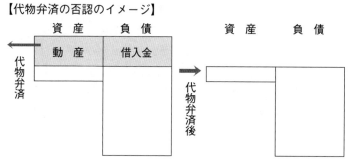

【代物弁済の否認のイメージ】

資　産　　負　債　　　　　　資　産　　負　債

動　産　　借入金

代物弁済

代物弁済後

・財産減少と負債減少で±0
・代物弁済は債務消滅行為
・偏頗行為否認の対象に

　これは、前章の偏頗行為否認のイメージ図の左側で見た状況と同じであることがわかるだろう。そして、そのイメージ図の右側で見たように、代物弁済後の姿も、財産減少と負債減少でプラスマイナス0となる。

　この状況は、偏頗行為否認と同様であり、代物弁済は、基本的には偏頗行為否認の対象となる（破162条1項1号）。この点、代物弁済に関する規定が破産法160条2項のみと誤解されやすいところであるが、代物弁済も弁済と同様の効力を有する（民482条）、すなわち債務消滅行為と考えれば理解しやすいであろう。そして、代物弁済は、負担した給付に代えて他の給付をするものであるから方法が非義務行為であり、相手方の悪意が推定されることから（破162条2項2号）、破産管財人としては、破産者の支払不能後または破産手続開始申立て後の代物弁済であれば、偏頗行為否認として、代物弁済の全部を否認することが可能である。

(2) 過大な代物弁済の否認

　次に、**問(2)**のように、過大な代物弁済の場合については、代物弁済の二面性を理解したい。まず、次のイメージ図を確認しよう。**問(1)**の場合と違い、借入金と同等の財産ではなく、財産の価値の方が負債より過大となっている。

【過大な代物弁済の否認のイメージ】

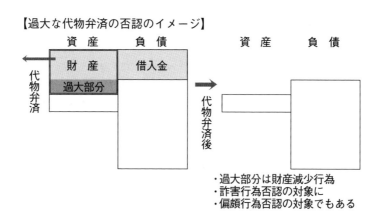

・過大部分は財産減少行為
・詐害行為否認の対象に
・偏頗行為否認の対象でもある

　このような過大な代物弁済の場合、まず、前述したとおり、偏頗行為否認の対象となる場合には、代物弁済の全体を否認することができる（破162条1項1号）。この場合、過大な代物弁済の否認（破160条2項）の要件も満たす場合には、競合することになるが、破産管財人としては、偏頗行為否認の方が要件的に緩和されていること、効果として代物弁済全体を否認できることから、偏頗行為否認を選択している。次に、行為時期の点などで偏頗行為否認の対象とならない場合は、過大分の詐害行為否認を検討することになる。

　問(2)の場合、偏頗行為否認に該当すれば、代物弁済の全部を否認でき、過大な代物弁済の否認のみの場合は、過大分の150万円につき否認できることになる。

3 同時交換的行為の除外

Q3 (1)債務者 A が新規に融資を受ける際、所有不動産を担保提供していた場合、A の破産管財人は否認権を行使できるか。また、その後、(2)新規借入金で既存の借入金や取引先の買掛金の弁済をしていた場合はどうか。

(1) 同時交換的行為

問(1)のように、債務者 A が新規融資を受ける際に、A 所有の不動産を担保提供した場合、すなわち、新規融資と担保提供が同時に行われる同時交換的行為の場合、偏頗行為否認の対象とならないとされる。破産法162条1項柱書かっこ書において、「既存の債務についてされた担保の供与又は債務の消滅に関する行為に限る」とあるとおり、「既存」の債務に限定することで、同時交換的行為を偏頗行為否認から除外している。

同時交換的行為が偏頗行為否認の対象から除外される理由としては、新規融資と交換的に担保設定されたもので、既存債務とは別であり、責任財産性がないと指摘されたり、かかる行為を否認できるとすると、債務者が救済融資を受けられなくなると指摘されるが、同時交換的行為をイメージすると次のイメージ図のようになろう。

【同時交換的行為のイメージ】

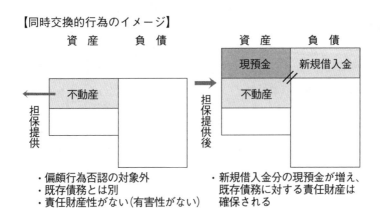

左側が新規融資前の姿で、不動産は、債務者の既存債務につき責任財産

となっている。ここに、この不動産を担保提供し、新規融資を受けると、右側のように、負債として新規借入金が増えるが、借入れにより、資産として現預金も増える。そして、担保提供した不動産と新規借入金が適正に見合っていれば、この2つの箱を消すと（すなわち、新規借入金については、担保不動産の交換価値により優先弁済を受けるものとしたとしても）、不動産が現預金に変わったと見え、有害性がないといえよう。この点、有害性がないという意味では、前述1の相当の対価を得てした財産処分行為が原則として否認できない点（破161条）と類似しているであろう。

(2) 同時交換的行為後の偏頗行為

ただ、新規借入金で得た現預金により既存債務を弁済した場合（**問(2)**）には、問題が複雑化する。この点、次のイメージ図を見てみよう。

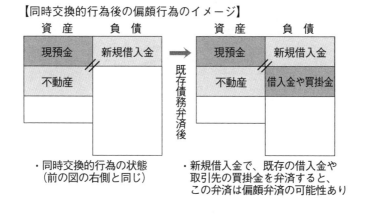

【同時交換的行為後の偏頗行為のイメージ】

左側は、前述の同時交換的行為後の姿と同じであるが、右側のように、既存債務である借入金や取引先の買掛金を弁済すると、この弁済は偏頗弁済となる可能性がある。前述のとおり、担保提供した不動産と新規借入金の2つの箱を消してみると、第7章2(4)の偏頗行為否認のイメージ図の左側と同様となり、偏頗弁済後の姿は、その右側の図と同様となるのである。

　行為を1つずつ分析的に検討すれば、自ずとイメージができるであろう。

　この点、担保提供して新規融資を受けた借入金の使途が財産の隠匿等である場合には、全体として見れば財産の処分行為として否認の対象となる（破161条等）。

　なお、新規借入れと既存債務の弁済に関し、有害性を否定した最判平5・1・25民集47巻1号344頁〔百選31〕の事案は特殊で、いわば、債権譲渡があったのと同視できる場合であった（責任財産性が認められないと評価できる）.

4　否認と相殺禁止の問題の融合

Q4 債務者Aが債権者Bに所有不動産（時価1000万円）を売却する売買契約を締結したが、Bが売買代金1000万円を支払わずに、1000万円の債権と相殺していた場合、Aの破産管財人はどうしたらよいか。

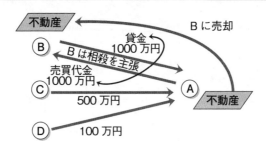

　関係図は、設問のとおりで、既存の破産債権と売買代金債権の相殺の場面のように思われる。この場面は、破産法71条1項2号が想定する、破

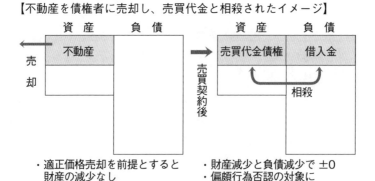

【不動産を債権者に売却し、売買代金と相殺されたイメージ】

産債権者が支払不能後に専相殺目的で売買代金債務を負担し、相殺することを禁止する場面となる。ところが、左頁下のイメージ図を見てみよう。

このイメージ図を見るとわかるように、不動産の適正価格売却を前提にすれば、資産である不動産が、売却後には売買代金債権に変化し、それが、負債である借入金と相殺されると、第 7 章 **2**(4)で見た偏頗行為否認のイメージ図の左側や本章 **2**(1)の代物弁済の否認のイメージ図と同様の場面となる。相殺後の姿は、第 7 章 **2**(4)の偏頗行為否認のイメージ図の右側と同様である。すなわち、実質的には、借入金の弁済に代えて不動産を代物弁済したのと同様であり、偏頗行為否認の対象ともなってくる。

5　対抗要件の否認

> **Q5**(1)債権者 B が債務者 A の F ら得意先に対して有する売掛金債権を担保取得し、A から白紙の債権譲渡通知書を得ていたところ、A の支払停止を知って、A に代わって F らに対し債権譲渡通知を発送していた場合、A の破産管財人は否認権を行使できるか。
> (2)債権譲渡契約が A の支払停止等の一定の事由を停止条件としていた場合はどうか。

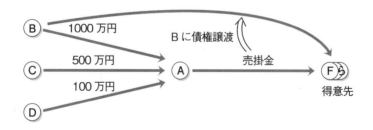

(1)　対抗要件の否認の適用場面

破産者の支払停止または破産手続開始の申立て後（支払停止等後）の第三者対抗要件の具備行為につき、その行為が権利の設定、移転または変更があった日から 15 日を経過した後に、支払停止等のあったことを知ってしたものであるときは、対抗要件の否認が可能となる（破 164 条 1 項本文）。

もとの原因行為自体も否認対象行為となるところ、対抗要件具備行為も否認対象とするものであり、原因行為の時期により原因行為が否認対象行為とならない場合でも、対抗要件具備行為につき否認対象行為とするものである。この対抗要件具備行為が、原因行為による権利移転の効果が生じた日（原因行為の行為日ではなく）から15日経過後にされたものであれば（時期を限定している）、否認の対象となる（対抗要件の否認の趣旨につき、最判昭45・8・20民集24巻9号1339頁〔百選38〕参照）。なお、支払停止後の場合、破産手続開始申立ての日から1年内にされたことが必要である（破166条）。

　主観的要件の支払停止等の悪意については、受益者の悪意とされ、破産管財人に証明責任がある。

　対抗要件の否認が認められると、相手方は、第三者対抗要件を具備していないことになり、破産管財人に対抗できない結果となる。

(2) 債権譲渡通知の場合

　問(1)のように、AB間の債権譲渡契約後、Aが支払停止し、Bがこれを知って、Aから予め得ていた白紙の債権譲渡通知書を利用して第三者対抗要件を具備した場合（民467条）、通常は、債権譲渡契約から15日を経過していることが多く、破産管財人は対抗要件の否認をすることができる。対抗要件の否認の典型例の1つである。その結果、AからBへの債権譲渡は、破産管財人に対抗できず、認められないことになる。

(3) 対抗要件の否認の潜脱

　この点、問(2)のように、債権譲渡契約の効力発効時点を遅らせるために、Aの支払停止等の一定の事由を停止条件としていた場合、15日要件で対抗要件の否認には該当しないことになる。しかし、このような行為は、否認権の制度趣旨を没却するものであり、判例も支払停止等の危機時期が到来した後に行われた債権譲渡と同視すべきものと判断しているところである（最判平16・7・16民集58巻5号1744頁〔百選39〕）。この場合、端的に債権譲渡自体が偏頗行為否認の対象となる（破162条1項1号）。

　なお、債権譲渡登記制度の導入により、債権譲渡登記で第三者対抗要件を具備できることから（動産債権譲渡特4条1項）、このような場合には、対抗要件の否認が認められないことが多いだろう。

6 執行行為の否認

> **Q6** (1)債務者Aの支払停止後、債権者BがAの勤務先Gに対する給料債権を差押えしていた場合、Aの破産管財人は否認権を行使できるか。(2)給料債権の差押えがAの支払不能前であった場合はどうか。

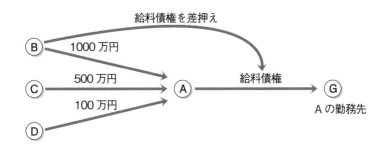

(1) 執行行為の否認

　破産法165条は、否認しようとする行為について執行力のある債務名義があるとき、またはその行為が執行行為に基づくものであるときでも行使を妨げないと定めるが、これは、債務名義や執行行為によるときでも否認権行使が可能であるとする確認規定である。

　執行行為の否認は、多くの場合は、債権者が個別の権利行使として民事執行手続により回収した行為を偏頗行為として否認する場面となろう。

(2) 給料債権差押えの場合

　問(1)のように、債務者Aの支払停止後に、債権者Bが既に得ていた（または、Aの支払停止後に取得した）債務名義（確定判決や仮執行宣言付判決等。民執22条）を利用し、Aの勤務先Gに対する給料債権を差押えし、第三債務者であるGから回収した場合（当然、給料債権には差押禁止債権部分〔原則4分の3相当部分〕があるので、差押えが可能な範囲に限定される〔民執152条1項2号〕）、典型的な執行行為の否認の場面となる。前述したとおり、執行行為の否認は、確認規定であるから、実際には、偏頗行為否認の対象となる（破162条1項1号イ）。

⑶ 執行行為との先後関係

問⑵のように、債務者Ａの支払不能前に債権者Ｂによる給料債権の差押えが先行していた場合、差押えが支払不能前にある以上、破産手続開始決定により失効する（破42条2項）までの間の債権者Ｂの回収分は全て否認できないことになるのかが問題となる。

この点、差押債権者がＡの勤務先Ｇから毎月の給料債権のうち差押可能部分（原則4分の1相当部分）を実際に回収し、満足を受けることが偏頗行為否認の対象となることから、毎月の回収行為時を基準とすべきであると考える。したがって、問⑵の場合では、Ａの支払不能（または支払停止）後のＢの回収分は、執行行為の否認の対象となる。なお、この場合でも、給料債権の差押えからＢがＡの支払不能（または支払停止）を知るまでの間のＢの回収分は偏頗行為否認の対象とはならない。

7 転得者に対する否認

> **Q7** 第7章Q2①の債務者Ａが所有する不動産をＥに廉価売却していた場合を前提に、ＥがＨに当該不動産を売却していた場合、破産管財人は、Ｈに対し否認権を行使できるか。その際の否認の対象は何か。

破産管財人が廉価売却を詐害行為であるとして否認権を行使して逸出した財産を取り戻すにも、受益者Ｅからさらに転得者Ｈに移転してしまっていた場合には、たとえ受益者Ｅとの間で否認できたとしても、相対的無効のため、転得者Ｈから当該財産を取り戻すことはできない。そこで、否認権の実効性を確保するために、転得者に対する否認が認められている（破170条1項）。ただ、否認が認められる場面は限定される。①転得者が転得の当時、破産者がした行為が破産債権者を害することを知っていたとき（同項1号）、②転得者が内部者（破161条2項各号）であるとき（破170条1項2号本文。ただし、転得の当時、破産者がした行為が破産債権者を害することを知らなかったときは認められない〔同号但書〕）、③転得者が無償行為又はこれと同視すべき有償行為によって転得した者であるとき（同項3号）の3つに限られる。③については、転得者の悪意は要件ではなく、善

意者の償還義務の規定が準用される（同条 2 項・167 条 2 項）。

　転得者に対する否認については、平成 29 年の民法（債権法）改正に伴い、破産法も改正された。受益者が善意である場合には、転得者に対しても否認権を行使することはできない。また、旧法における受益者の悪意についての転得者の悪意（いわゆる二重の悪意）は、要件から除外された。

　ここで否認する対象は、破産者と受益者間の法律行為であって、受益者と転得者間の行為ではない。転得者との関係で、受益者に対する破産者の行為を否認することで、無権利者となる転得者から財産を取り戻す。

　また、破産者の受けた反対給付に関する転得者の権利等（破 170 条の 2）及び相手方の債権に関する転得者の権利（破 170 条の 3）が規定される。

8　通常の再生手続の場合

> **Q8** (1)通常の再生手続の場合（個人再生手続は除く）、否認権を行使するのは誰か。いわゆる DIP 型の場合と管財人が選任された場合で違いがあるか。(2)また、破産と比べ、否認権行使に違いが生じるか。

(1) 否認権の行使権者

　ここまでは、破産法を前提に見てきたが、民事再生法においても、否認権は基本的に同様である（民再 127 条以下）。

　ただ、否認権の行使権者には違いがある。いわゆる DIP 型の場合、再生債務者に管理処分権が残ることから、否認権も再生債務者が行使すべきように思われる。この点、再生債務者には、公平誠実義務があり（民再 38 条 2 項）、第三者性も認められることから、否認権の行使権はあるはずであるが、自らが行った行為につき後日否認権を行使することに違和感があることが考慮され、監督委員（民再 54 条）に権限を付与することで、監督委員に否認権行使をさせることとした（民再 135 条、56 条）。

　管理命令により管財人が選任された場合は、管財人が否認権を行使する（民再 135 条、64 条）。この点は、破産管財人の場合と同様である。

　また、行使方法につき、権限付与を受けた監督委員の場合には、抗弁による否認権の行使はできない点が、管財人や破産管財人と異なる（民再

135 条 1 項、3 項)。

(2) 破産の場合との比較

　破産の場合、破産管財人が、破産者とは異なる中立公正な立場において、破産財団の増殖と債権者平等を図るため、全破産債権者を代表して否認権を行使することから、否認権行使を躊躇しないが、民事再生の場合は、否認の相手方（受益者）が取引先である等、今後の再生債務者の事業再生を考慮した場合、否認権行使に謙抑的になるのではないかとの指摘がされることがある。皆さんはどう思うだろうか。

　一実務家の観点からコメントすると、裁判所は、違法行為に対しては厳しく対応しており、民事再生であるからといって躊躇するわけではない。ただ、その是正方法として、否認権を行使する場合もあれば、同様の効果をもたらす内容の和解的解決を図ることもあるということである。

9 個人再生手続の場合

> **Q9** 個人再生手続の場合、否認権の制度はないが、否認権の制度はどのように考慮されているか。

　個人再生手続においては、個人債務者の簡易・迅速な再生を可能にする観点から、否認権の制度が適用除外となっている（民再 238 条、245 条）。そうであるからといって、否認対象行為を行ってもよいというわけではない。個人再生手続においても通常の再生手続と同様に、清算価値保障原則（民再 230 条 2 項、174 条 2 項 4 号、231 条 1 項、241 条 2 項 2 号における「再生債権者の一般の利益に反するとき」の表現）があり、仮に破産した場合の清算価値を上回る必要がある。破産手続には、これまでに見たとおりの否認権の制度があり、破産管財人が否認権を行使し、破産財団に取り戻せたであろう額を清算価値に上乗せするということにより、個人再生手続においても否認権の制度を考慮しているのである。

第9章

相殺権と相殺禁止

稲田正毅

---

1 相殺権の意義

> **Q1** 破産法における相殺権とはどのようなものか。他方、民事再生法における相殺権とはどのようなものか。

(1) 民法における相殺の意義と機能

相殺とは、債務者が債権者に対して同種の債権(自働債権)を有する場合に、その債権と自己の債務(受働債権)を対当額にて消滅させる一方的意思表示をいう(民505条1項本文)。

相殺は、弁済と並ぶ債権の消滅原因であり、相殺適状のもと、対立する債権債務を有する当事者間において意思表示のみで簡易な決済を可能とし(簡易決済機能)、相殺により双方が債務の消滅という結果を得ることができることから当事者間の公平に資する機能(公平保持機能)を有する。

さらに、自働債権の回収という観点からすると、受働債権の範囲で他の債権者に優先して自己の債権を回収できるため、受働債権があたかも自働債権の回収のための強力な担保として機能する(担保的機能)。

これが平常時の実体法である民法における相殺の機能であり、相殺は、受働債権の消滅原因という側面だけではなく自働債権の回収のための担保的機能を有している。

(2) 破産法における相殺権

このような相殺の担保的機能は、自働債権の債務者の経済的破綻という異常事態においてこそ、その本領を発揮させるべき要請は強い。そこで、

破産法は、破産債権を自働債権とし、破産手続開始時点で破産者に対して負担する債務（破産財団に属する債権）を受働債権とする、破産手続外による相殺を認めている（破67条1項）。いわば、実体法上有する相殺の担保的機能を尊重し、さらに、これに別除権類似の特別の地位を与えて、「相殺権」として制度的にその権能を保護しているのである。

これにより、相殺権者（破産債権者）は、破産債権の手続外行使禁止原則（破100条1項）の例外として、受働債権との相殺を介して自働債権の回収を図ることが可能となる。すなわち、破産債権者は破産手続内での配当によって割合的弁済を受ける地位を有するにすぎないが、相殺権の保護によって、自働債権が受働債権の範囲内で完全な弁済を受けるのと同一の経済的効果を受けることができるのである。その一方で、受働債権は破産財団に属する資産であるから、これが相殺に供されることで、破産財団（総債権者の引当財産）は減少するという関係にある。

また、清算型倒産手続である破産法においては、破産債権は手続開始により金銭化（破103条2項）・現在化（破103条3項）されるため、相殺の要件は実体法である民法より拡張される。他方、相殺を認めることは、相殺を主張する破産債権者にのみ、受働債権の範囲で完全な弁済を受けるのと同一の効果を与える一方で、財団に属する受働債権が消滅し総債権者の利益を害することから、破産債権者間の平等を害するような場合にまで、相殺を認めることはできないため、一定の範囲で相殺を制限している（破71条、72条）。

以上が破産法における相殺権の概要である。

(3) 民事再生法における相殺権

相殺の担保的機能は、再建型倒産手続である民事再生法においても尊重され、再生債権を自働債権とし、再生手続開始時点で再生債務者に対して負担する債務を受働債権とする、再生計画外での相殺を認めている（民再92条1項）。再生債権の弁済禁止原則（民再85条1項）の例外である。この点も、破産法の規律とパラレルに捉えてよい。

しかしながら、民事再生法は、清算手続である破産法とは異なって、再生債権の金銭化・現在化は行われないため、相殺の要件が実体法である民法よりも緩和されるものではなく、民法と同様に相殺適状が生じているこ

とが必要となる。また、再建型倒産手続であるがゆえに、再生債務者の資産と負債を早期に確定して将来の再生計画を策定する必要があることから、相殺権を行使するためには、債権届出期間内に相殺適状が生じ、かつ相殺の意思表示をする必要がある（民再92条1項）。

このように、民事再生法における相殺権は、清算手続である破産法とは異なり、再建型手続であるという法目的の違いにより、相殺権の認められる範囲が異なるものである。

もっとも、民事再生法も、再生債権者間の平等を害するような場合にまで相殺を認めるべきではないという要請は同じであり、破産法と同様に相殺を制限している（民再93条、93条の2）。

2　相殺権の拡張（破産債権者の有する自働債権の要件の緩和）

> **Q2** 破産債権者Bが破産者Aに対して有する下記債権αを自働債権とし、BがAに負担する貸金債務1,000万円を受働債権βとして行う相殺は可能か。
> (1)　弁済期が平成25年5月末日と定められた1,000万円の利息付貸金返還請求権（Aの破産手続開始は平成25年1月5日）につき、平成25年3月1日になした相殺
> (2)　Aを売主、Bを買主、売買価格1,000万円としたAB間の売買契約に基づく売買目的物の引渡請求権
> (3)　解除条件付債権
> (4)　停止条件付債権、将来の請求権

(1) 現在化による拡張（弁済期未到来の場合）

自働債権の弁済期が未到来の場合には、期限の利益喪失約定などがない限り、民法上は相殺適状にはないため、相殺はできない。他方、破産手続が開始すると、破産債権は現在化される（民137条1号、破103条3項）ため、期限未到来の債権であってもこれを相殺することができる（破67条2項前段）。この点で、破産法における相殺要件は拡張されている。なお、相殺できる範囲については破産法68条2項の制限があり、劣後的破産債権部分は相殺権の対象外である。

⑵ 金銭化による拡張（非金銭債権の場合）

　自働債権が非金銭債権であり受働債権が金銭債権の場合には、自働債権も損害賠償請求権等の金銭債権でない限り、民法上は、「同種の目的を有する債務」（民505条1項）とはいえず、相殺適状にはないため、相殺はできない。他方、破産法においては、破産債権は破産手続開始によって金銭化される（破103条2項）ため、非金銭債権であっても、破産手続開始時点の評価額にてこれを相殺することができる（破67条2項前段）。設問のように、物の売買契約であれば、原則としてその売買価格がその評価額とされる。ほかに、金銭化されるものは、破産法103条2項1号に挙げられているので確認されたい。

⑶ 解除条件付債権

　債権の消滅に条件が付された解除条件付債権は、債権としては既に発生しているものであるから、その全額をもって相殺することが可能である（破67条2項）。ただし、将来に条件が成就した場合には債権が存在しなかったこととなるため、相殺に際して、相殺権者は破産財団のために担保を供しまたは寄託する必要がある（破69条）。その後、最後配当の除斥期間内に解除条件が成就しなかった場合には、担保提供または寄託はその効力を失い、供された担保または寄託金銭は、相殺権者に返還され（破201条3項）、他方、条件が成就した場合には、相殺は遡ってその効力を失う。

⑷ 停止条件付債権、将来の請求権

　債権の発生につき、特約により条件が付された停止条件付債権、および法定の条件が付された将来の請求権（典型例は保証人の主たる債務者に対する事後求償権）は、いずれも、条件が成就しない限り、その債権は発生していないものであるから相殺適状になく相殺はできないはずである。しかしながら、これら債権者は条件未成就ではあるものの条件が成就しさえすれば相殺適状が生じるものであるから、相殺に対する期待を有する。そこで、破産法では、その相殺期待を保護するため、寄託請求という制度（破70条）を設けている。停止条件付債権である敷金返還請求権を自働債権とする場合に、賃料債務の支払いについて寄託請求が行われることが多い（賃貸借契約につき第6章1参照）。

3　相殺権の拡張（破産債権者の負担する債務（受働債権）の要件の緩和）

> **Q3** 破産債権者Bが破産者Aに対して有する1,000万円の貸金債権を
> 自動債権αとし、BがAに負担する下記債務β（破産財団に所属
> する債権）を受働債権として行う相殺は可能か。
> (1)　弁済期が平成25年5月末日と定められた1,000万円の貸金
> 　　返還請求権β（Aの破産手続開始は平成25年1月5日）につき、
> 　　平成25年3月1日になした相殺
> (2)　Aを買主、Bを売主、売買価格1,000万円としたAB間の売
> 　　買契約に基づく売買目的物の引渡請求権
> (3)　解除条件付債権
> (4)　停止条件付債権、将来の請求権

(1) 弁済期未到来の場合

　受働債権の弁済期が未到来の場合、民法上も相殺権者が期限の利益を放棄して相殺することが可能である。破産法においても、このことを確認的に規定している（破67条2項後段）。

(2) 非金銭債権の場合

　これに対し、受働債権が非金銭債権であり、自働債権が金銭債権の場合には、民法上、「同種の目的を有する債務」（民505条1項）とはいえず、相殺適状にはなく、相殺はできない。他方、破産法においても、破産財団に属する非金銭債権の金銭化規定はなく、相殺することはできない。したがって、自働債権者は、売買契約における売買代金の支払いを受けている限りは、売買目的物の引渡しを行う必要がある（なお、売買代金の支払いを受けていない場合には、双方未履行の双務契約の処理に従うこととなる）。

(3) 解除条件付債権

　債権の消滅に条件が付された解除条件付債権は、債権としては既に発生しているものであるうえ、相殺権者が条件成就による債権消滅の利益を放棄して相殺することが民法上可能であり、破産法においても同様である（破67条2項後段）。

⑷ 停止条件付債権、将来の請求権

　停止条件付債権または将来の請求権の場合につき、破産法上は、相殺が可能であることが明記されている（破67条2項後段）。

　この規定の理解には2つの考え方がある。従来の通説的理解は、停止条件付債権は条件成就により発生するものであるから、条件未成就の状態においては民法上相殺ができないという理解を前提に、破産手続開始後に条件成就した場合には、本来であれば相殺禁止規定（破71条1項1号）により相殺が禁止されるべきところ、停止条件成就による債務の発生について相殺に対する一定の期待を有することから、破産法67条2項後段を設けて相殺を認めたものと理解する。

　他方、近時の有力説は、民法上、条件未成就による債権不発生の利益を債務者（相殺権者）が放棄して相殺適状を生じさせたうえで相殺することが可能であるという理解をし、破産法67条2項後段は、確認的規定にすぎないと理解する。

　この両者の理解の違いは、相殺要件の緩和がされず、67条2項のような規定を有しない民事再生法における解釈論に大きな違いを生じさせる原因の1つとなっている（→本章 **Q7**、**Q8** 参照）。

4 民事再生法における相殺権

> **Q4** 前記事例において、Aにつき破産手続が開始したのではなく民事再生手続が開始した場合はどうか。

⑴ 自働債権

　民事再生手続においては再生債権についての金銭化、現在化は行われず、相殺権を緩和する民事再生法の規定もないため（なお、賃貸借契約における賃料債務、敷金返還請求権についての特則的規律については、第6章 **1** 参照）、民法と同様の規律に服する。ただし、債権債務の早期確定の要請から、相殺適状の成立と相殺の意思表示が再生債権の届出期間内になされる必要がある（民再92条1項前段）。

　具体的には、非金銭債権は金銭債権との相殺はできないし、期限付債権

については、届出期間内に期限が到来した場合に限り、相殺が可能である。解除条件付債権の相殺も、届出期間内に限り、可能であるが、その後、条件成就により債権が消滅した場合には、相殺も遡及的に無効になるから、相殺をした者は受働債権の履行をする必要がある。また、停止条件付債権（将来の請求権を含む）についても、届出期間内に条件が成就する場合には相殺が可能である。相殺適状の成立と相殺の意思表示が届出期間内であるという制限以外は、民法の規律と同様である。

(2) 受働債権

　前記のとおり、民事再生法においては相殺の要件緩和に関する規定は存在しないため、民法と同様の規律が妥当する。他方、前記同様、相殺適状の成立と相殺の意思表示が再生債権の届出期間内になされる必要がある（民再92条1項）。

　具体的には、非金銭債権と金銭債権の相殺はできないが、弁済期未到来の受働債権や解除条件付受働債権については、相殺権者が期限の利益や条件成就による債権消滅の利益を放棄して、相殺することが可能である（ただし、前記と同様の債権届出期間内という手続的制限はある）。

　他方、停止条件付受働債権については、破産法67条2項後段のような規定が民事再生法に存在しないことから、その解釈に争いがある（→本章Q8参照）。

5　相殺権の制限

(1) 相殺禁止の規律・総論

> **Q5** 相殺権は無制限に認められるのか。倒産法において、相殺が制限される場合の規律はどのようなものか。

　破産法および民事再生法のいずれにおいても、実体法上有する相殺の担保的機能を尊重し、「相殺権」として制度的にその権能を保護している。しかしながら、その保護は無制限にされるものではない。前述したとおり、相殺権者は、破産債権の手続外行使禁止原則（破100条1項）あるいは再生債権の弁済禁止（民再85条1項）の例外として、受働債権との相殺を介して自働債権の回収を図ることが可能となる。その一方で、受働債権は破

産財団に属する資産あるいは再生債務者の資産であるから、これが相殺に供されることで、総債権者の引当財産は減少するという関係にある。

相殺禁止の規律のイメージ

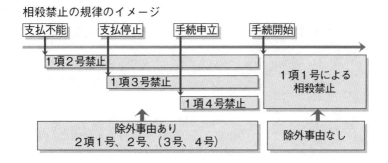

表1　相殺禁止要件の時間的関係
（破71条、72条、民事再生法93条、93条の2）

判断時点	相殺禁止の要件
「支払不能」以降	【債務負担行為】 　専ら相殺目的による財産処分、または債務引受 　＋悪意　→　相殺禁止（Ⅰ②） 【債権取得行為】悪意　→　相殺禁止（Ⅰ②）
「支払停止」以降	悪意　（Ⅰ③、Ⅰ③）
「手続申立て」以降	悪意　（Ⅰ④、Ⅰ④）
「手続開始」以降	常に相殺不可（Ⅰ①、Ⅰ①） 　ただし、停止条件付債務の場合の例外につき、争いあり（破67Ⅱ後段参照）。

表2　相殺禁止の除外事由
（破71条、72条、民事再生法93条、93条の2）

相殺禁止の類型	相殺禁止の除外事由
債務負担行為 および 債権取得行為	法定の原因（Ⅱ①）
	支払不能等を知った時よりも前に生じた原因（Ⅱ②）
	手続申立よりも1年以上前に生じた原因（Ⅱ③）
債権取得行為のみ	倒産債務者との契約（破72Ⅱ④、民再93の2Ⅱ④）

　そこで、法は、債権者間の平等・公平を害する場合、換言すれば債権債務の対立関係が危機時期等において作出され、偏頗弁済否認と同様に抜け駆け的債権回収と同様に評価されるような場合について、相殺を禁止している（破71条、72条、民再93条、93条の2）。

　具体的には、相殺権者が相殺対象の債務を負担する場合（受動債権の負担の場面）の規律（破71条、民再93条）と、相殺権者が相殺に供する債権を取得する場合（自働債権の取得の場面）の規律（破72条、民再93条の2）の、大きく分けて2つのパターンについての規律を定めている。

　他方、危機時期等といえども債権者間の平等・公平を害しない場合まで、相殺を禁止する必要はなく、また、相殺が禁止されると取引行為に対する過度の制限となるため、法は、2つのパターンそれぞれについて、除外事由を定めている。

　具体的な規律を、図表に整理すると150頁の図表の通りである。それぞれの規律の具体的内容は、条文や基本書などにおいて確認されたい。

　なお、このように相殺禁止の規律は、債権者間の平等・公平を図るための強行規定であるから、相殺が禁止されるにもかかわらず、相殺の合意をしてもその効力は否定される（最判昭52・12・6民集31巻7号961頁〔百選69〕）。

(2) 事例1：支払停止後の債務負担

> **Q6** 破産債権者B銀行がもともと有していた破産者Aに対する貸金債権1,000万円を自働債権とし、B銀行がA代理人弁護士による破産申立を行う予定である旨の受任通知を受けた後に、Aの取引先からA名義のB銀行普通預金口座に振り込まれた1,000万円の預金債権を受働債権として、B銀行が相殺を行うことは可能か。

　本事例における受働債権としての預金債権（預金返還債務）は、X代理人弁護士による破産申立予定の通知（すなわち「支払停止」）を受けた後に負担した債務であり、その負担当時において支払停止があったことをA銀行は知っているから、破産法71条1項3号により、原則として、相殺は禁止される（なお、同号ただし書きにおいて、支払停止時に支払不能ではなかった場合には相殺は可能となる）。

　もっとも、破産法71条2項各号に掲げる相殺禁止の除外事由に該当するような場合には、例外的に相殺は許されることとなる（前記、相殺禁止の規律イメージ図参照）。

　本事例においては、受働債権としての預金債権（預金返還債務）の発生原因を支払停止以前における事由に求め、破産法71条2項2号における「前に生じた原因」に該当し例外的に相殺が許容されると言えないか問題となる。

　この点、「前に生じた原因」を支払停止以前において普通預金を締結したことや単なる当座勘定取引契約を締結したことに求める場合には、単に支払停止以前に開設されていた口座に、たまたま振り込みがなされたにすぎず、その原因行為時点において、B銀行に将来の具体的な相殺期待を生じさせるようなものではなく、「前に生じた原因」には該当しない（最判昭52・12・6民集31巻7号961頁〔百選69〕、最判昭60・2・26金法1094号38頁）。

　これに対し、Aの取引先、AおよびB銀行との間で、Aの取引先からの支払いをB銀行の口座への振込以外の方法によっては行わない旨の三者間の合意があるように支払停止時以前に、あたかも債権債務の対立を予定していたような相殺期待が存在する場合（「強い振込指定」と呼ばれる）には、「相殺の合理的期待」が存在するものと言え、この相殺期待は倒産手続においても保護すべきであるから、「前に生じた原因」に該当し、破産法71条2項2号により、例外的に相殺を許容されるものと解される。

　ほかに、支払停止等が生じた後の債務負担行為について、破産法71条2項2号または民事再生法93条2項2号における「前に生じた原因」に該当するか否かが問題となり、これを肯定して相殺を許容した事案として、取引約定に基づき手形取立委任を受けて裏書譲渡を受けた後に支払停止に陥った事案（最判昭63・10・18民集42巻8号575頁〔百選65〕）がある。これに対し、「前に生じた原因」に該当しないとして相殺を認めなかった事案として、支払停止前に信託受益権の管理を委託された金融機関が、支払停止後に信託契約を解約して解約金返還債務を負った事案（最判平26・6・5民集68巻5号462頁〔百選67〕）がある。また、同様に、支払停止等が生じた後の債権取得行為における相殺禁止の除外事由である「前に生じ

た原因」（破 72 条 2 項 2 号、民再 93 条の 2 第 2 項 2 号）が問題となった事案には、手形割引契約に基づく手形買戻債権との相殺を認めた事案（最判昭 40・11・2 民集 19 巻 8 号 1927 頁〔百選 66〕）や、別個の請負契約に基づく違約金債権と報酬債権の相殺を認めた事案（最判令 2・9・8 民集 74 巻 6 号 1643 頁）などがある。

　これら事案においては、原因行為時点において、相殺権者について「相殺の合理的期待」が存在したか否かが問われ、「相殺の合理的期待」があるか否かによって「前に生じた原因」に該当するか否かが判断される枠組みとなっているものと解される。

(3) 事例 2：停止条件付受働債権の場合

> **Q7** A 社は保険会社 B から 100 万円を借り入れていた。他方、A 社は保険会社 B との間で損害保険契約を締結していた。当該保険契約においては、契約者が保険期間途中において保険契約を解約することを条件として発生する保険解約返戻金があった。その後、A 社について、破産手続が開始したため、破産管財人 X は当該保険契約を解約し、保険会社 B に対し、その時点の保険解約返戻金 100 万円の返還を請求した。これに対し、保険会社 B は、破産者 A 社に対して有する 100 万円の貸金債権を自動債権 α とし、B が破産財団に対して負担する 100 万円の保険解約返戻債務 β を受働債権として相殺した。かかる相殺は可能か。

　本事例における受働債権は、保険契約の解約を条件として発生する保険解約返戻金債権であり、停止条件付債権である。本事例においては、破産手続開始後に保険契約の解約をしたことにより、保険解約返戻金債権が発生しているため、手続開始後に負担した債務（受働債権）である。そのため、破産法 71 条 1 項 1 号により、相殺は禁止される（1 号禁止に除外事由はない）かに思われる。

　しかしながら、破産法 67 条 2 項後段においては、前述の通り、停止条件付債権または将来の請求権の場合につき、相殺が可能であることが明記されている。そこで、B が停止条件付債権である保険解約返戻金債権 β を受働債権として相殺をすることが可能か否かについて、問題となるのである。

この点、判例（最判平17・1・17民集59巻1号1頁〔百選64〕）は、「（破産67条2項）の趣旨は、破産債権者が停止条件付債務に対応する債権を受働債権とし、破産債権を自働債権とする相殺の担保的機能に対して有する期待を保護する点にあるものと解され、相殺権の行使に何らの限定も加えられていない。そして破産手続においては、破産債権者による相殺権の行使時期について制限が設けられていない。」として、結論として、「特段の事情のない限り」破産手続開始後に期限が到来した場合や停止条件が成就した場合にも、相殺することができるとしており、学説上もこれが多数説である。

(4) 事例3：停止条件付受働債権の場合──民事再生の場合

Q8 Q7の事例において、A社につき民事再生手続が開始し、再生債権届出期間中に、A社が保険契約を解約したのに対し、保険会社Bが相殺した場合に、かかる相殺は可能か。仮に、A社による保険契約の解約が届出期間経過後であった場合はどうか。

民事再生法の場合、一方において、破産法と同様に、手続開始後に負担した債務を受働債権として相殺することを禁止する民事再生法93条1項1号があるものの、他方において、破産法とは異なり、停止条件付債権を受働債権として行う相殺を可能とする破産法67条2項後段と同様の規定は存在せず、民事再生法92条1項後段においては期限付債権を受働債権とする相殺を認めるのみである。

そのため、停止条件付受働債権を認める規定の不存在から、相殺をゆるやかに認めることが事業再生の妨げになるとして、民事再生手続においては、停止条件付受働債権についての相殺はそもそも禁止されるという見解がある。

他方、破産手続と民事再生手続において債権者の相殺に対する合理的期待は変わるものではないという点、停止条件付債権であっても、民法上も、条件未成就による債権不発生の利益を債務者（相殺権者）が放棄して相殺適状を生じさせたうえで相殺することが可能であるという点から、債権届出期間満了までに相殺適状に達し、相殺の意思表示がなされた場合には、これを認める見解が有力である。なお、相殺を認める見解も、無制限に相

殺を認めるものではなく、相殺の期待が脆弱であるかあるいは合理的といえるかといった「相殺の合理的期待」を要求し、かつ、相殺適状の成立と相殺の意思表示が再生債権の届出期間内になされる必要があることに注意が必要である（民再92条1項前段）。

…コラム…
相殺の合理的期待

　破産法、民事再生法において、相殺が認められるか否かについて、近時は、債権者の相殺に対する期待が法的保護に値するほど合理的であるといえるか否か、すなわち、「相殺の合理的期待」が認められるか否かによって、弾力的にその調整を図る考え方が一般的である。先に紹介した判例（最判平17・1・17民集59巻1号1頁〔百選64〕）においても、「特段の事情のない限り」という調整原理を採用している。また、支払停止等が生じた後の債務負担行為及び債権取得行為に関する近時の判例では、相殺禁止の除外事由としての「前に生じた原因」に該当するか否かの判断において、「相殺の合理的期待」が認められるか否かを正面から問題としている（最判平26・6・5民集68巻5号462頁〔百選67〕、最判令2・9・8民集74巻6号1643頁）。

　Q7、**Q8**にて検討した停止条件付受働債権の相殺事例には、様々なバリエーションがある。その一つとして、例えば、譲渡担保権者が破産手続開始後に目的物を換価処分し、優先弁済を受けた後に生じた剰余金について、その清算義務を受働債権とし、他の破産債権を自働債権として相殺をすることが可能かという問題がある。

　前記判例をそのまま当てはめると、譲渡担保権の剰余金清算義務も停止条件付受働債権であるから、破産法67条2項後段によって、相殺が可能となりそうである。しかしながら、破産手続開始の時点で清算義務の有無も剰余清算金額も確定していないような場合には、「相殺の合理的期待」が存在せず、これを否定的に考えるのが一般的である。前記判例による「特段の事情」に該当すると理解するものといえよう。会社整理の事案であるが、同様の結論を判示する判例もある（最判昭47・7・13民集26巻6号1151頁）。

　他にも、相殺の可否が問題となった事例について、「相殺の合理的期待」が認められるか否か、換言すれば、相殺を認めることが債権者間の平等・公平を害しないか否かを具体的事例に即して考えると、相殺の可否を理解するためには、よい学習となろう。

　その際には、相殺期待が生じる時期、相殺適状が生ずる蓋然性の程度、

否認事例とのバランス、相殺を認めることによって債権者間の平等・公平性を害しないかなど、相殺権者側の期待・利益と、総債権者側の期待・利益とを総合考慮することが必要である。

⑷ 解釈論による相殺禁止

(i) 相殺権濫用論（同行相殺）

Q9 破産債権者 B 銀行が破産者 A に対して有する下記債権 α を自動債権とし、B 銀行が A に負担する預金払戻債務 1,000 万円を受働債権 β として行う相殺は可能か。

　A の振り出しにかかる額面 1,000 万円の支払手形を所持する手形受取人 C 社が、たまたま B 銀行に手形割引のため裏書譲渡していた場合における B 銀行の A に対する 1,000 万円の手形債権 α を自動債権とする場合。なお、B 銀行の取引約定上、割引手形が不渡りとなった場合には、手形を割り引いた者は当該手形を買い戻す義務を負うものとされている。また、C 社は優良企業であり、その支払能力に何らの問題もない。

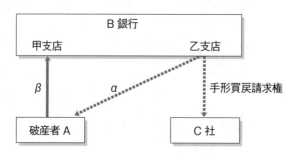

　Q9 の事例において相殺に供される自働債権は、手形債権であるところ、その取得時期（手形割引の時期）によっては、破産法 72 条 1 項による相殺禁止の制限を受ける。

　しかしながら、その相殺禁止の規定に該当しない場合においても、相殺を認めて良いかという問題である。すなわち、B 銀行は、破産者 A に対して手形債権 α を有すると同時に、取引約定に基づき、手形を割り引いた

Ｃに対し手形買戻請求権を有しているのである。Ｂ銀行が、支払能力に問題のないＣに対する手形買戻請求権を行使せずに、破産財団に属する資産である預金債権βを受働債権として、相殺を許容することは、Ａ破産による手形受取人Ｃの損失を、Ａの一般債権者に転嫁することを認めるものであり、不当ではないかというのが実質的な問題の所在である。

　このような相殺は、「相殺の合理的期待」を欠き、相殺権の濫用として無効であるという解釈が有力である（なお、債権確定訴訟において同行相殺が無効であることを前提とする主張を排斥した判例〔最判昭 53・5・2 判時 892 号 82 頁〕があるが、判例が相殺権濫用論を一般的に否定したものではない）。

(ii)　相殺禁止規定の類推適用（委託なき保証と弁済による代位）

> **Q10**　破産債権者Ｂ銀行が破産者Ａに対して有する下記債権αを自動債権とし、Ｂ銀行がＡに負担する預金払戻債務 1,000 万円を受働債権βとして行う相殺は可能か。
> 　　Ｂ銀行は、Ａの委託を受けず、Ａの取引先Ｃとの間で、ＣのＡに対する取引債権の支払を保証する保証契約を締結した。その後、Ａの信用状態は悪化し、Ａについて破産手続が開始するに至った。破産手続開始後、ＢはＣに対して、その保証義務を履行したため、Ａに対して 1,000 万円の事後求償権αを取得した場合。

　本事例においては、まず事後求償権αが破産債権であるのか否かが問題となるところ、無委託保証の場合には事後求償権は破産手続開始後の弁済の時点に発生原因があり破産債権ではないとして、これを自動債権とする相殺を認めない考え方があるものの、無委託保証も保証契約が破産手続開

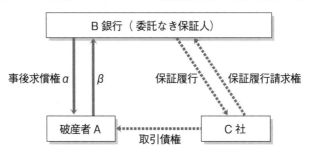

始前にある以上、破産債権であるとするのが判例である（最判平24・5・28民集66巻7号3123頁〔百選70〕）。

　自働債権が破産債権である場合には、破産法72条の規律が働くところ、危機時期にない時点での原因に基づく破産債権の取得には、相殺禁止の要請は働かず（破72条2項2号参照）、また、事後求償権は、保証人固有の地位に基づく債権であり、「他人の破産債権」でもないことから、破産手続開始後の取得した自働債権による相殺を禁止する破産法72条1項1号にも該当しない。したがって、かかる相殺は認められるかに思える。

　しかしながら、前掲判例は、無委託保証の場合には、無委託保証人の「求償権を自働債権とする相殺を認めることは、破産者の意思や法定の原因とは無関係に破産手続において優先的に取り扱われる債権が作出されることを認めるに等しいものということができ、この場合における相殺に対する期待を、委託を受けて保証契約を締結した場合と同様に解することは困難」であるとし、無委託保証人による事後求償権を自働債権とする相殺は、「破産手続開始後に、破産者の意思に基づくことなく破産手続上破産債権を行使するものが入れ替わった結果相殺適状が生ずる点において」、手続開始後に他人の破産債権を取得した場合の相殺を禁止する破産法72条1項1号と類似し、債権者の公平・平等な扱いを基本原則とする破産手続上許容しがたいとして、破産法72条1項1号の類推適用により、相殺が許されないとした。

　「相殺の合理的期待」を欠くケースを解釈によって補った事例といえよう。

(ⅲ) 三者相殺と相殺禁止

Q11 破産者A、B銀行、証券会社C証券は、平時において、「Aの信用状態が悪化した場合には、AのBに対する預金債権とCのAに対する債権を相殺することができる」と合意していた（三者相殺の合意）。その後、Aについて信用状態が悪化してAは破産申立てを行ったが、破産申立てによるC証券との取引終了に伴い、AはC証券に対して取引にかかる清算金請求権を取得した。破産手続開始後、B銀行は、三者相殺の合意に基づき、Bの負

担する預金債務とＡのＣに対する清算金請求権とを対当額で相
殺すると主張した。この相殺は可能か。

　本事例のような、三者相殺の合意は一般に行われており、実体法上有効
である。また、国際的な通貨オプション取引やスワップ取引など分社化の
進んだ金融機関の取引における慣行として広く認められているという実態
がある。そのため、三者相殺の合意をした時点では、「相殺の合理的期待」
が存在するように思われ、このような相殺に対する期待を倒産手続におい
ても保護し、相殺を認めるべきであるようにも思える。

　しかしながら、三者相殺の事例では、2人が互いに債務を負担するとい
う相殺の要件（相互性の要件）を欠くものであり、明文の規定なく、互い
に債務を負担する関係にない者の間における相殺を許すことは、債権者の
公平・平等な扱いという基本原則を没却するものとして、相殺を認めない
のが判例である（民事再生法における事案について、最判平28・7・8民集70
巻6号1611頁〔百選71〕）。

　当事者の合意により、明文以外の倒産手続における債権者の公平・平等
な扱いの例外を広げることは、倒産手続において、2人が互いに債務を負
担している当事者間における相殺の担保的機能を重視して、相殺権として
別除権類似の保護を与えて、債権者平等の例外として許容した趣旨を没却
するものであり、許されないといえよう。

第10章
倒産手続における担保権の取扱い(1)
──担保権総論、典型担保──

名津井吉裕

---

1 倒産手続と担保権

　ここでは、倒産手続（主に破産手続）における担保権の諸問題を扱う。まずは、簡単な事例から始めよう。

(1) 担保権とは何か

> **Q1** Sに対して、Aは3,000万円の貸金債権、Bは2,000万円の貸金債権、Cは1,000万円の貸金債権を有する。Aが、Sの所有する土地甲を差し押さえて、強制競売が開始された。甲が3,000万円で売却できたとき、A・B・Cはいくら回収できるか。なお、各債権の弁済期はすべて到来している。

　図①の各債権は、弁済期に違いがあるにせよ、ここではすべて弁済期が到来している。これらの債権はいずれも金銭債権であり、債務者の一般財産を引き当てとするから、債権総額がこれらの債権の引き当てとなる財産（責任財産）よりも多い場合、各債権者は債権額に応じた弁済を受けることができるにとどまる。これを債権者平等の原則という。

　この原則は、強制執行（甲は土地なので、「不動産執行」〔民執43条1項〕）でも貫かれている。例えば、AがSに対して貸金返還請求訴訟を提起して勝訴し、確定判決を債務名義（民執22条）として、S所有の甲を差し押さえ、強制競売の手続（民執45条）が開始されたとしよう。この場合、申立人Aは、甲の換価金を独占することができない。なぜなら、他の債権

者 B・C が、甲の換価金から配当を受けたいと申し出れば、所定の要件の下でこれを認めて、A・B・C に平等に配当する仕組み（配当要求。民執 51 条）があるからである。したがって、甲が 3,000 万円で売却できた場合、A には 1,500 万円、B には 1,000 万円、C には 500 万円が配当される。A は債権額の半分しか回収できないが、それは B・C も同じである。この結果は、A〜C の債権の間に優劣がない以上、当然と言える。

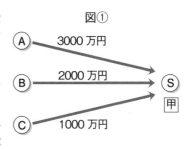

図①

≪甲の換価金≫
3000 万円
≪配当額≫
A（無担保）：1500 万円
B（無担保）：1000 万円
C（無担保）：500 万円

Q2 Q1 の債権者 A は、S 所有の土地甲について抵当権を有する。A が抵当権を実行して担保不動産競売が開始され、甲が 3,000 万円で売却できたとき、A・B・C はそれぞれいくら回収できるか。

強制競売を申し立てた A にとって、**図①**の結果は不満だろう。A が、この結果を予測して、B・C に優先して自己の債権を確実に回収したいと考えるならば、貸付けの際に土地甲の上に抵当権（民 369 条）を設定すべきである。これにより、A は、甲の換価金から優先的に債権回収を図ることができる。すなわち、抵当権（その他、先取特権・質権）を有する者には、優先弁済権が認められる（民 303・342 条。ただし、留置権には優先弁済権がない

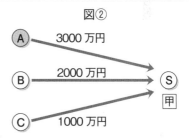

図②

≪甲の換価金：3000 万円≫
Ⓐ抵当権者、B・C 無担保債権者
A：3000 万円
B：0 円
C：0 円

〔果実は除く。民 297 条 1 項〕。後述 **3**⑷）。抵当権等の担保権はまた、その優先弁済権を背景として換価権を内包する（担保権に内在する換価権）。よって A は、担保権の実行として担保不動産競売（民執 180 条 1 号）を開始

することができ、甲の換価金が3,000万円であれば、Aはその全額を3,000万円の被担保債権の弁済に充当できる。他方、B・Cは無担保債権者であるから、（少なくとも土地甲からは）1円も回収できない（**図②**）。結局、**図①**における債権者平等の結果を回避する仕組みが「担保」なのである。

(2) 破産手続と担保権——別除権とは何か

> **Q3** A・B・CはSの債権者である（債権額は図①と同様）。Aは、S所有の土地甲について抵当権を有する。この状況でSに破産手続開始決定がされた（以下、単に「破産した」という）場合、A・B・Cは破産手続においてどのような地位につくか。

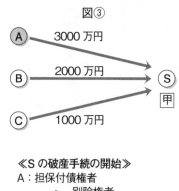

図③

《Sの破産手続の開始》
A：担保付債権者
→ 別除権者
B：無担保債権者
→ 破産債権者
C：無担保債権者
→ 破産債権者

Sがまだ破産していないとき（「平時」などという）、債権者Aが無担保である場合（**Q1**）と、抵当権を有する場合（**Q2**）とを比較すると、Aの回収額に大きな違いがある。平時においてAが**Q2**の結果を得られるならば、それはSが破産したときにも貫徹されるべきである。さもないと、Sを相手方とする平時の信用取引が、そもそも成り立たなくなるからである。

ところで、Sが破産するとSの財産はどうなるか。開始決定時にSに帰属する財産は、原則として破産財団に所属する財産となる。破産手続は、詰まるところ、破産管財人が、破産財団に属するSの財産を一般債権者への弁済原資とするために換価して、換価金を平等に分配する手続である。債務者所有の特定財産を対象とした強制競売（個別執行）の手続（**Q1**）とは異なり、破産手続では、破産財団に属する全ての財産が換価の対象となるため、「包括執行」とも言われる。

さて、Aが優先弁済権を有する平時の事例（**Q2**）では、Sが破産した場合も、Aは一般債権者（無担保債権者）と区別されるべきである。つまり、Aがその抵当権を証明できる限り、Sが破産しても、平時と同様、A

はその換価権に基づいて担保不動産競売を開始できなければならない。そこで、破産手続（包括執行）における担保権者の地位を一般債権者（破産債権者・財団債権者）と区別するため、「別除権」（破 2 条 9 項）という概念（仕組み）がある。別除権を認められる者は「別除権者」（同条 10 項）である。なお、B・C は無担保債権者であるが、B・C の債権は、破産手続開始前の原因に基づくものであり、財団債権（同条 7 項、148 条等）でない限り、破産債権（同条 5 項）となる。破産債権者（同条 6 項）である B・C は、破産手続外の権利行使が禁止される（同 100 条 1 項）。

> **Q4** S が破産した当時、S は土地甲、高価品、銀行預金を有していた（図④。これらは S の自由財産に含まれないものとする）。別除権者 A、破産債権者 B・C は、それぞれいくら回収できるか。なお、破産手続では破産管財人（X）が選任されるが、その報酬は 100 万円とする（報酬は財団債権である。破 148 条 1 項 2 号。その他の換価費用も同様であるが、省略する）。

　図④の通り、S の破産財団の合計は、4,000 万円である。S が破産すると、別除権者 A は抵当権を実行して、甲の換価金により被担保債権の全額を回収できる。しかしその結果、一般債権者の配当原資の合計は、1,000 万円になる。X は、そこから報酬を財団債権として受け取るので、残額は 900 万円である。よって B・C は、900 万円を配当原資とし、そこから債権額に応じた配当を受ける（B は 600 万円、C は 300 万円）。A の取り分と B・C のそれを比較すると不均衡だが、B・C が無担保債権者（破産債権者）である以上、当然のことである（**Q1** 参照）。

図④

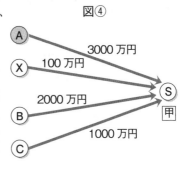

≪S の財産≫
土地甲：3000 万円
高価品：400 万円
銀行預金：600 万円
≪S に対する債権の回収額≫
A：3000 万円（担保権実行）
X：100 万円（財団債権）
B：600 万円（破産配当）
C：300 万円（破産配当）

(3) 破産財団との関係

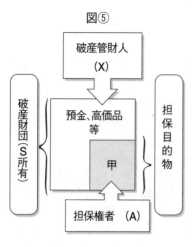

図⑤

破産管財人
（X）

破産財団
（S所有）

預金、高価品
等

甲

担保
目的
物

担保権者　（A）

ところで、Aの抵当権の目的である土地甲は、Sの財産である。Sが破産すると、甲も破産財団に所属する財産となるが、甲の帰属（＝S所有）には影響しない。甲はS所有のまま破産財団に所属し、破産管財人Xの管理処分権（破78条1項）に服する。結果として、Sは甲を自由に処分できなくなる。他方で、甲の交換価値は、抵当権者Aによって把握されている。つまり、甲については、Xの権限とAの権限とが競合することになる（図⑤の網掛け部分）。甲は、破産財団に所属する財産でありながら、その交換価値は抵当権によって把握され、破産債権者の配当原資に該当しないという点で、特別な存在である。だからこそ甲の財産関係は、破産財団内の他の財産（預金、高価品等）から区別（別除）される必要がある。

なお、Sに再生手続が開始された場合も、担保権者は、再生手続上、別除権者となる（民再53条）。ただし、再建型の倒産手続では、例えば、事業継続に不可欠な財産を目的とする担保権が実行されると、再建自体が挫折するおそれがあることから、担保権実行の中止命令が整備されている（民再31条）。中止命令があると、別除権者の権利行使は一時的に阻止される（発令要件等につき、第11章 **Q7** 参照）。

2　別除権の行使

担保権は、破産手続の開始後も「別除権」（破2条9項）として「破産手続によらないで」行使することができる（破65条1項）。つまり、破産手続は、担保権をその通常の実行方法（民執180条以下）で行使することの妨げにならない。しかし他方で、破産管財人は破産財団に属する財産に対して管理処分権を有し、別除権の目的財産も破産財団に所属する以上この管理処分権に服する。要するに、別除権（担保権）の目的財産について

は別除権者と破産管財人の権限が競合している（**図⑤**参照）。以下では、このことに留意して具体的な事例を検討してみよう。

(1) 別除権の範囲と不足額責任主義

> **Q5** Aは、S所有の土地甲について抵当権（Sに対する被担保債権3,000万円）を有する。甲の担保価値が2,000万円である場合（「担保割れ」）、別除権者Aは、破産手続上どのように権利行使ができるか。

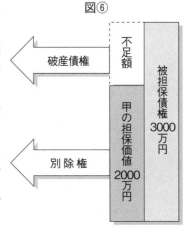

図⑥

　Aが抵当権を実行して甲を換価したところ、換価金は2,000万円であったとしよう。Aはこれを被担保債権の弁済に充当できるが、1,000万円の不足が生じる。甲の換価後に残存する1,000万円の「不足額」の部分は、結局、無担保債権である（**図⑥**）。つまり、Aの抵当権は「別除権」だとしても、その実質を有するのは2,000万円の範囲であり、1,000万円の「不足額」については、AはB・Cと同様、Sの一般財産から回収するしかない。

そこで破産法は、別除権者も、「不足額」を破産債権として行使できると規定する（破108条1項本文）。もっとも、「不足額」を破産債権として行使させる仕組みは、破産財団の側から見れば、本来は担保目的物の換価金から満足して消滅するはずの被担保債権の責任が、破産財団（Sの一般財産）へと転嫁されることを意味する。とすれば、これは担保目的物から回収できない「不足額」の範囲に限定すべきである。一般にこのことを（破産財団の側から見て）「不足額責任主義」と呼んでいる。

⑵ 別除権者による破産債権の行使

> **Q6** 別除権の目的財産である土地甲は、Ｓが破産した当時、2,000万
> 円の価値と予測されたので、別除権者Ａは、「不足額」を1,000
> 万円と届け出た。ところが、甲は、実際には1,000万円の価値し
> かなかった。Ａは現実の不足額2,000万円について権利行使がで
> きるか。

　別除権者が破産手続において権利行使するには、債権届出期間（破31
条１項１号または同条３項）内に、被担保債権を破産債権として届け出るこ
と（破111条１項）に加えて、担保目的物およびその換価金で弁済を受け
られないと見込まれる「不足額」（「予定不足額」ともいう）を届け出なけ
ればならない（同条２項）。担保目的物の交換価値が高く、被担保債権の
額を上回る場合（担保余剰がある場合）、「不足額」は０円となる。もっと
も、**Q6**の事例では、Ｓが破産した当時にＡが甲を評価し、評価額2,000
万円を被担保債権3,000万円から控除した1,000万円を、Ａは「不足額」
として届け出た模様である。とすれば、Ａは1,000万円について破産配当
に参加できそうである。ただし、この「不足額」は、破産管財人の認否に
よっては確定せず（破124条１項かっこ書）、議決権額の基礎（破140条１
項２号）となるにすぎない。

　他方、別除権者が最後配当（破195条）に参加するには、その除斥期間
（２週間。同198条１項・２項）内に「不足額」を証明しなければならない
（同条３項。根抵当の特則につき、同196条３項、198条４項参照）。「不足額」
の証明がない限り、Ａは配当に与かれない。しかし、**Q6**では、「不足額」
が当初の1,000万円から2,000万円に変化している。Ａは、この事実を証
明しなければ、2,000万円の不足額をもって最後配当（ただし、配当財団が
1000万円を下回る場合、簡易配当〔破204条〕を利用できる）に参加できな
い。この場合、Ａは「不足額確定報告書」を提出して変更後の不足額を
届け出ることが多い（なお、札幌高判平24・2・17金判1395号28頁参照）。
他方、**Q6**において現実の不足額が2,000万円であることは、どのように
して確定するのだろうか。これは結局、Ａが抵当権を実行して甲を担保
競売によって換価するか（破108条１項本文）、さもなければ、Ｘが強制競

売その他の方法で甲を換価して（破108条1項ただし書）初めて甲の価額（正味の交換価値）が確定し、よって被担保債権の不足額も確定するのである（詳しくは、**Q8** 以下を参照）。

(3) 準別除権——不足額責任主義の拡張

> **Q7** 動産乙はSの財産であり、Aはこれに質権を有するところ、Sが破産し、乙は自由財産とされた。Aが質権を実行して乙の換価金から10万円を回収した場合、AはSの破産手続上、300万円の破産債権者として権利行使ができるか。

この事例を整理すると、**図⑦**の通りである。Aは、SがAに対する300万円の貸金債務を履行しない場合、乙上の質権を実行して被担保債権の回収を図ることができる。しかし、乙は、Sの破産財団に所属する財団ではないため（破34条3項2号参照）、Aは別除権者ではない（破2条9項参照）。もっとも、AはSの自由財産である乙の換価金から優先的に債権回収を図る

図⑦

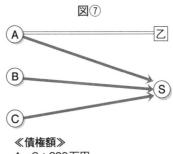

≪債権額≫
A→S：300万円
B→S：200万円
C→S：100万円

ことができ、現に **Q7** の事例では10万円を回収できている。とすれば、Aは、本来Sの破産手続上300万円の破産債権者として権利行使できる立場にあるとしても、Aが乙上の質権を実行して乙から回収できない「不足額」の限度で権利行使ができれば十分なはずである。要するに、Aは別除権者ではないが、Sの破産手続に参加する場合は、別除権者に準じる限度でしか参加できないものとすべきなのである。これは「不足額責任主義」を破産債権者に拡張することを意味するため、このAの地位を「準別除権」という（破108条2項前段）。なお、第一破産の手続で満足を得た破産債権者が、第二破産の手続に参加する場合も「準別除権」である（同条2項後段）。

⑷ 担保目的物の管理と換価

> **Q8** 別除権者 A の被担保債権は 3,000 万円であり、担保目的物である土地甲の評価額が 2,000 万円と見込まれるにもかかわらず、破産管財人 X は甲を換価することができるか。

　S の破産を受けて A が行った甲の評価額が 2,000 万円だったとしても、これを被担保債権額から控除した「不足額」は議決権額の基礎でしかない（**Q6** 参照）。甲の正味の交換価値は、甲を換価（売却等）して初めて確定的に決まる。X は、破産財団に所属する財産に対する管理処分権を有するが（破 78 条 1 項）、その一環として換価権が認められる（同 184 条。なお、強制競売の申立ての際、X は、債務名義の代わりに破産手続開始決定書の謄本を添付する）。この換価権は、A の優先弁済権の「糧」である甲にも及び、A は X による換価を拒否できない（同 184 条 2 項）。ただし、この X による換価は、原則として「民事執行法その他強制執行の手続に関する法令の規定」に基づいてしなければならない（同 184 条 1 項・2 項）。他方、A は抵当権（担保権）に内在する換価権を有し、S が破産しても A はこれを保持するから（同 65 条 1 項）、A が担保不動産競売（民執 180 条）によって甲を換価したときにも、換価金の額（甲の正味の交換価値）は確定的に決まる。要するに、担保不動産競売は不動産の強制執行に準じるところ（民執 188 条）、X が強制競売の方法で甲を換価する限り、A が担保不動産競売で甲を換価する場合と大差ないのである。換言すれば、破産法が X にも別除権の目的財産（甲）の換価を許容する理由は、X が担保権のための法定の換価方法と同様に換価する限り、担保権に内在する換価権を制約しないという建前に求めることができる。しかしながら、甲を実際に換価する場面においてまでこの建前が維持できるわけではない。

図⑧

	例 1	例 2
被担保債権	3,000 万円	3,000 万円
換価金	2,000 万円	2,500 万円
不足額	1,000 万円	500 万円
A/B/C 合計	4,000 万円	3,500 万円

　すなわち、XとAのどちらが甲の換価のイニシアティブをとるかによって、換価の時期（タイミング）が異なり、ひいては甲の換価金（売却代金）の額にも影響が生じ得る。**図⑧**の例2のように、甲が2500万円で売れると、Xの立場では、Aの「不足額」が500万円に縮減する結果、破産債権の総額が500万円縮減し、B・Cの配当額が増える。他方、Aの立場では、甲が2500万円で売れると、優先回収できる範囲が500万円増加する結果、破産配当（平等弁済）に甘んじるべき「不足額」が500万円に縮減する。このように、XもAも、甲を高く売ることに利益を有する点は共通する。ところが、Xは一般に管財業務の円滑を考えて、破産財団を早く換価し、配当手続に進みたいと考える。Xが早期に換価した結果が**図⑧**の例1と予測される場合、Aが自ら適切な時期を選んで担保権を実行すれば、**図⑧**の例2の結果が得られると信じる限り、XとAの利害対立は深刻となる。このときXとAのどちらの換価権を優先するか、これが換価時期選択の問題である。

　この点については、強制競売手続は、無剰余取消しによってAの利益を優先する仕組みを採用する。すなわち、この手続は対象財産上の担保権が換価により消滅する建前（消除主義。民執59条）であるため、換価費用と担保権等の優先権のある債権を弁済してもなお余剰がある場合に限って強制競売の続行を許すことにより、担保権者が望まない時期に担保目的物が換価されることを阻止している（同63条、129条）。とすると、Xが強制競売で換価する場合にも、Aの被担保債権3,000万円を弁済して剰余を生じる見込みがないならば、甲の強制競売手続は取り消されるため、甲を換価することはできない。旧破産法下ではそのように解されていたが、平成16年改正破産法は、別除権の目的財産の保管料や固定資産税等の財団債権の増加を回避する必要性にかんがみ、Xが強制競売の方法で甲を換価する場合には、たとえ無剰余であっても同手続が取り消されないことを明確にする目的で、無剰余執行の禁止（民執63条等）の不適用を明記した（破184条3項）。したがって、甲を換価してAに弁済した後に剰余がない場合（**図⑧**の例1・2）でも、Xは甲を換価することができる。しかしこの帰結は結局、Aから換価時期選択権を奪うことになる。また、このような意味を有するXによる換価は、換価金が破産債権の満足に寄与しない

点で、別除権の目的財産（甲）を金銭に換えることを目的とした形式
（的）競売（民執195条、民258条・497条等）の性質を有する。

> **Q9** 破産管財人Ⅹは、別除権の目的財産である土地甲を2,500万円
> で買い受ける用意のあるＦを見つけた。Ⅹは、強制競売の手続
> によらずに甲をＦに売却することができるか。甲には被担保債
> 権3,000万円を有するＡの抵当権が付されている。

　Ⅹは、強制競売の方法による換価権を有するが（**Q8**参照）、実務上、次
の理由から法定の手続によらない任意売却の方法で換価される（破186条
1項参照）。第1に、目的不動産の多くは担保割れしているため、Ⅹが強制
競売の方法で換価しても、財団組み入れの余地がないこと。第2に、強制
競売の手続は不動産鑑定費用等のコストがかさむので、それ自体が売却価
格の値下げ圧力になり、これと第1の理由が相まってⅩにおいて鑑定費
用等を予納するインセンティブが働かないこと、である。これらの理由か
ら、甲の換価について任意売却の方法が選択された場合には、ⅩとＦの
直接交渉によって売却代金が決められる（瑕疵担保責任〔民570条但書〕に
関しては、通常は瑕疵担保免責特約が付されるので、任意売却時の売却価格は
当該特約による減価を踏まえた価格となる）。

　ところで、Ⅹによる甲の任意売却には、裁判所の許可が必要である（破
78条2項1号、14号）。これは、甲が破産財団に属する財産である以上、Ⅹ
が任意売却によって甲を処分することが、破産債権者一般の利益に影響す
るおそれがある（**図⑤**参照）ことに由来する。加えて、Ⅹによる任意売却
は、抵当権者Ａの換価時期選択権を制約する（**Q8**参照）という点でＸＡ
間の利害が対立する以上、Ⅹの一存ではなく、裁判所の許可を条件とす
ることにより公正を確保できる面もある。問題は、どのような場合に裁判
所は任意売却を許可するかである。この点については、実務上、任意売却
による売却代金の一部（売却代金の3～10％）を破産財団に組み入れること
が目安とされる。例えば財団組入金を5％とすれば、甲の任意売却の代金
2,500万円の配分は、売却その他の費用を0円であると考えて、Ａが2,375
万円の弁済を受け、Ⅹが125万円（5％）の財団組入金を受けとることに
なる。

　もっとも、抵当権の不可分性（民 372・296 条）に照らせば、A の抵当権はこの弁済額では消滅しない。しかし他方で、甲に付された抵当権を外さない限り、F は甲を購入しにくい（ただし、F は抵当権消滅請求制度〔民 379 条以下〕を利用できる点で下記の問題は緩和されている）。というのも、F が抵当権付きの甲を購入しても、A が抵当権を実行すれば F は甲の所有権を失うからである。F がこれを避けて甲の保持を望むならば、被担保債権額を A に弁済して受け戻す必要があるが、これには残額 625 万円を要する。これでは、F は甲を 3,125 万円で購入させられたのと同様であり、XF 間で甲を 2,500 万円と定めた意味がないことから、F は通常、購入自体を見合わせることになろう。よって、X は A と交渉して、任意売却の代金相当額（受戻額）を A に支払うことをもって抵当権を抹消してもらう旨を合意しておくことが肝要である（X と別除権者の間におけるこの種の合意を「別除権協定」という）。XA 間にこのような合意があれば、X は、上記配分額を A に弁済して甲の抵当権を抹消してもらったうえで、抵当権のない甲を F に引き渡すことができる。

Q10 Q9 とは異なり、S 所有の土地甲について A のほか B も抵当権を有していた（A・B は別除権者）。第 1 順位の A の被担保債権額は 3,000 万円、第 2 順位の B は 2,000 万円である。そして X が、甲を 2,500 万円で購入したいとする F を見つけてきたとする。甲を任意売却する場合、B をどのように扱うべきか。

　Q10 の事例では後順位抵当権者 B がいるところ、F の購入希望額が 2,500 万円であるとき、X はどのような配分案を作成すべきかが問題となる。まず、B に優先する A の被担保債権額が 3,000 万円である以上、B には 1 円も配分できないことが出発点となる。しかし、甲に B の抵当権が付された状態では、任意売却は難しい（F が、2,500 万円に加えて B の被担保債権全額を支払うとは考えにくく、購入自体を断念するだろう。**Q9** 参照）。よって、X としては、B との間でも交渉して、抵当権を抹消してもらう必要がある。この場合、実務上、X は、B のような無剰余の後順位担保権者（民執 63 条 1 項 2 号参照）に対して担保抹消料（ハンコ代）を支払うのが一般的である。物件価格にもよるが、5〜30 万円程度の金員が支払われる。

例えば X が 25 万円をハンコ代として B に支払うことで、抵当権の抹消に応じてくれたとしよう。とすると、**Q10** の事例では、甲の売却代金 2,500 万円のうち、売却費用等を 0 円として、A に 2,350 万円を支払い、125 万円を財団に組み入れて、B に 25 万円をハンコ代として支払う内容の配分案を X が用意して、各別除権者との間で個別に合意を取り付けていくことになる（なお、この合意も「別除権協定」である）。

> **Q11** Q10 の事例で、B がハンコ代として 100 万円を要求し、その支払いがない限り、抵当権を抹消しないと争っている場合、X は、どのような対応ができるか。

Q10 と同様、B は無剰余の後順位担保権者であるところ、甲の売却代金が 2,500 万円である以上、売却費用等を 0 円としても、これと A の被担保債権額 3,000 万円の合計額を控除すると剰余がないため、B が申し立てた担保競売手続は取り消されることになる（民執 63 条 1 項 2 号）。このような B の立場を踏まえた配分案が **Q10** のそれであるが、そこでは B が 25 万円のハンコ代で抵当権の抹消を了承してくれていた。ところが、**Q11** の事例では、B が過大なハンコ代を要求してゴネているのである。B の言い分としては、組入金が高すぎる（財団の取り分が過多）、あるいは、売却代金が安すぎる（F による甲の過少評価）といったものが多い。とりわけ B が X の配分案を拒否して、強硬策として担保競売を申し立てる事案では、X の対応としては、甲を破産財団から放棄（破 78 条 2 項 12 号）する扱いが多いようである（ただし、破産財団からの放棄には慎重論もある。この方向では、B が競売を開始した事案でも、X 自身がさらに強制競売を申し立てることになろう〔無剰余禁止の適用排除につき、**Q8** 参照〕）。

これに対して、B が強硬策を採らず、しかし任意売却にも応じない、引き伸ばし型の事案では、甲の管理費用や固定資産税による破産財団の圧迫（破 148 条 1 項 2 号参照）が懸念されるため、X としては早々に担保権消滅許可制度（破 186 条以下）を利用することになる（再生法上の担保権消滅許可制度につき、第 11 章 **2(4)**参照）。ただし、制度上は、被申立担保権者（B）にも、①担保権実行の申立て（破 187 条 1 項）、あるいは、②買受の申出（破 188 条 1 項）といった対抗手段が予定されている。①の方法は、

Ｂが剰余のある担保権者であるならば、消滅許可申立てに対してＢの換価権が優先する（破 189 条 1 項）。しかし、Ｂは無剰余の後順位担保権者である以上、Ｂの担保競売は前述した通り無駄であるから、対抗手段として機能しない（破 187 条 5 項）。また、②の方法は、ＢがＦの購入代金に 5％上回る額（2,625 万円。破 188 条 3 項）で購入する別の買主を見つけてきて、あるいは、同額で自らが買い受ける旨を申し出ることによって、Ｘの担保権消滅許可申立てに対抗するものであるところ、買受申出額が 3,000 万円を超えない限り、当該申出額の全額がＡに配分される（組み入れ金等を除く）ことに変わりなく、Ｂには実益がない（たしかに申出額が 3000 万円を超える場合には、ＢはＦへの売却を阻止して自らも配分を得られるが、この条件の具備は実際には困難である）。このようにＢは結局、Ｘの許可申立てを阻止できない以上、標準的なハンコ代すらもらえずに抵当権を失う結果となる。これはＢには厳しい内容だが、逆にＸにとってはＢをして配分案に協力させる圧力となる。Ｘとしては、上記を指摘してＢと交渉すれば、配分案を受け入れさせることができるのである。

3　別除権となる担保権（典型担保の場合）

⑴　根抵当権

> **Q12** Ｓ所有の土地甲についてＡは、極度額 2,500 万円の根抵当権を有する。Ｓが破産した当時、Ａの確定した被担保債権の額が 3,000 万円であった場合、Ａはどのように権利行使すべきか。なお、甲の換価金は 2,000 万円とする。

Q11 までの事例は、別除権者Ａが抵当権を有する場合であるが、その内容は根抵当権にも妥当する。しかし根抵当権（民 398 条の 2 以下）の場合、「不足額責任主義」に特有の問題がある。根抵当権は、一定範囲の不特定債権を極度額の限度で担保している（被担保債権の範囲は、確定した元本以外の利息等を含む。民 398 条の 3）。破産手続開始決定により被担保債権の額（元本）は確定するが（民 398 条の 20 第 1 項 4 号）、極度額を超える部分がある場合には、その部分が「不足額」となることは自明である。よって、Ａは、極度額 2500 万円を超える 500 万円の部分（利息等は省略）は、

証明なしに配当手続に参加できる（破196条3項、198条4項）。その後、根抵当権者あるいは破産管財人によって甲が2,000万円で換価された場合、この換価金額は極度額2500万円を下回るため、「不足額」500万円が生じる。こちらの「不足額」は、抵当権の場合（**Q6**）と同様であるから、Aはこの「不足額」を証明して配当手続に参加することになる。

　一方、Sに再生手続が開始された場合も（根）抵当権者は別除権者であるが（民再53条1・2項）、根抵当権の被担保債権の額（元本）は、当然には確定しない。もっとも、元本の確定期日の定めがない場合でも、根抵当権者または設定者からの確定請求により元本が確定する（民398条の19）。SA間の別除権協定は、元本の確定が前提となるため、確定期日のない根抵当権の場合には、確定請求を介して元本を確定させたうえで別除権の内容を検討し、協定締結により確定した「不足額」について、再生計画を通じて弁済を受けることができる（民再88条ただし書）。他方、別除権協定がない場合でも、元本が確定請求等により確定している限り、再生計画では、極度額を超える部分について権利変更の一般的基準に従って仮払いに関する定め（および精算措置に関する定め）を置くことができる（民再160条2項）。例えば、**Q12**を変更してSの再生手続が開始したとすると、再生計画の一般的基準が8割カットの場合には不足額の2割を仮払いする旨を再生計画に定めることができる（被担保債権が4,000万円であれば、極度額2,500万円を超えた1,500万円の8割を控除した300万円が仮払額となる。確定した元本が2,000万円であり、その全額が目的物から回収できた場合は、不足額がないので300万円をSに返還して精算する。しかし、確定した元本が4,000万円であり、目的物からの回収額が1,000万円であった場合には不足額が3,000万円となるので、仮払額300万円に追加して300万円を支払って精算する）。仮払いを定めた再生計画を提出する者は、事前に根抵当権者の同意を得ることを要する（民再165条2項）。

(2) 質権

> **Q13** SはRに対して売掛金債権500万円を有する。SはこれにBのために質権を設定した。Sが破産したところ、Bは破産手続上どのような地位を有するか。

　質権者はＳが破産しても別除権者（破2条9・10項）として権利行使が認められる（破65条1項）。質権は占有型の担保権（民342・344・355条）であり、不動産・動産・権利を目的とすることができるが、利用例が多いのは権利質（債権質）である。**Q13**の事例では、Ｂは、ＳのＲに対する売掛金債権について質権を有する。Ｂは、質権の実行としてＳのＲに対する売掛金債権を直接に取り立てることができるが（民366条1項）、これはＳが破産しても同様である（破65条1項）。Ｒに資力がある限り、Ｂは直接取立てにより500万円を回収できる（優先弁済権につき、民342条）。他方、Ｘも換価権を有し（破184条2項）、直接取立ても可能だが、Ｂ自身が直接取立てによって簡易に換価できるので、Ｘによる換価が問題となるのは、Ｒが倒産する等Ｂによる直接取立て（質権実行）が困難な場合が多いだろう。

⑶　先取特権

> **Q14** ＣのＳに対する債権は、1,000万円の動産丙の売掛金債権であったとする。丙の引渡後、Ｓが破産した場合、Ｃは破産手続上どのような地位を有するか。

　Ｃは、1,000万円の売掛金債権を被担保債権として、売買の目的である丙について動産売買先取特権を有する（民311条5号、321条）。これは特別先取特権であるから、Ｓが破産するとＣは別除権者となる（破2条9項。他方、一般先取特権は優先的破産債権となる〔同98条1項〕）。なお、特別先取特権の目的物は不動産でもよいが（民325～328条）、登記を要する不便さから、

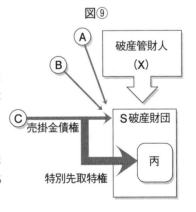

図⑨

その利用は活発でない（民337条、338条1項、340条）。実務上も、**Q14**の事例と同様、動産売買先取特権の例が多い。

　さて、Ｓが破産すると、丙は破産財団に属する財産としてＸの管理処分権に服する（**図⑨**参照）。別除権者Ｃは、担保権実行として動産競売

（民執190条1項）の開始を申し立てることになるが、従来、その方法が問題とされてきた。㋐Cが丙を所持する場合、Cは執行官に提出すればよい（同項1号）。しかし、Xが丙を占有し、その任意提供を拒む場合、この方法は困難である。同じ状況でも、㋑X（破産前はS）がその占有する丙の差押えを承諾した旨の文書（同項2号）をCが提出できれば、動産競売を開始できる。しかしCが予め差押承諾文書を得ておくことは困難だろう。㋐㋑の方法は、このように実効性を欠いていたため、平成15年担保・執行法改正により新たな方法が導入された。すなわち、㋒Cが執行官に執行裁判所の動産競売開始許可決定書（同条2項）の謄本を提出し、同決定が債務者に送達された場合、動産競売を開始できる（同条1項3号）。㋒の方法によれば、執行官が執行機関となって、Sの住所等で丙を捜索し、これを占有する方法等により差押えを行う。動産競売開始許可決定書の謄本の債務者(X)への送達は、執行官の捜索の前かそれと同時であればよい。以上に対して、Xも丙の換価権を有する（破184条2項）。Xは、Cの申立てに基づく丙の差押えがあるまでは、丙の換価権を制限されないと解すべきである。動産競売では丙が高く売れないとき、Xは裁判所の許可を得て丙の任意売却をし（破78条2項7号。なお、100万円以下〔破規25条〕の動産は、裁判所の許可を要しない。同条3項1号）、売却代金の一部を財団に組み入れる余地もある（**Q9**参照）。

> **Q15** Sが破産した当時、Sが丙をTに転売してその引渡しを済ませ、SがTに対して1,000万円の転売代金債権を有する場合はどうか。

　Cの動産売買先取特権は、担保目的物である丙がTに譲渡された場合、Tとの関係では効力（追及効）はない（民333条）。しかし、SのTに対する転売代金債権は、破産財団に属する財産である。そこで、これがSの一般債権者のための配当原資となるか、それともCのための担保目的物となるかの問題を生じる。これは、動産売買先取特権に公示性がないことに起因する。よって、Tが転売代金債権を弁済する前にCがこれを差し押さえた場合には、その限りで当該債権が担保目的物であることが特定できるので、Cは当該債権について物上代位権を行使できると解されている

（民 304 条 1 項）。S が破産した場合も、上記と同様、C の権利行使は制限されない（破 65 条 1 項）。なぜなら、この C による差押えは、担保目的物を特定する趣旨のものであるから、開始決定に伴う強制執行等の禁止（破 42 条 1 項）の効果が及ばないからである（最判昭 59・2・2 民集 38 巻 3 号 431 頁〔百選 56〕）。C が、丙の代わりに転売代金債権を攫取する（物上代位権を行使する）場合には、対象財産が債権である以上、担保権実行として債権執行に準じた手続に従う（民執 193 条 1 項前段、同条 2 項前段、同 143 条以下〔146 条 2 項・152・153 条を除く〕および同 182〜184 条参照）。よって、C は、転売代金債権の差押命令に基づき、同債権を直接取り立てることができ（民執 155 条）、また転付命令（同 159 条）をも申し立てて、簡易に執行を完了することもできる。C がこれらを通じて T から回収した金銭は、S に対する売掛金債権（被担保債権）1,000 万円の弁済として充当し、C は優先的に回収できる（民 303 条）。以上に対して、C が転売代金債権を差し押さえる前に T が弁済すれば、同債権は破産財団に属する以上、X はこれを配当原資にすることができる。

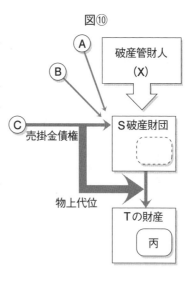

図⑩

(4) 留置権

> **Q16** S は、破損した動産丙の修理を C に依頼した。C は丙の修理を終えたが、修理代金の弁済前に S が破産した。C は破産手続上どのような地位を有するか。

C は、丙について生じた修理代金債権を被担保債権として留置権（民事留置権）を有する（民 295 条 1 項）。S について破産手続が開始した場合、丙は破産財団に属する財産となり、C の民事留置権は破産財団に対して効

図⑪

	破産手続	再生手続
民事留置権	手続内失効（破 66 条 3 項）	維持（失効規定なし）
商事留置権	特別先取特権（破 66 条 1 項）	別除権（民再 56 条 1 項）

力を失う（破 66 条 3 項。**図⑪**）。よって、破産管財人 X は、丙を占有する
C に対して、丙の引渡しを請求できる。丙が X に引き渡されると、X は
丙を換価し、換価金を配当原資にできる。つまり、C は修理代金債権を破
産債権として行使できるにとどまる。

これに対して、再生手続が開始した場合、C の民事留置権は失効しない
が、これは別除権ではない（民再 56 条 1 項）。そもそも民事留置権には優
先弁済権はないが、留置的効力はある（民 295 条 1 項）。よって C は、平
時と同様、再生債務者 S が被担保債権を完済するまで（同 296 条。不可分
性）、丙の引渡しを拒絶できる。

その一方で、C は本来、留置目的物を形式（的）競売（民執 195 条）で
換価することができ、留置目的物の所有者と被担保債権の債務者が同一で
ある限り（S はこれに該当）、C は換価金の返還債務を受働債権として相殺
することで事実上の優先弁済を受けることができる。ただし、自働債権が
再生債権である以上、民事再生法上の相殺禁止の問題が残る。

Q17 S 会社が C 銀行に手形丁の割引を求めたが、SC 間で事前に交
わされた銀行取引約定では C が占有する S の有価証券を C にお
いて取立て・処分し、取立金を S に対する債務の弁済に充当で
きるとされていた。C は信用調査のため S から丁を預かった後、
S が破産した。C は破産手続上どのような地位を有するか。

S 所有の「有価証券」である手形丁を C が占有した場合、C は 1,000 万
円の貸金債権を被担保債権として丁について商人間の留置権（商 521 条）
を有する。S が破産すると、C は丁について特別先取特権を有するとみな
される（破 66 条 1 項）。特別先取特権は別除権となるので、C は担保権を
実行して丁を換価できる（**Q14** 参照）。手形は動産に準じるので（民執
122 条 1 項）、C は(ウ)の方法により丁の動産競売を申し立てるのが原則的な

換価方法である。しかし SC 間で交わされた銀行取引約定では、C は、法定の換価方法によらずに丁を処分して換価金を被担保債権の弁済に充当できる旨が定められている。よって C はこの約定に基づいて、換価金から優先弁済を受けることができる（最判平 10・7・14 民集 52 巻 5 号 1261 頁〔百選 53〕、最判昭 63・10・18 民集 42 巻 8 号 575 頁〔百選 65〕）。平時には形式（的）競売を介した事実上の優先弁済にとどまること（**Q16** 参照）に照らせば、この結論は、清算を目的とした破産手続において C に優先弁済権がある（破 66 条 1 項）ことを認めたことになる。なお、破産管財人による丁の返還請求については、他の先取特権者による場合はともかく、破産管財人による場合、C は返還を拒絶できる（前掲・最判平 10・7・14）。S が破産しても、C は本来の留置権限を喪失しないからである。

> **Q18** S 会社が C 銀行に手形丁の取立てを委任したが、SC 間で交わされた銀行取引約定において、丁の取立金を法定の手続によらず債務の弁済に充当できる旨が定められていた。上記取立委任の後、S について再生手続が開始された。C は再生手続上どのような地位を有するか。

　S の再生手続が開始した場合、商事留置権は別除権となるが（民再 56 条 1 項）、破産の場合（**Q17**）とは異なり、これを特別先取特権とみなす規定がないため、留置的効力（民 295 条 1 項）はあるが優先弁済権はない。もっとも、判例は、**Q18** と同様の銀行取引約定を「別除権の行使に関する合意」として、これを再生手続上も有効と解し、C が当該約定に基づいて　再生手続の開始後に取得した取立金を C の被担保債権の弁済に充当できるものとした（最判平 23・12・15 民集 65 巻 9 号 3511 頁〔百選 54〕）。この場合、C に対する優先弁済が結果的には容認されたことになる。これに対しては、再生手続では商事留置権が特別先取特権とされない以上、平時と同様、形式（的）競売を介した事実上の優先弁済（**Q16** 参照）が基本となるべきであり、再生法上の相殺禁止に触れない限りで、C に対する事実上の優先弁済が許される等とする反論も有力である。

第11章

倒産手続における担保権の取扱い⑵
——非典型担保、再生手続における担保権——

赫　高規

1　別除権となる担保権（非典型担保の場合）

⑴　譲渡担保

> **Q1** Aは、Bから1億円を借入れるにあたり、Aが事業のために使用し、所有している時価5,000万円の不動産甲をBに対して担保のために譲渡し、所有権移転登記手続をした。なお、当該譲渡後もAは甲を事業のために使用できるものとされ、またAの債務不履行時にはBは甲を第三者に処分して被担保債権の回収に充てるものとされた。次の⑴⑵の法律関係について説明せよ。
> ⑴　Aが1億円の借入金を1,000万円返済したところで、Aに破産手続が開始され、Xが破産管財人に選任された場合のBX間の法律関係。
> ⑵　Aが1億円の借入金を7,000万円返済したところで、Bに破産手続が開始され、Yが破産管財人に選任された場合のAY間の法律関係。

　譲渡担保とは、担保目的で物の所有権が債権者に譲渡されるが、被担保債権が弁済されれば譲渡人は完全な所有権を回復し、債務不履行がある場合には、債権者が目的物を確定的に自己に帰属させて目的物の評価額をもって債権回収を図り（帰属清算型）、または債権者が目的物を第三者に処分し、処分代金から債権回収を図る（処分清算型）ものである。譲渡の法形式をとるものの、実質は担保権であり、法律に明文の規定のない非典型担

保である。**Q1** のような不動産譲渡担保は、後順位担保権者の出現を阻止してスムーズな処分清算をなし得る、第三取得者による抵当権消滅請求制度等の抵当権に関する規制を回避できる等、債権者にメリットが存するものの、登録免許税等の所有権移転コストが重いといったデメリットもあり、実務でもほとんど用いられていない。他方、動産譲渡担保については、税務コストは通常生じず、また設定者に目的物の占有を許す約定典型担保が存在しないことから、所有権留保とともによく利用されている（なお、集合動産譲渡担保、将来債権譲渡担保について項を改めて取り上げる）。

　譲渡担保については、平時実体法上の解釈論として所有権的構成と担保権的構成の争いがあるが、担保権的構成を支持する見解が通説である。譲渡人（担保権設定者）に物権的な保護を与え（担保権的構成によれば、債務者が債務不履行に陥っていないにもかかわらず債権者が目的物を第三者に譲渡した場合に、当該第三者は、民法 94 条 2 項の適用ないし類推適用や即時取得（民 192 条）によって保護される場合を除き、完全な所有権を取得することはない）、実質関係に即した法律構成を採るのが妥当だからである。

　担保権者は、譲渡担保権の取得を第三者に対抗するためには、民法 177 条、178 条、467 条等の対抗要件を具備しなければならない。譲渡担保権の設定は、目的物の譲渡の形式をとるため、所有権移転の対抗要件が要求されることになる。

　譲渡担保が実行された場合において、担保権者が確定的に取得した目的物の評価額（帰属清算型の場合）、または、第三者への処分価額（処分清算型の場合）が、被担保債権額を超えるときは、担保権者は、設定者に対して清算義務を負うとするのが判例通説上確定した法理である。また、設定者は、目的物が第三者に譲渡されるまでの間（ただし帰属清算型の場合は、清算金の提供がなされもしくは清算金が生じない旨の通知がなされるまでの間に限られる）、被担保債権を弁済して目的物を受戻すことができるものと解されている。

　以上の平時実体法の議論を前提に、**Q1** を検討しながら譲渡担保の破産手続上の取扱いについて見ていこう。

　まず、**問(1)**は、譲渡担保権設定者に破産手続が開始された場合である。実体法上、譲渡担保の担保権的構成が妥当であることを前提とすると、こ

の場合、譲渡担保は、取戻権ではなく別除権として扱われるべきことになろう。なお、破産法2条9項は別除権の対象となる担保権として典型担保を限定的に列挙するのみである。しかしこれは、実体法に規律のない担保権を倒産法で明記することが立法技術上好ましくないとの理由に基づくものであり、非典型担保が別除権に含まれることを否定するものではないと解されている。

したがって、Bは、破産手続外において譲渡担保権の実行として甲を第三者に処分し、また、Xに対し甲の引渡しを請求できる。例えば、Bが第三者に対して代金5,000万円で甲を売却したときは、当該代金を被担保債権の弁済に充当することができ、別除権不足額である残4,000万円について破産債権者として破産手続に参加することになる（破108条1項）。

問(2)は、譲渡担保権者に破産手続が開始された場合である。Aが約定どおりに借入金を返済している限り、Yは甲を処分換価できず、Aが完済すれば、AはYに対して取戻権に基づき甲の登記名義の返還を請求できる。なお、平成16年改正前破産法88条は、破産宣告前に破産者に財産を譲渡した者は、担保目的でしたことを理由にその財産につき取戻権を行使することができないとの規律を設けていた。しかし同条のもとで、設定者が被担保債権を全額弁済して目的物を取り戻すことは可能と解されていたし、また、設定者が全額弁済前に取戻権を行使できないことはかかる規定を待つまでもなく当然のことである。そこで同条の規律は削除された。

Aが債務不履行に陥れば、Yは、譲渡担保権を実行できる。仮にYが不動産甲を第三者に代金5,000万円で処分した場合、被担保債権3,000万円の超過額2,000万円について、YはAに対して清算義務を負う。担保権的構成に立つ場合には、Yはもともと被担保債権額の超過部分につき目的物の価値を把握していないこと、Yの実行を契機に清算義務を生じたことにかんがみ、AのYに対する清算金支払請求権は、財団債権になると解すべきである（破148条1項4号または5号）。

(2) 所有権留保

> **Q2** A は、B から中古自動車甲を代金毎月月末 100,000 円の 10 回払い（合計 1,000,000 円）で購入し、甲の引渡しを受けたが、甲の所有権は B に留保され、甲の登録名義も B のままであり、A の代金完済時に所有権および登録名義を A に移転させるものとされた。A が代金を 7 回支払ったところで、A に破産手続が開始され、X が破産管財人に選任された。BX 間の法律関係を説明せよ。

　実務上、割賦販売の売主が代金債権を保全するため、代金完済まで所有権を留保する旨の合意をする場合がある。買主が代金の支払いを遅滞したときは、売主は、留保所有権に基づき買主から目的物の引渡しを受け、当該目的物を評価ないし換価することにより残代金の回収を図るのである。

　所有権留保の法的構成も、譲渡担保権と同様の理由により、所有権的構成ではなく担保権的構成が妥当であろう。売主は留保所有権という担保権を有するに過ぎず、買主が実質的所有権を有することになる。

　したがって、所有権留保は破産手続上、別除権として取り扱われるべきであり、**Q2** で B は破産手続外で留保所有権を実行して X に対して甲の引渡しを請求することができ、甲を評価ないし換価のうえ、被担保債権の回収に充て、別除権不足額が生じる場合は破産債権者として手続に参加する。超過額がある場合、B は清算義務を負うが、超過額が生じるのは稀であろう。また、X は被担保債権を弁済して目的物を受戻すこともできる。

　ところで、所有権留保が双方未履行双務契約に該当するか否かも問題となる。この点について、買主は代金完済を条件に当然に所有権を取得するので、目的物を引渡し済みの売主はもはや積極的に履行すべき債務を負っていないとして、双方未履行性を否定するのが一般的である。ただし、**Q2** のように、登記登録の移転が未了の場合にはなお売主に積極的な債務が残っているとして双方未履行性を肯定する見解も存する。代金完済時の登記登録の移転を、売買契約上の義務の履行とみるか、抵当権設定登記の抹消登記手続のような性質の行為とみるかによるであろう。双方未履行性を肯定する場合、**Q2** の X が破産法 53 条 1 項に基づき売買契約を解除すると、B は、甲の返還を受けうるものの（破 54 条 2 項）、受領済み代金

700,000 円を Y に返還しなければならず（民 545 条 1 項）、かつ損害賠償債権は破産債権とされる（破 54 条 1 項）。このときの B による損害賠償請求と代金返還義務の相殺の可否については議論がありうるが、相殺可能と解すべきものとしても、B による損害立証の負担等を考慮すると、B が担保権を取得する意義はかなり乏しくなってしまうだろう。

···コラム···

所有権留保の対抗要件

　売買代金の担保のためにその目的物の所有権移転の時期を遅らせ、その間売主に所有権を留保する合意がなされた場合、売主は、そのことを特段の対抗要件なしに第三者に主張できるものと解すべきである。当該合意は、双務契約における牽連性の尊重の精神にも合致した合理的かつ自然な内容の売買の特約であり、契約自由の原則の観点から、当事者が選択した、物権変動をさせない体裁の法的構成から導かれる自然な帰結が尊重されるべきだからである。留保所有権と集合動産譲渡担保権の優劣が問題となった最判平成 30・12・7 民集 72 巻 6 号 1044 頁も、目的物の所有権が、契約条項の定めどおり、その売買代金が完済されるまで買主に移転しないとして、対抗要件の先後を問題とすることなく留保所有権の優先性を認めている。

　他方で、売主に留保された所有権の効力ないし性質については、所有権という形式に拘泥せず、限りなく担保権と同様の取扱いをすることがむしろ当事者意思にも合致し適切である。こうして留保所有権につき、破産法上は別除権とする取扱いが広く支持されるに至っている。

　しかし、留保所有権を担保権とする取扱いを徹底していくと、売主のもとにあったはずの目的物の所有権が結果として担保権に変化している（何らかの物権変動が生じている）ことを認めざるを得ず、対抗要件を要せずに留保所有権を主張可能であるとする上記の前提との両立が困難となる。この難問は未解決だが試論として、留保所有権の取得には対抗要件が必要であるものの、上記の、当事者が選択した、物権変動をさせない体裁の法的構成から導かれる帰結が尊重に値するという観点から、売主は、原則として、自らの所有権取得の対抗要件を流用して（すなわち、目的物の前主からの取得等により自身が所有者になっていることを対抗する方法により、あたかも物権変動なく）留保所有権を取得していることを対抗可能であると解してはどうか。上記尊重の必要性が後退し、対抗要件の流用が許されなくなる場合としては、売主の所有権喪失にかかる物権変動（買主への売買）につき登記、登録がなされた場合や、当該売買目的物の代金以外の債務の担保のために所有権が留保される場合（拡大された所有権留保）など

が考えられるであろう。

…コラム…
自動車の所有権留保と信販会社による別除権行使

　新車自動車の販売取引において、信販会社がディーラー（販売会社）に対して自動車代金を立替払いし、ユーザーが信販会社に対して当該立替金に手数料等を加えた立替金等債務を分割払いする旨の三者契約が締結される場合があるが、その際、ユーザーの分割払いが終了するまでの間自動車の所有権及びその登録名義はディーラーに留保されるのが一般的である。ユーザーが分割払いの途中で破産した場合、この三者契約の内容が、ユーザーのディーラーに対する代金債務を担保するために自動車の所有権をディーラーに留保する趣旨のものと解されるときは、信販会社は、三者契約に基づき代金の立替払いをしたときに、法定代位に基づきディーラーの代金債権（原債権）及び留保所有権（担保権）を取得する（民法 500 条かっこ書き、501 条 1 項）。この場合の担保権取得は原債権取得に随伴するものとして対抗要件は不要と解されるので、信販会社は、破産管財人に対し、ディーラー名義の自動車の留保所有権を主張できることになる（大阪地判平成 29・1・13 金法 2061 号 80 頁）。これに対し、三者契約が、ユーザーの信販会社に対する立替金等債務を担保するために自動車の所有権をディーラーに留保する趣旨のものと解されるときは、信販会社は、ユーザーの破産手続開始時までに自動車の登記名義を自社名義に移転させておかない限り、自動車の留保所有権を別除権として行使できない（再生手続に関し最判平成 22・6・4 民集 64 巻 4 号 1107 頁）。この三者契約は、売主とは異なる者（信販会社）を担保権者とする留保所有権を設定するものであるから、売主が有していた所有権をそのまま売主に留保する体裁（物権変動をさせない体裁）で設定される留保所有権とは異なっており、信販会社が留保所有権を第三者に主張するために自らの登録名義が必要となるものと解される。

　なおこれらとは異なるタイプの三者契約として、ユーザーはディーラーに対して代金の分割払いをすべきものとされ信販会社はユーザーの保証人とされるものがある。このような三者契約においてユーザーが代金支払を怠り信販会社が保証債務の履行をしたとき、信販会社は、法定代位に基づきディーラーの代金債権及び留保所有権を取得するから、破産管財人に対し、ディーラー名義のまま当該自動車の留保所有権を主張できる（最判平成 29・12・7 民集 71 巻 10 号 1925 頁〔百選 58〕）。

(3) 集合動産譲渡担保

Q3 A社は、在庫保管用に使っている甲倉庫に現に存在する在庫商品一式および向こう10年間にわたって同倉庫に搬入される在庫商品一式を、Aへの貸付金を有するB銀行に対し、担保のために譲渡し、占有改定の方法により引き渡した。なお、同譲渡担保契約においては、次の事項が合意された。

(1) Aは、Bからの実行通知が発せられる等の事由が生じるまでの間は、通常の事業の範囲内である限り、Bの承諾を得ることなく、適宜、甲倉庫内の在庫商品を搬出して第三者に譲渡することができること。

(2) Aは、甲倉庫内に有する在庫の残高が、常時簿価1億円を下回ることがないよう維持すべき義務を負うこと。

その後、Aが借入金の返済を怠ったためBはAに対し譲渡担保の実行通知をなし、甲倉庫内の在庫商品全部の引渡しをAに対して請求した。しかしAは、Bへの引渡しをしないまま、破産を申し立て、破産手続が開始され、Xが破産管財人に選任された。次の問いに答えよ。

① Bによる実行通知後、Aの破産手続開始前に、Aが、事情を知らないCに対して甲倉庫内の商品αを販売し代金全額を受領したが、Cがしばらく商品αを預かって欲しいとしたため、Aは、Cに対してこれを占有改定の方法により引き渡したうえで預かり証を発行した。Aの破産手続開始後に、Cが取戻権を主張してXに対し商品αの引渡しを請求した場合、Xはどのように対応すべきか。

② Bによる実行通知前に、台風により甲倉庫内の一部で雨漏りが生じ商品の一部が滅失した。Aは甲倉庫内の商品についてD保険会社の動産総合保険を付保していたため、当該商品滅失による損害に関し保険金請求権を取得したが当該保険金が支払われる前にAの破産手続が開始した。そこで、Bが譲渡担保権の物上代位に基づきDに対する保険金債権の差押命

令を申し立てた。当該申立ては認められるか。

　集合動産譲渡担保は、譲渡担保の一種であるが、譲渡担保の目的物が、**Q3** のように、一定の種類・所在場所等により特定され、個々の構成物が変動するところに特色がある。すなわち、集合動産譲渡担保は、現在および将来、所定の所在場所に搬入され保管される全ての動産を包括的に担保権の目的とするものであるが、債務者が債務不履行に陥るなどして被担保債権の期限の利益が失われない限り、設定者は担保権者の個別の承諾を得ることなく、通常の事業の目的をもって担保対象の動産を処分し、当該所在場所から搬出することができる（**Q3** の(1)の条項）。ただし、担保価値を維持する観点から、設定者には一定金額の動産を所在場所に維持すべき義務が定められ（**Q3** の(2)の条項）、義務に違反した場合には、追加担保を差し入れる義務が生じ、借入金の期限の利益を喪失させることができるといった効果が規定されることも多い。

　集合動産譲渡担保の対抗要件は、一般の動産譲渡と同様、引渡しで足り（民 178 条）、占有改定による引渡し（民 183 条）も含まれるものと解されている（判例通説）。なお、動産債権譲渡特例法に基づく動産譲渡登記により対抗要件を備える方法も存する（同法 3 条 1 項参照）。

　譲渡担保について実行通知がなされると、設定者による担保権目的物の処分権限、所在場所からの搬出権限は失われ、担保の目的物は、その時点で所在場所に存在する個々の動産に特定され、集合動産譲渡担保は個別動産の譲渡担保に転化すると解するのが一般である（これをもって固定化と称し、その後に所在場所に搬入された動産には担保権の効力が及ばないと解する見解が多い）。その後の処理は通常の譲渡担保と同様である。

　また、譲渡担保についても物上代位性を認めるのが通説判例である。担保権的構成による限り、譲渡担保も、価値支配権たる担保物権に共通の物上代位性を否定すべき理由はないからである。この点は、集合動産譲渡担保についても同様である（最決平成 22・12・2 民集 64 巻 8 号 1990 頁）。

　以上の平時実体法の議論を前提に、**Q3** を検討しながら破産手続上の集合動産譲渡担保の取扱いについてみてみよう。

　Q3 においては、Ｂの集合動産譲渡担保権は、Ｂが設定契約時に占有改

定の方法による引渡しを受けたことによりXに対抗可能であり、私的実行が可能である。すなわち、Bは、甲倉庫内の在庫商品を処分換価するため、あるいは自ら確定的に取得するために、Xに対して別除権者として在庫商品の引渡しを請求できることになる。

　ところで**問**①においては、Cは、Bの実行通知により甲倉庫内の商品の処分・搬出権限を失った無権利者Aから商品αの購入しているのであり、即時取得（民192条）の要件をみたさない限り、商品αの所有権を取得できない。そしてCは、商品αについて占有改定による引渡しを受けたに過ぎないから、即時取得要件としての占有開始があったとはいえず（最判昭和35・2・11民集14巻2号168頁）、即時取得も成立しない。したがって、商品αはBの譲渡担保権の目的物というべきであり、XとしてはCへの引渡しを拒み、Bにこれを引き渡すべきことになる。

　次に**問**②であるが、上述のとおり、譲渡担保にも物上代位性が認められ、しかも集合動産譲渡担保も同様であると解すべきことからすれば、個別動産譲渡担保に転化する前の集合動産譲渡担保の目的物が滅失したことにより受ける金銭についても物上代位が認められることになる。なお、物上代位のための差押えについては、先に一般債権者が目的債権を差し押さえたときであっても、その後に先取特権者が物上代位権の行使をすることは妨げられないのであり（最判昭和60・7・19民集39巻5号1326頁）、破産手続開始後に物上代位権行使のための差押えをすることについても当然に認められる。したがって、設問におけるBの差押えは認められることになる。

(4) 将来債権譲渡担保

> **Q4** A社は、全ての得意先に対して現に有する全ての売掛金債権および向こう10年間にわたって発生すべき全ての売掛金債権を、A社への貸付金を有するB銀行に対し、担保のために譲渡し、動産債権譲渡特例法に基づく登記により第三者対抗要件が具備された。同譲渡担保契約においては、次の事項が合意された。
> (1) A社が期限の利益の喪失事由に該当した場合は、B銀行は、直ちに第三債務者に対して同譲渡の債務者対抗要件を具備させるための通知を行うことができること。

(2)　Ａ社は、期限の利益を喪失するまでの間は、Ｂ銀行の承諾を得ることなく、適宜、その弁済期において、第三債務者から譲渡対象債権を取り立てることができ、取り立てたときは同時に当該債権について債権譲渡は自動的に解除されるものとすること。

(3)　Ａ社は、全ての得意先に対する売掛金債権の残高が、常時１億円を下回ることがないよう維持すべき義務を負うこと。

　その後３年を経過したところで、Ａが借入金の返済を怠り期限の利益を失ったため、Ｂ銀行は、その時点で把握していたＡ社の得意先 C_1〜C_{10} の 10 社に対し、債務者対抗要件を具備させるための通知（以下、「実行通知」という）を行った。しかし、Ａ社は、実行通知がなされていない得意先 C_{11} から売掛金 100 万円を回収した。その後、Ａ社は、破産を申し立て、破産手続が開始され、Ｘが破産管財人に選任された。Ｂ銀行は、Ａ社の破産申立ての記録を閲覧のうえ、Ａ社の得意先 C_{12}〜C_{16} の５社に対し、開始後に実行通知を行った。次の問いに答えよ。

①　Ｂ銀行は C_{12}〜C_{16} に対する売掛債権を取り立てることができるか。

②　Ｂ銀行はＡ社が C_{11} から取り立てた 100 万円に関してどのような権利行使ができるか。

　将来債権譲渡担保は、債権譲渡担保の一種であり、様々な態様のものがあるが、**Q4** の将来の売掛債権の譲渡担保のように、単に譲渡契約の時点で対象債権が未だ発生していないだけではなく、その発生原因の契約すら締結されておらず、さらにはその契約の相手方（第三債務者）すら特定されていないものがありうる点に特色がある。また、将来債権譲渡担保は、譲渡対象として特定された範囲に属する債権を将来にわたって包括的に担保権の目的とするものであるが、債務者が債務不履行に陥るなどして被担保債権の期限の利益が失われない限り、設定者は担保権者の個別の承諾を得ることなく、譲渡対象債権を取り立てて回収金を自己資金として使うことができるものが多い（**Q4** の(2)の条項。いわゆる循環型）。ただし、担保価値を維持する観点から、設定者は一定金額の債権残高を維持すべき義務

が定められ（**Q4** の(3)の条項）、義務に違反した場合には、追加担保を差し入れる義務が生じ、借入金の期限の利益を喪失させることができるといった効果が規定されることもある。

　将来債権譲渡担保の第三者対抗要件は、一般の債権譲渡と同様、確定日付ある証書によってする通知または承諾（民467条2項）で具備できるが、売掛債権が担保に供された旨が得意先に知れ渡ることによる設定者の信用低下が懸念され、今日では動産債権譲渡特例法に基づく債権譲渡登記により対抗要件を備える方法がとられるのが一般的である（同法4条1項参照）。なお、債権譲渡登記の方法による場合には、**Q4** のような第三債務者不特定の債権譲渡につき、特定前の時点で第三者対抗要件を具備できるというメリットもある。

　設定者が債務不履行に陥って期限の利益を失うと、設定者による譲渡目的債権の取立権限は失われ、担保権者が当該債権を直接取立てることが可能になる。債権譲渡登記制度により対抗要件を具備すべき将来債権譲渡担保にあってはこの時に、担保権者が債務者対抗要件（動産債権譲渡特例法4条2項。第三債務者に対して登記事項証明書を交付してする通知または承諾である。）を具備できるようになる（**Q4** の(1)(2)）。担保権者は、日頃から設定者をモニタリングして設定者の最新の売掛先とその残高を把握しておくことが想定されているが、**Q4** のB銀行のようにモニタリングを怠っていると、スムーズな債務者対抗要件の具備に支障を来す。**問**①においては、B銀行のC_{12}〜C_{16}に対する債務者対抗要件具備が破産手続開始後になされている。もっとも、B銀行のこれらの売掛債権についての譲渡担保権をXに対抗できるか否かは、B銀行の第三者対抗要件具備と破産手続開始決定の先後で決まる。したがって、B銀行は、譲渡担保権に基づいて、C_1〜C_{10}に対する売掛債権はもちろん、C_{12}〜C_{16}に対する売掛債権をも取り立てて被担保債権の弁済に充当できる。しかし、**問**②においては、破産手続開始前のA社がC_{11}から弁済を受けた時点で、B銀行はC_{11}に対する債務者対抗要件を具備していないから、C_{11}のA社に対する弁済は有効となる。A社は当該弁済受領時点で売掛債権の取立権限を失っているもののそれはB銀行との譲渡担保契約に基づく事柄に過ぎない。したがって、B銀行は、A社に対し、同契約に違反して担保を減失させたことによる責任

を問いうるものの、その点について破産債権者として権利行使しうるにとどまる。

2　再生手続における担保権の取扱い

　再生手続においても、破産手続と同様、担保権は別除権として取り扱われ、再生手続によらないで行使することができる（民再53条1項2項）。

　担保権は、他の債権者の介入を許すことなく目的物の価値を支配できる効力（優先弁済的効力）を有するところにその存在意義があることからすれば、清算を目的とする破産手続において担保権が別除権の地位を与えられるのは当然の帰結ともいうべきものである。しかし、再建型手続においては、事業継続のために、担保権が実行されてその優先弁済的効力を発揮する事態に至らないよう、担保権を制約する必要を有する局面も少なくなく、現に更生手続においては更生担保権として担保権を全面的な手続的規制の対象としているところである。にもかかわらず再生手続において担保権を別除権とするのは、手続の複雑化を回避して手続コストを抑えることに重点を置いた結果であり、担保権の制約については、主として債務者と担保権者との間の自立的交渉に委ねられ、両者の合意（「別除権協定」といわれる）により解決が図られることになる。

　もっとも、担保権者が債務者との交渉に協力的でないときには、事業再生は困難になり、ひいては再生債権者一般の利益が損なわれることにもなりかねない。そこで、民事再生法は、別除権協定の交渉促進のために担保権実行手続中止命令制度を設け（民再31条）、さらに、事業継続不可欠性要件のもとでの担保権消滅許可制度を設けて（民再148条以下）、限定的に担保権を制約している。

⑴　別除権協定

Q5 衣類の製造販売事業を営むA社は、事業継続のために不可欠な工場用不動産甲（時価約1億円）を所有しており、この不動産には、B銀行に対する借入金債務（元本、利息、遅延損害金の残高合計5億円であるものとする）のための抵当権のみが設定されている。A社は業績が悪化したため再生手続開始を申し立て、開始

決定がなされた。A社が、B銀行との間の別除権協定において
どのような事項についてどのような内容の合意をすべきか。

　事業継続に必要な財産に担保権が設定されている場合には、再生債務者
としては、当該担保権が実行されて事業継続が不可能になってしまわない
ように、担保権者と交渉し、別除権協定を締結することとなる。別除権協
定においては、別除権の目的である財産の受戻しを合意するのが一般的で
ある。すなわち、再生債務者が一定の金銭を弁済することによって当該別
除権は消滅する旨、および、当該弁済が約定どおりなされている間は別除
権の行使をしない旨が合意されることになる。再生債務者が受戻しのため
に弁済する金銭（受戻代金）の金額は、通常、別除権の目的財産の価額で
ある。したがって別除権協定においては、別除権の受戻合意の前提として、
受戻対象の担保権およびその目的物が特定され、当該目的物の価額が確認
されることになる。Q5においては不動産甲が特定され、その価額として
交渉に基づき1億円前後の金額が確認されることになる。再生債務者にお
ける受戻代金の支払原資が、スポンサーから取得する事業譲渡代金ないし
スポンサーからの借入金である場合（スポンサー型再生計画）には、受戻
代金は一括弁済され直ちに目的財産が受け戻されるのが一般的であるが、
受戻代金の支払原資が再生債務者の事業から得られる余剰金（営業キャッ
シュフロー）であるとき（自主再建型再生計画）は、受戻代金が長期の分割
弁済とならざるを得ないことが多い。かかる場合には通常、別除権の目的
財産の価額に一定の利息を付して支払う旨が合意される。なお、再生計画
に基づく再生債権の弁済期間については10年の期間制限があるが（民再
155条3項）、受戻代金の弁済期間に法律上の制約はない。したがって、
Q5においても、自主再建型再生計画の場合には、例えば、受戻代金1億
円を、当初10年間は年額500万円、その後5年間は年額1,000万円の計
15年間で分割して支払う旨を合意するといったことが考えられる。
　また別除権協定では、当該別除権者が再生債務者に対して有する再生債
権の金額・内容等の確認、別除権協定で、担保権の被担保債権の金額を限
定し、担保権によって弁済を受けることができない債権の部分（不足額。
民再88条参照）を確定させるときはその旨とその金額等について合意する

ことが多い。**Q5** においても、B 銀行の A 社に対する再生債権として、元本のほか利息、遅延損害金の各金額を確認したうえで、抵当権の被担保債権額を受戻代金額である 1 億円に減額するとともに、別除権不足額を 4 億円に確定させる旨を合意するといったことが考えられる。なお、抵当権の被担保債権額の減額は、その旨の登記をしなくても実体的効果が生じるとするのが近時の多数説である。別除権者は不足額確定合意により、担保権が消滅する前から、不足額について再生計画に基づく再生債権の弁済を受けることができる（民再 88 条）。

　別除権協定の成否は、事業継続の可能性、ひいては再生計画の遂行の可能性に関わるので、再生計画案の決議までに別除権協定が成立していることが望ましいが、実務上は間に合わないことも少なくなく、かかる場合には別除権協定の成立見込みを踏まえて再生計画案の不認可事由（民再 174 条 2 項 2 号）の判断がなされることになる。

　上記のとおり、別除権協定は一般に別除権の目的財産の受戻しの合意を含むことから、通常は、監督委員の同意を得ることが効力要件となる（民再 54 条 2 項 4 項、41 条 1 項 9 号）。

…コラム…
別除権協定をめぐる論点

　本文の設例のとおり受戻代金 1 億円の 15 年間分割弁済合意及び別除権不足額の確定合意を含む別除権協定が AB 間で締結され、また A が再生債権の 80% の免除を受け残 20% を年 2% ずつ 10 年間で分割して支払う内容の再生計画の認可決定が確定したとする。A 社は以降 4 年間、B 銀行に対して約定どおり受戻代金合計 2,000 万円、再生債権弁済金合計 3,200 万円の支払をしたが、事業不振により 5 年目の受戻代金の弁済が滞ったとして、B 銀行はいかなる権利行使が可能か。

　B 銀行は、抵当権の被担保債権残金 8,000 万円の回収のために甲不動産を競売でき、また仮に A 社がその後破産したときは、既受領の再生債権弁済金 3200 万円を保持しつつ、免除前金額 4 億円から弁済金 3,200 万円を控除した残額 3 億 6,800 万円の破産債権を有する取扱いとなる（民再 190 条 1 項 3 項。さらに、破産配当に際しては所定の調整がなされることにつき同条 4 項）。

　ところで例えば不動産市況好調により上記競売代金が 1 億 5000 万円だ

った場合、B 銀行は、8,000 万円超を回収すべく別除権協定を債務不履行解除するなどして不足額確定効を消滅させようとするだろう。しかし、確定効が覆りうるというのは背理だから、本来は、不足額確定合意を含む別除権協定（確定型協定）につき解除等による失効の余地を安易に認めるべきでない。もっとも実務的には、確定型協定にも解除権や解除条件を定める条項が設けらるのが一般的であり、かかる条項がすべて無効であるとは言い切れない。設例でも B 銀行の解除が認められる場合があり、このとき B 銀行は競売代金 1 億 5,000 万円を回収できる。ただしこのとき B 銀行は既受領の受戻代金 2,000 万円を不当利得として A 社に返還すべきである。これらの点に関連して最判平成 26 年 6 月 5 日民集 68 巻 5 号 403 頁は、確定型協定の条項を解釈して解除条件成就を認めたうえで、担保権者が、既受領の受戻代金を返還することなく、想定より大幅に高額な競売代金全額を受領可能であるが如くの事例判断を行ったが、疑問である。

　さらに、別除権協定において受戻代金債権を共益債権化することの可否が議論されている。確定型協定において、解除等が制限される場合に担保権者が目的財産の価格上昇利益を享受できないデメリットへの手当てとして共益債権化を緩やかに容認する見解が近時有力である。しかし担保権者は、目的財産の価格上昇時のデメリットよりも、不足額確定のメリット（上記設例で再生債権弁済金 3,200 万円を受領し保持できる利益）が上回ると判断して確定型協定を締結するのであり、これに加えて受戻代金債権の共益債権化の利益を保障するのは過剰である。また受戻代金債権は、倒産後の信用供与によって生じた債権とは性質を異にし、共益債権に相応しい実質を備えていない。受戻代金債権の共益債権化が許される場合は例外的であるべきである。

(2) 別除権者の手続参加

> **Q6** 別除権者は、どのような場合に再生手続に参加し、再生計画に基づき弁済を受けることができるか。

　別除権者の被担保債権が再生債権である場合であっても、別除権の行使によってその全額の弁済を受けられることが見込まれるときは、別除権者としては、再生手続外において別除権を行使して被担保債権を回収すればよいのであって再生手続に参加する必要はない。別除権の行使によって弁済を受けることができない部分を生じる場合には、破産手続と同様、別除権者は、当該不足額についてのみ再生手続への参加が認められ（不足額主

義。民再 88 条）、議決権を有し（民再 87 条 1 項）、再生計画に基づく弁済も受けられる。別除権協定によって確定した不足額についても同様である（民再 88 条但書参照）。

　手続参加をするには、被担保債権たる再生債権の届出が必要であり、その際、別除権の予定不足額を届けなければならない（民再 94 条 1 項、2 項）。

　なお、再生計画に基づく別除権不足額の弁済は、担保権の実行その他の事由で不足額が現実に確定したときにのみ受けられる（民再 182 条）。ただし、再生計画に定めを置くことにより、根抵当権の被担保債権の元本が確定している場合に、別除権不足額未確定の段階で、極度額を超える部分について再生債権を仮払いすることは可能である（民再 160 条、182 条但書）。再生計画には、不足額未確定の別除権者のために、不足額が確定した場合における再生債権者としての権利行使に関する適確な措置を定めるものとされる（民再 160 条 1 項。再生計画案（233 頁））。また、根抵当権の被担保債権の極度額超過部分の仮払いの定めを置いた場合には、不足額確定時の精算に関する措置も定めることになる（民再 160 条 2 項）。

(3) 担保権実行手続中止命令

> **Q7** Q5 の A 社は、自主再建型再生計画を前提に、B 銀行に対し別除権協定の内容として別除権受戻代金の長期分割弁済を提案したが、B 銀行はそのような弁済条件に納得が行かなかったため、別除権協定成立の見込みがないと判断して、不動産甲および、A 社が別途所有し B 銀行の抵当権が設定されている遊休不動産乙について抵当権に基づき競売を申し立てた。A 社は、その後方針を転換して事業譲渡を実施することとしてスポンサーの募集を開始し、既に A 社の事業に興味を示すスポンサー候補が数社あらわれているが、A 社に対するデューディリジェンスが未了であるため具体的な事業譲渡代金の提示にまでは至っていない。A 社は、状況を説明して B 銀行に対し競売手続の取下げを依頼したが、B 銀行は、A 社の申入れに具体性がないとしてこれを拒否している。A 社はどのように対応すべきか。

　Q7 において、競売手続がそのまま進捗し、不動産甲について競落人へ

の売却が実施されれば、Ａ社としては、事実上事業を継続できない状況に陥る。他方、Ａ社がスポンサー候補者から相当な代金提示を受け、Ｂ銀行に対して競売時に見込まれる売却価格以上の別除権受戻代金を提示できるようになれば、別除権協定を締結できる見込みも高く事業継続が確保される。Ａ社としては、スポンサー候補によるデューディリジェンスの実施、事業譲渡代金の提示を踏まえて、Ａ社が新たな別除権協定案をＢ銀行に提示し、さらにはＢ銀行がこれを検討して両者が協議するための時間を確保したいところである。

そこでＡ社は、不動産甲についての担保権実行手続中止命令を申し立てるべきである。中止命令が認められるための要件は、再生債権者の一般の利益に適合しかつ担保権者に不当な損害を及ぼすおそれがないものと認められることである（民再31条1項）。前者の要件は、**Q7**の不動産甲の場合のように、事業再生のために担保権目的物が必要であるといえる場合には認められよう。後者の要件は、中止期間中に目的物の価値がそれほど減少するものではないといえれば認められ、目的物が不動産の場合には原則要件を充足するものといえよう。

中止命令を発する場合には、裁判所は担保権者の意見を聴かなければならない（民再31条2項）。

要件をみたす場合には、裁判所は、相当の期間を定めて担保権の実行手続の中止を命ずることになる。なお、中止命令は、再生手続の申立て後であれば手続開始前であっても発令することができる（民再31条1項）。

中止命令に定められた中止期間が経過すれば中止命令の効力は当然に失われることになる。もっとも裁判所は、中止命令の発令後その内容を変更しまたは取り消すことができるので（民再31条3項）、中止期間内に別除権協定が成立しそうにない場合、再生債務者は、裁判所が中止期間を伸張する変更決定をなすよう、職権発動を促す申立てをすることとなろう。

⑷ 担保権消滅許可制度

> **Q8** Q5のＡ社は、スポンサー型再生計画を前提に、Ｂ銀行に対し、不動産甲を1億円の早期一括支払にて受け戻したいとして相当期間協議してきたが、Ｂ銀行は、不動産市況も変化しており

り高額な売却が可能であると主張し、Ａ社に対し、最終的判断として別除権協定の締結を拒否すること、および、近日中に不動産甲および乙について競売手続を申し立てる予定であることを通告した。Ａ社はどのように対応すべきか。

　Q8 において、不動産甲はＡ社の事業にとって不可欠なものであり、Ｂ銀行が別除権協定の締結を拒否し、競売によりいつ不動産甲が失われるか分からないといった状況のもとでは、Ａ社は事業譲渡を実行することもできず、また実際に競売が実施されれば結局事業継続が不可能となってしまうであろう。そこで民事再生法は、事業継続に必要な財産を維持するため担保権消滅許可制度（民再148条）を設けており、Ａとしては、当該許可申立てをなすべきことになる。なお、破産法上の担保権消滅許可制度は破産管財人による担保目的物の任意売却を促進させるための制度であったのに対し、再生法上の制度は、担保目的物を再生債務者の手元に維持するための制度であって趣旨が全く異なることが留意されるべきである。

　担保権消滅許可が認められるためには、担保権の目的たる再生債務者の財産が再生債務者の事業の継続に欠くことのできないものであることが必要である（民再148条1項）。再生手続上別除権であるはずの担保権の消滅を例外的に認める根拠は、当該財産を事業の再生に活用することで一般債権者に対する弁済が増加することになるという一般債権者の利益の点にあるのであって、この、事業継続のための不可欠性要件は、担保権消滅許可の最も重要な要件であるといえよう。担保権消滅許可申立書は、目的財産、その価額、消滅すべき担保権とその被担保債権額等を記載するものとされ（民再148条2項）、担保権者に送達される（民再規72条1項）。許可申立てに対して裁判所は、許否の決定を行う（民再148条3項）。

　許可決定に対し、次に述べる価額決定の請求がなかったとき（ないし当該請求が取り下げられまたは却下されたとき）は、再生債務者が、申立書に記載の当該財産の価額を、裁判所の定める期限までに裁判所に納付すると、担保権者の有する担保権が消滅する。

　これに対する担保権者の対抗手段としては、許可決定に対する即時抗告と価額決定の請求である。

　担保権者が目的財産につき事業継続不可欠性要件を争う場合には、決定の告知を受けた日から１週間以内に即時抗告を行なってすることになる（民再148条４項、民訴332条）。

　これに対し、担保権者が、申立書に記載された担保目的財産の価額に異議があるときは、申立書の送達を受けた日から一月以内に、価額決定を請求することになる（民再149条１項）。価額決定の請求がなされると裁判所は、評価人を選任し財産の評価を命じる（民再150条１項）。裁判所は、評価人の評価に基づき、決定で財産の価額を定めることになる（同条２項）。当該決定が確定したときは、再生債務者は、当該決定により定められた価額に相当する金銭を裁判所の定める期限までに裁判所に納付することにより担保権の消滅を得られることになる（民再152条１項、２項）。

…コラム…
将来債権譲渡担保と担保権実行中止命令

　Q4 の A 社につき破産手続ではなく再生手続が開始されたとして、A 社が、B 銀行による債務者対抗要件具備（譲渡担保権実行通知）後に（あるいは A 社の再生手続開始後に）C_1〜C_{16} の得意先に対して発生させた売掛債権に譲渡担保権の効力が及んでいるのかについては議論があり、実行通知により個別債権譲渡担保に転化するいわゆる固定化が生じ、その後に発生した債権には譲渡担保権の効力が及ばないとする考え方や、再生手続開始により固定化が生じるという考え方、固定化は生じないという考え方などが対立している。ところで B 銀行の C_1〜C_{16} の得意先に対する実行通知には、譲渡契約から向こう 10 年間の全ての債権が B 銀行に譲渡されており今後は全て B 銀行に支払うべきである旨記載されているので、実行通知後に発生した債権についての実体法上の議論に決着がついていないなか、B 銀行からかかる実行通知がなされてしまうと、A 社のその後の事業継続に大きな支障を来す。そこで実務では、再生債務者の事業継続に配慮して、担保権者に不当な損害を及ぼさないようにするための手当てを再生債務者に要求したうえで、将来債権譲渡担保につき実行通知がなされる前の段階での担保権実行手続中止命令の発令を認める運用、いわば実行前に中止する運用が認められている。しかも、中止命令の発令にあたり、担保権者からの事前の意見聴取（民再31条２項）が実施されると発令前の実行通知を誘発するため、これを実施しない取扱いをしている。かかる柔軟な運用は是認されるべきものであるが、さらなる運用改善の余地もあり、

また立法的に解決すべき点も含まれているように思われる。その他にも、将来債権譲渡担保については、実行通知がなされた後に中止命令を発令することの可否、可能とする場合の効果をどのように解するか、それらを踏まえて現行制度が、再生債務者が別除権協定の締結交渉をするための時間的余裕を確保するために十分な制度となっているか等々、解釈論としても立法論としても検討すべき点は山積している。

第12章

債権の優先順位

杉本純子

　本章では、各倒産手続における債権の優先順位について学ぶ。まず、「債権者平等の原則」とは何かについて、倒産手続との関係も踏まえながら改めて理解しよう。そして、各倒産手続における債権の優先順位について学んでいきたい。

1 債権者平等の原則と倒産手続

Q1 債権者平等の原則とは何か。債権者平等の「平等」とはいかなる
　　意味か。

　債権者平等の原則とは、「いかなる債権も法的には同価値であり、発生の前後や債権の種別による優劣はない」ことをいう。このことは、換言すると、①物権（担保物権）のように先に対抗要件を備えた場合を除いて、債権成立の時間的前後を問わず平等の効力をもって並存し、互いに他の債権に優越することがない、②同質の債権については、債務者の財産の売却代金が総債権を満足させるに足りない場合には、各債権者の債権額の割合に応じて配分されることを意味している。したがって、登記等の対抗要件を備えた担保物権が設定されている債権を有していれば、債権者は担保権を実行して優先的に債権を回収することが認められるが、その他の債権については、原則的には平等に取り扱われることになる。

　では、債権者平等の「平等」とはいかなる意味なのだろうか。ここにいう「平等」とは、「債権者間の利害調整」を表している。したがって、平等といえども、債権者を全く同様に扱う形式的な平等ではない。債権の性

質に伴うグループ間で優劣が設けられ、同一ランクの債権間では債権額に応じて機械的に扱われるのが一般的である。そして、債権の性質による優先順位は、原則として実体法上の規定に基づいている（租税債権〔国税徴収法 8 条〕や労働債権〔民 306 条〕など）。

　ところで、債権者平等の原則は、通常民法の授業で学ぶことが多いだろう。しかし、既に学んだとおり、債権者平等の原則が尊重されるのは民法が適用される平常時の世界ではない。個別執行にみられるように平常時は実質的に早い者勝ちの世界であり、債権者平等の原則が実際に尊重されるのは、倒産法の世界である（序章「倒産法の考え方・イメージ」参照）。倒産手続とは、債権者の平等・衡平をいかに実現するかを重要な目的とする手続なのである。

2　各倒産手続における債権の優先順位

　それでは、破産手続・再生手続において各債権がどのような優先順位で取り扱われているのか学んでいく。まず、簡単な事例を設定しよう。

【事例】
　経営悪化により、債務者 A について倒産手続が開始された。A には、長きにわたって融資を受けてきた B 銀行らに対する債務が残っているほか、滞納している税金 150 万円があった（そのうち 100 万円の納期限は 2 年前、50 万円の納期限は 2 ヶ月前）。さらに、倒産手続開始 2 ヶ月前から給料（15 万円／月）の支払いが受けられずに手続開始前に退職してしまった従業員 C ら 10 名（退職金各 150 万円未払い）もいた。その他にも、まだ弁済が滞っている D 社ら取引先が 10 社（総額 600 万円）あった。さらに、倒産手続開始後にも、債権者集会開催のための費用や、倒産業務を行うために引続き賃借していた A の事務所の賃料など手続進行のための費用が多くかかってしまった。

　A は土地建物を所有していたものの、これらには B 銀行らのために担保が設定されていたため、弁済原資となる資産が少なく、上記債権者らに全額弁済するのは到底無理であった。

Q2 上記事例において、債務者Aに破産手続が開始された場合、債権の優先順位はどのようになるか。それぞれの債権は手続においてどのように取り扱われるか。

図1　破産手続における債権の優先順位

破産財団の管理・換価及び配当に関する費用の請求権 双方未履行双務契約の履行を選択した場合の相手方が有する請求権など。		財団債権	高
一般の先取特権その他一般の優先権がある破産債権(例：財団債権として扱われない労働債権、租税債権)。	破産債権	優先的破産債権	優先順位
破産手続開始前の原因に基づいて生じた財産上の請求権。		(一般の)破産債権	
手続開始後の利息請求権、手続開始後の不履行による損害賠償請求権や違約金債権など。		劣後的破産債権	
債務者に破産手続が開始された場合に他の債権に劣後して配当を受けることが破産手続開始前に合意されている債権 (例：劣後ローン)。		約定劣後破産債権	低

■■■ は手続外弁済

(1) 破産手続における債権の優先順位

　破産手続における債権の取扱いは大きく2つに分けられる。破産手続に参加して破産財団から配当を受ける破産債権と、破産手続によらないで随時弁済を受けることができる財団債権である。先の図に従って、優先順位の高い方から説明しよう。

(i) 財団債権

　財団債権とは、破産手続によらないで破産財団から随時弁済を受けることができる債権 (破2条7項) をいう。したがって、①破産債権に優先し (破151条)、②債権の届出・調査・確定の手続を経ることなく、随時弁済を受けることができる。

(a) 財団債権の種類

　財団債権を構成する債権の内容は、破148条1項に列挙されている。例えば、破産手続開始の申立ての費用や債権者集会の開催の費用など破産債

権者の共同の利益のためにする裁判上の費用の請求権（破 148 条 1 項 1 号）
や破産管財人の報酬など破産財団の管理・換価および配当に関する費用の
請求権（同項 2 号）、契約等の法律行為により相手方に生じた請求権など
破産財団に関し破産管財人がした行為によって生じた請求権（同項 4 号）
等が挙げられる。これらに共通する性質は、「破産債権者の共同の利益の
ために支出される費用」であるという点である。破産手続は、最終的には
破産管財人が破産債権者への配当を行うために進められる手続であること
から、その過程で生ずる手続費用等は破産債権者全員で負担してしかるべ
きと解するのが財団債権の本来的趣旨である。すなわち、財団債権は破産
財団から随時弁済を受けるため、財団債権が多ければ多いほど破産財団は
減少し、最終的な破産債権者への配当原資も減少することになるが、個別
的に権利行使が許されない破産債権者に代わって破産管財人が手続を進行
する過程で生じた債権であるならば、それらはひいては破産債権者の利益
のために必要な債権なのであるから、破産債権に優先して弁済をすること
によって、破産債権者全体で負担をしようということである。したがって、
財団債権の成否を決する際には、この「共益性」が重要となり、「共益性」
ゆえに破産債権に優先した地位が認められるのである。

　上記事例の場合、債権者集会開催のための費用や、破産手続開始後に発
生した賃料などは、全て手続進行のために発生した費用であり「共益性」
を有するため、これらは財団債権となる。

　ところが、「共益性」を有するとはいえない債権でありながら、財団債
権として優先的に弁済される債権がある。それが、租税債権と労働債権で
ある。

　租税債権は、破産手続開始決定前に既に滞納している状態であれば、本
来破産債権となるべき債権である。しかし、租税債権には、実体法上の優
先権が付与されていることから（国税徴収法 8 条）、旧破産法においては全
ての租税債権が財団債権として優先的に弁済されていた。そのため、手続
開始決定前の滞納租税が多い場合には、破産財団のほとんどが租税債権の
弁済に充てられることになってしまっていた。そこで、平成 16 年破産法
改正において、「破産手続開始当時、まだ納期限の到来していないもの又
は納期限から一年を経過していない」租税債権のみを財団債権とし、租税

債権の優先順位を一部格下げすることとした（破148条1項3号）。

　したがって、上記事例で滞納されている税金のうち、納期限が手続開始2ヶ月前の50万円のみが財団債権となることになる。

　労働債権も、破産手続開始決定前に未払いとなっていれば、原則的には破産債権となるべき債権である。ただ、労働債権は一般の先取特権を有しており（民308条）、実体法上の優先権が与えられていることから、旧破産法では優先的破産債権として取り扱われてきた。しかし、旧破産法においては、前述のように滞納租税が多い場合に配当に充てられる破産財団が不足してしまうため、労働債権の回収が十分にできず、労働者保護として不十分であるとの批判があった。一方で、全ての労働債権を財団債権にして優先してしまうと、特に多額の退職金債権が発生する場合には、他の破産債権者への配当原資が大きく減少してしまう。そこで、現行破産法では、破産手続開始決定前3ヶ月間に発生した未払いの給料債権、破産手続終了前に退職した場合には退職前3ヶ月間の給料に相当する額の退職金債権を財団債権として保護し、労働債権の優先順位を一部格上げすることとした。もっとも、労働債権については、労働者健康安全機構による未払賃金立替払制度（賃金の支払の確保等に関する法律7条）に基づいて優先的に保護されることも多い。

　上記事例において、従業員Cら10名は手続開始前2ヶ月分の給料各60万円（30万円×2ヶ月）が未払いであるため、まずこれら60万円がそれぞれ財団債権となる。さらに、退職金については、退職前3ヵ月間の給料の総額に相当する90万円までは財団債権として保護されることになる。

> **Q3** 上記事例において、債務者Ａの破産手続開始に伴い破産管財人Ｘが選任され、手続を進行してきたが、やはりＡの資産を換価しても破産財団は総額450万円程にしかならず、このままでは財団債権も全額弁済することができそうにない。手続進行の諸費用が70万円かかっており、Ｘの報酬も70万円である。このとき、財団債権の弁済はどのようになされるか。財団債権にも優先順位はあるのか。

(b) 財団債権の行使

　財団債権は、破産手続によらず、破産債権に優先して弁済を受けることができる（破 151 条）。ただし、破産財団の不足によって財団債権を全て弁済することができない場合には、実体法上の優先順位にかかわらず、債権額に応じて財団債権を按分弁済することとなる（破 152 条 1 項）。このとき、破産債権者の共同の利益のためにする裁判上の費用の請求権（破 148 条 1 項 1 号）および破産財団の管理・換価および配当に関する費用の請求権（同項 2 号）にあたる財団債権は、他の財団債権に優先して弁済することができる（破 152 条 2 項）。これらの債権は手続進行に際して必要不可欠であるため、破産債権者にとっての共益性を特に重視したものである。

　したがって、上記債権のうち、手続進行のために必要となった債権者集会の費用や管財業務のための賃料は、財団債権となる租税債権や労働債権に優先して弁済されることになる。また、破産管財人 X の報酬が発生した場合も、破産管財人の報酬は破 148 条 1 項 2 号に該当すると解されているため、共益性を有する財団債権として優先弁済される。

　上記事例の場合、破産財団の総額は 450 万円であり、破 148 条 1 項 1 号・2 号に該当する手続進行の諸費用と破産管財人の報酬がそれぞれ 70 万円ずつある。これらは財団債権の中でも優先的に取り扱われるため、450 万円からまず 70 万円 × 2 = 140 万円を弁済する。残る財団債権は、納期限が手続開始 2 ヶ月前の租税債権 50 万円と、財団債権として扱われる労働債権（未払給料 60 万円 + 退職金 90 万円 = 150 万円／人）が 10 名分ある。破産財団の残額は 310 万円であるため、これを按分弁済すると、租税債権については 10 万円、労働債権については一人あたり 30 万円の弁済となる。

(ii) 破産債権

　破産債権とは、破産者に対し破産手続開始前の原因に基づいて生じた財産上の請求権であって、財団債権に該当しないものをいう（破 2 条 5 項）。配当原資となる破産財団が、破産手続開始時に破産者に帰属する一切の財産によって構成されることから（固定主義〔破 34 条 1 項〕）、破産債権も破産手続開始前の原因に基づいて生じていることが必要となる。財団債権と異なるのは、破産債権は破産手続によらなければ、行使することができな

いことである（破100条1項）。

　破産債権は、原則として、全て債権額に応じて平等に扱われる（債権者平等）。しかし、公益上または公平の見地から、特定の債権に優先権を付与し、配当順位において優先的に取り扱われることが認められている。一方で、同様の見地から劣後的に取り扱われる債権もある。以下、優先順位の高い債権から説明する。

(a) 破産債権の優先順位

① 優先的破産債権

　破産債権において最も優先順位が高いのは、優先的破産債権（破98条1項）であり、一般の破産債権に優先して配当を受けられる破産債権である。優先的破産債権となるのは、破産財団に属する財産につき一般の先取特権その他一般の優先権がある破産債権である。具体的には、財団債権として扱われないその他の租税債権・労働債権等が該当する。優先的破産債権間における優先順位は、実体法の定めるところによる（同条2項）。優先的破産債権となる労働債権については、「これらの破産債権の弁済を受けなければその生活の維持を図るのに困難を生ずるおそれがあるとき」、裁判所は、配当がなされる前にその全部または一部の弁済をすることを許可することができる（破101条1項）。財団債権として保護される労働債権だけでは生活の維持が困難な場合に、さらに優先的に労働債権を弁済して、労働者の保護を図るものである。ただし、この弁済許可は「その弁済により財団債権又は他の先順位若しくは同順位の優先的破産債権を有する者の利益を害するおそれがないとき」に限られる（同項ただし書き）。

　上記事例においては、滞納租税のうち、納期限が破産手続開始2年前であった100万円が優先的破産債権となる。また、従業員Cらの退職金のうち、財団債権とならなかった残りの各60万円が優先的破産債権となる。

② 一般の破産債権

　優先的破産債権に次ぐのは、一般の破産債権である。上記事例では、D社ら取引先の債権総額600万円が、動産売買先取特権（民311条5号）等で保護されなければ、全て一般の破産債権となる。

③ 劣後的破産債権

　そして、一般の破産債権に劣後するのが劣後的破産債権である（破99

条 1 項)。劣後的破産債権としては、破産手続開始後の利息や損害金、破産手続開始後の原因に基づいて生じた租税債権、破産手続参加の費用、罰金や過料等がある (同項 1 号)。これらのうち、利息・損害金・破産手続参加費用は、破産債権に伴って発生する債権であり、破産手続開始後に生じた債権は破産債権に含まれないのが原則であるが、これらの債権も主たる破産債権と併せて免責の対象とするために、あえて破産債権としている。上記事例において、B 銀行らの貸金債権のうち、手続開始後に利息が発生している場合には、これらが劣後的破産債権となる。

　また、罰金・過料等は、破産者に対する制裁であり、他の債権者らの犠牲のもとに回収すべき性質の債権ではないため劣後的な取扱いにしているが、免責の対象とはならない (破 253 条 1 項 7 号)。これら劣後的破産債権には議決権が認められず (破 142 条 1 項)、一般の破産債権が 100% 弁済されない限り、配当を受けることもできない。

④　約定劣後破産債権

　さらに、破産者が破産した場合に他の債権に劣後して弁済を受けることが債権者・破産者間で手続開始前に予め合意されている債権がある。これは、約定劣後破産債権とされ、劣後的破産債権よりも劣後して取り扱われる (破 99 条 2 項)。このような債権としては、金融実務において行われる劣後ローンが挙げられる。劣後ローンは、債務者に法的倒産手続が開始されるまでの平常時には、通常の債権と同様に約定に従った弁済を受けるが、債務者に法的倒産手続が開始された場合には、他の全ての一般債権が 100% の弁済を受けない限り、弁済を受けることができない旨の特約が付された融資である。約定劣後破産債権は、このような取扱いの法的安定性が担保できるよう、当事者間の劣後合意の効力を正面から認めた債権である。

(b) 破産債権の行使

　破産債権は、原則として破産手続によらなければ、権利を行使することができない (破 100 条 1 項)。したがって、破産手続開始決定後は、破産債権に基づく強制執行等は禁止され (破 42 条 1 項)、既にされている強制執行等は効力を失う (同条 2 項)。破産債権は、破産債権の届出・調査・確定を経て、最終的に破産財団から配当を受けることで満足を図ることとなる (破産債権の行使について第 3 章 **Q5** 参照)。

208

(2) 再生手続における債権の優先順位

> **Q4** 上記事例において、債務者Aに再生手続が開始された場合、債権の優先順位はどのようになるか。破産手続における優先順位との相違点はどこか。

では、次に再生手続における債権の優先順位について説明しよう。再生手続における債権の取扱いも、破産手続と同様に大きく2つに分けられる。再生手続によらずに弁済を受けることができる共益債権・一般優先債権と、再生計画に従って弁済を受ける再生債権である。再生手続については、先の破産手続における債権の優先順位と比較しながら理解することが重要である。

図2 再生手続における債権の優先順位

		優先順位
再生手続開始後の再生債務者の業務等に関する費用の請求権。 双方未履行双務契約の履行を選択した場合の相手方の権利。 再生手続開始の申立て後手続開始前の借入金等。	共益債権	高
一般の先取特権その他一般の優先権がある債権であって共益債権以外のもの(例:労働債権、租税債権)。	一般優先債権	
再生手続開始前の原因に基づいて生じた財産上の請求権。	再生債権	(一般の)再生債権
手続開始後の利息請求権、手続開始後の不履行による損害賠償請求権や違約金債権など。		議決権なし。
債務者に再生手続が開始された場合に他の債権に劣後して弁済を受けることが再生手続開始前に合意されている債権(約定劣後再生債権)。		再生計画において権利変更する場合、一般の再生債権より劣後。 低

☐ は手続外弁済

(i) 共益債権

(a) 共益債権の種類

再生手続において最も優先順位が高いのは、共益債権である。共益債権は、再生債権者の共同の利益に資する性質(共益性)を有する債権で構成

されており（民再 119 条）、再生手続によらずに、再生債権に優先して、随時弁済を受けることができる（民再 121 条 1 項・2 項）。破産手続における財団債権と同様の性質を有する債権である。具体的には、再生債権者の共同の利益のためにする裁判上の費用の請求権（民再 119 条 1 号）、再生手続開始後の再生債務者の業務等に関する費用の請求権（同条 2 号）、手続機関の報酬（同条 4 号）、再生債務者が手続開始後にした資金の借入れその他の行為によって生じた請求権（同条 5 号）等が挙げられる。

　上記事例の場合、債権者集会開催のための費用（民再 119 条 1 号）や、再生手続開始後に発生した賃料（同条 2 号）などは、全て再生手続進行のために発生した費用であり「共益性」を有するため、これらは共益債権となる。

　共益債権と破産手続における財団債権との比較において重要なのは、租税債権と労働債権の取扱いである。詳細は次の一般優先債権にて説明するが、再生手続においては、手続開始前に生じた租税債権・労働債権は、共益債権とならない。一定範囲が財団債権として優先弁済されていた破産手続とは異なることに注意しなければならない。したがって、上記事例において破産手続では財団債権として弁済されていた租税債権・労働債権は、再生手続では共益債権とはならない。なお、手続開始後の租税債権・労働債権は、再生債務者の業務等に関する費用であり、共益債権となる（民再 119 条 2 号）。

> **Q5** 債務者 A は、再生手続申立て直後に、当面の事業継続資金として、ノンバンクである E 社に 300 万円の新規融資を依頼したところ、E 社がこれを承諾したため、A は再生手続申立て後も事業をそのまま継続することができた。この E 社の貸金債権は、再生手続においてどのように取り扱われるか。

　共益債権となるものは民再 119 条に列挙されているが、その他にも再生手続開始の申立て後再生手続開始前の借入金等も共益債権となる（民再 120 条）。再生債務者が、手続申立て後手続開始前に、資金の借入れ、原材料の購入その他再生債務者の事業の継続に欠くことができない行為をする場合に、その行為から生ずる相手方の請求権が、裁判所の許可またはこれ

に代わる監督委員の承認によって共益債権として優先弁済することが認められている（同条1項・2項）。本来、手続開始前に生じた請求権は共益債権とはならないところ、手続申立て後から手続開始までのつなぎ融資（DIPファイナンス）や原材料の購入等に係る商取引債権などを優先的に取り扱い、手続開始後の事業継続を円滑に進めることを目的としている。原則どおり、再生債権として再生計画において権利変更してしまうと、商取引の継続やつなぎ融資が受けられなくなるおそれがあるからである。E社の貸金債権300万円も、再生手続申立て後手続開始前の借入金であるから、裁判所の許可またはこれに代わる監督委員の承認により、共益債権として扱われることになる。

(b) 共益債権の行使

共益債権は、再生手続によらずに再生債権に優先して随時弁済する（民再121条1項・2項）。任意に履行されないときは、破産手続とは異なり、共益債権に基づく強制執行や一般先取特権の実行が認められる（民再39条、121条3項参照）。共益債権をも弁済できないような状態であれば、事業の再生を実現することは難しく、共益債権の満足を図れないような事態は想定しにくいが、事業継続のために取引の相手方たる債権者等の権利の強化を図る必要があるためである。ただし、その強制執行が再生の著しい支障となり、かつ他に換価の容易な執行対象財産がある場合には、裁判所はその強制執行の中止・取消を命ずることができる（民再121条3項）。

さらに、再生手続には、破産手続とは異なり、再生債務者財産が足りず全ての共益債権を弁済できない場合の共益債権の弁済順位についての規定がない。前述のように、再生債務者財産が共益債権の総額を弁済できないような状態であれば、再生計画作成の見込みがないことが明らかであり、既に再生計画認可決定確定後であるならばその後の再生計画遂行の見込みがないことが明らかであるため、この場合、再生手続は廃止される（民再191条1号、194条）。廃止後、破産手続へ移行した場合には、共益債権は財団債権となる（民再252条6項前段）。

(ii) **一般優先債権**

再生手続においては、共益債権以外にも、再生手続によらずに随時弁済を受けることができる一般優先債権がある。一般優先債権とは、一般の先

取特権その他一般の優先権がある債権（共益債権を除く）をいう（民再 122 条 1 項）。すなわち、破産手続における優先的破産債権に該当するものが、再生手続においては一般優先債権となる。これに該当するものとして重要なのは、再生手続開始前に生じた租税債権と労働債権である。

　一般優先債権は、再生手続によらずに随時弁済を受ける（民再 122 条 2 項）。一般優先債権に基づく強制執行あるいは一般先取特権の実行も原則として可能であるが、例外的に裁判所はその強制執行等の中止・取消を命ずることができる（民再 122 条 4 項・121 条 3 項）。

　破産手続では優先的破産債権として配当順位において優先的に扱われている債権が、再生手続では再生手続によらずに優先弁済を受けられるのはなぜか。一般優先債権に該当する債権には、実体法上の優先権が付与されていることから、一般の再生債権とは異なる性質の債権となる。そのうえで、再生手続においても破産手続と同様の取扱いをする場合、つまり再生計画に従って弁済をしようとする場合には、計画案の決議等の関係において他の一般の再生債権者とは区別して扱う必要が生じるが、債権者の組分けをして決議等を行うとすれば、手続が煩雑となってしまい、中小企業向けの簡易迅速な再生を図る再生手続の趣旨を害してしまうおそれが生じてしまう。そこで、再生手続では、これらの債権を再生債権として手続に参加させずに、一般優先債権という債権グループを新たに創設して、手続の外に出すことにしたのである。

　このように、一般優先債権は再生手続によらず、再生債権に優先して随時弁済を受けられる点において、共益債権の取扱いと共通している。したがって上記事例においても、租税債権 150 万円と労働債権一人あたり 150 万円×10 名分は全て一般優先債権となり、手続外で優先弁済されることになる。

　しかし、共益債権と一般優先債権は、再生手続が破産手続に移行した場合の取扱いに相違がある。この場合、共益債権は財団債権となるのに対し（民再 252 条 6 項）、一般優先債権は優先的破産債権となる。したがって、破産手続に移行した場合には、当該債権は破産手続によって配当を受けることになる。ただし、労働債権については、破産手続において財団債権となる範囲について、再生手続開始前 3 ヶ月の間に発生した未払いの給料債

権を財団債権として扱う配慮がなされている（同条5項）。

(iii) 再生債権

　再生債権とは、再生債務者に対し再生手続開始前の原因に基づいて生じた財産上の請求権であり、共益債権又は一般優先債権を除いたものをいう（民再84条1項）。共益債権と一般優先債権が再生手続によらずに随時弁済を受けられるのに対して、再生債権は再生手続に参加し、再生計画に基づいて弁済を受ける（民再86条）。したがって、手続開始決定後は、再生債権については、個別的な権利行使は認められず（民再85条1項）、それゆえ再生債権に基づく強制執行等も禁止される（民再39条）。

(a) 再生債権の優先順位

　破産手続においては、破産債権の配当について優先順位が設けられていた。再生手続においても、これらの優先順位は維持されているのか。破産手続と比較しながら説明したい。

　まず、一般優先債権において述べたように、再生手続では簡易迅速な手続の進行のために、再生債権のみを手続に参加させ、実体法上の優先権が付与された債権については、一般優先債権として再生手続の外に出す取扱いをしている。したがって、破産手続における優先的破産債権に該当する債権は、再生債権とはならない。

　一般の再生債権については、再生手続に従って弁済を受ける。

　では、破産手続における劣後的破産債権に該当する債権は再生手続ではどのような取扱いを受けるのか。劣後的破産債権としては、手続開始後の利息や損害金、手続参加の費用、手続開始前の罰金等がこれに当たるが、これらの債権は再生手続においても再生債権となり（民再84条2項、97条）、劣後的な取扱いが認められている。

　このうち、手続開始後の利息・損害金と手続参加の費用請求権については、元本たる再生債権と一体的に処理するため、債権の届出・調査・確定の手続および決議のための組分けにおいては一般の再生債権と同様とされているが、再生計画の定めについては、他の一般の再生債権とは別段の定めをして、劣後的取扱いをすることが許され、（民再155条1項ただし書）議決権も否定される（民再87条2項）。

　再生手続開始前の罰金等については、再生債権ではあるが、再生計画に

おいて権利変更をすることができず（民再155条4項）、再生計画認可の決定が確定しても免責されない（民再178条ただし書）。ただし、当該債権は再生計画に基づく弁済期間が満了しなければ、弁済を受けることができない（民再181条3項）。したがって、再生手続開始前の罰金等は、再生計画による権利変更も受けず、免責の対象にもならないが、他の再生債権が再生計画による弁済を受けた後でなければ、その弁済を受けることができないという点において、劣後的な取扱いがなされている。このような劣後的取扱いを受ける債権であることに鑑みて、これらの再生債権は議決権を有しない（民再87条2項）。

　最後に、破産手続における約定劣後破産債権はどうか。再生手続においても、「再生債権者と再生債務者との間において、再生手続開始前に、当該再生債務者について破産手続が開始されたとすれば当該破産手続における配当の順位が破産法99条1項に規定する劣後的破産債権に後れる旨の合意がされた債権」は約定劣後再生債権という（民再35条4項）。再生計画における権利変更の際、約定劣後再生債権以外の再生債権を有する者と約定劣後再生債権者との間においては、配当の順位についての合意の内容を考慮して、再生計画の内容に公正かつ衡平な差を設けなければならない（民再155条2項）。このように、再生計画において約定劣後再生債権は一般の再生債権よりも劣後して取り扱われるため、両債権者の間では利害が異なることから、再生計画案の決議に際しては組分けを行う必要がある（民再172条の3第2項）。ただ、組分けを行うとすれば、先に述べたように簡易迅速に手続きを進行することができなくなるのではないかとの疑問が生じるだろう。この点について、再生債務者が再生手続開始時においてその財産をもって約定劣後再生債権に優先する債権に対して完済することができない状態にあるときは、約定劣後再生債権を有する者は、議決権を有しないとしている（民再87条3項）。議決権を有しない場合には、約定劣後再生債権者の組分けは行われない（民再172条の3第2項ただし書）。通常一般の再生債権を完済できるような場合は想定し難いことから、約定劣後再生債権について組分けが行われる場合もごく稀であるといえ、手続の煩雑を避けることが可能となる。

214

(b) 再生債権の行使

　再生債権者は、その有する再生債権をもって再生手続に参加することができる（民再86条1項）。その実質的な意味は、①再生計画の定めに従い弁済を受けること、②再生計画案の決議の際に議決権を行使することである（再生債権の行使については第3章 **Q5** 参照）。

(c) 弁済禁止とその例外

> **Q6** 債務者Aには、従前から20社程の取引先がいたが、そのうち弁済が滞っている上記D社ほか10社が、Aの再生手続開始決定を受けて今後の取引を中止したいと申し出てきた。しかし、D社ほか10社はAにとって必要不可欠な取引先であり、取引が中止されてしまうと、Aの今後の事業継続に著しい支障が生じてしまう。D社ほか10社には、再生手続開始決定時点でそれぞれ30〜100万円程度の商取引債権が生じていた。さらに、中小企業であるF社にいたっては、Aからの弁済がなくなってしまうと、自らも経営を続けていくことが難しくなり、このままでは破産手続の申立ても検討しなければならないと窮状を訴えてきている。
> Aは、これら10社の取引先と取引を継続していくために、どのような手段を採ることができるか。また、F社に対して何らかの措置を採ることができるか。

　再生手続が開始されると、原則として再生債権は弁済を受けることができなくなるが（民再85条1項）、再生手続には例外として、裁判所の許可により、再生計画によらずに優先的に弁済を受けることを認める3つの例外が規定されている（民再85条2項〜5項）。

①　中小企業者に対する連鎖倒産を防止するための弁済（民再85条2項）

　比較的大規模な企業に再生手続が開始すると、その企業を主要な取引先としている中小企業が弁済を受けられず自らも窮地に陥って倒産してしまうことがある。このような中小企業の連鎖倒産を防止するために、「再生債務者を主要な取引先とする中小企業者が、その有する再生債権の弁済を受けなければ、事業の継続に著しい支障を来すおそれがあるとき」は、裁判所は再生計画認可決定の確定前でも、その全部または一部の弁済を許可

することができる。ただし、裁判所がその弁済を許可するには、再生債務者と当該中小企業者との取引の状況、再生債務者の資産状況、利害関係人の利害その他一切の事情を考慮しなければならない（民再85条3項）。再生債務者は、再生債権者から本項の申立てを求められたときは、直ちにその旨を裁判所に報告しなければならない（同条4項）。

　上記事例におけるF社は、Aからの弁済がなくなると破産手続の申立てを検討しなければならない程に事業の継続に著しい支障を来すおそれがあるため、民再85条3項に基づく事情を考慮したうえで、同条2項による優先弁済が許可される可能性がある。

②　手続の円滑な進行を図るための少額債権の弁済（民再85条5項前半）

　多くの少額債権者を手続に取り込んでいると、債権調査、債権者集会の開催やその決議等のために多額の費用を要してしまうことがある。裁判所は、「少額の再生債権を早期に弁済することにより再生手続を円滑に進行することができるとき」には、再生計画認可決定の確定前に、その弁済を許可することができる。少額の再生債権の弁済を早期に行って債権者数を減少させ、手続上のコストを削減することを目的としている。また、優先弁済によって債権者の絶対数が減少すると、再生計画案の可決要件のうちいわゆる頭数要件（民再172条の3第1項1号）を満たすのが容易になる。ただし、少額債権の範囲は明文では定められておらず、再生債務者の負債総額・債権者の債権額別の分布状況・再生債務者が弁済に充て得る資金の金額等を総合的に判断して決められる。

③　事業の継続に必要不可欠な少額債権の弁済（民再85条5項後半）

　再生手続開始後に事業を継続していくために、どうしても再生債務者にとって必要不可欠な取引先が存在する場合がある。例えば、原材料や商品の仕入先等が想定される。そのような取引先の再生債権も再生計画に従って権利変更を受け弁済されるとすれば、当該取引先は手続開始後の再生債務者との取引を中止してしまうおそれが生ずる。取引が中止されてしまうと、再生債務者の事業は継続できなくなってしまう。そこで、「少額の再生債権を早期に弁済しなければ再生債務者の事業の継続に著しい支障を来す」とき、裁判所は再生計画認可決定前に、その弁済を許可することができる。

　どのような場合を「事業の継続に著しい支障を来す」と解するのか、ま
た、優先弁済する少額債権の範囲については解釈に委ねられている。「手
続の円滑な進行のため」の少額債権と「事業の継続に著しい支障を来す」
少額債権とでは、等しく「少額」という文言を使っているが、後者の「少
額」の範囲は個々の事案に応じて広範に解してもよいとされる。具体的に
は、負債総額と少額債権の弁済総額およびその割合、債権者総数と少額弁
済を受ける債権者の数およびその割合、債権者の属性、債権の内容、種類、
他の債権の絶対額の比較、資金繰りの状況、弁済の必要性の程度等を総合
的に考慮して決められている。

　この規定は、事業の継続に必要不可欠な少額債権を弁済することによっ
て従前の取引関係が維持されて再生債務者の事業価値の毀損を回避するこ
とができ、結果的に当該債権を弁済しなかった場合より他の債権者への弁
済率も高まるという考えを基礎としている（弁済率の向上）。このような趣
旨からすれば、特定の債権者への弁済によって事業価値の維持につながる
のであれば、必ずしも本来的に「少額」である必要はないと解される。し
かし、原則的に再生手続開始後は再生債権への弁済が禁止されるところ、
特定の債権者にのみ優先的に弁済することは、やはり債権者平等を修正す
ることになるため、条文では「少額」という客観的な要素を加えている。

　上記事例において、D社ほか10社はAの事業継続にとって必要不可欠
な取引先であるため、その商取引債権については民再85条5項後半によ
る優先弁済の許可が可能である。各取引先の債権額は30～100万円である
が、Aの負債総額や債権者の数等上記要素を考慮したうえで、これらが
「少額」にあたると判断された場合には、優先的に弁済することができる。

…コラム…
日本航空等における商取引債権の保護
　商取引債権の保護は、事業価値の維持・迅速な事業再生を実現するため
に重要である。手続開始前の商取引債権を保護する倒産法上の方法は、会
更47条5項後半・民再85条5項後半に拠るしかないが、本文で述べたと
おり、少額債権の範囲等に明確な基準等はなく、解釈に委ねられている。
2010年の日本航空の会社更生事件においては、総額約2500億円もの商取
引債権全てが同項に基づく「少額債権」として弁済され、ウィルコムや林

原等の会社更生事件においても数億円を超える商取引債権が全て同項を用いて保護されている。

　商取引債権を保護できる資金が調達できるのであれば、迅速にそれらを保護し、事業価値の毀損を回避しなければならない。それが結果的に優先弁済を受けないその他の債権者（金融債権者等）の弁済率向上につながるのであれば、最終的には債権者平等に反したことにはならないと解することもできよう。しかし、法的倒産手続は、債権者平等の原則を尊重した手続であり、倒産法はその趣旨を遵守した規定となっている。商取引債権の優先的保護による事業再生を促進させるためには、会更 47 条 5 項後半や民再 85 条 5 項後半の「少額」に明確な基準を設けたり、改正を行うなど何らかの措置を講じる必要があると思われる。

(iv) 開始後債権

　再生手続開始後の原因に基づいて生じた財産上の請求権で、共益債権、一般優先債権、再生債権のいずれにも該当しないものは開始後債権となる（民再 123 条 1 項）。ただ、再生手続開始後の原因に基づいて生じた財産上の請求権は、その多くが共益債権となるため、開始後債権に当たるものはほとんどない。具体例としては、管財人が選任されている場合において、法人の理事等が組織法上の行為を行うこと等によって生ずる請求権で、その支出がやむを得ない費用（民再 119 条 7 号）に該当しないために、共益債権とならないものなどが挙げられる。これらの債権は、破産手続の場合には、破産財団に対する破産債権としての行使は認められず、破産者の自由財産に対して権利行使することになる。再生手続の場合には、再生債務者の財産の範囲が固定されないため同様の取扱いをすることが難しいことから、開始後債権という新たな債権グループを設けた。

　開始後債権の取扱いは、開始前の罰金等の取扱いに類似しており、再生計画による権利変更をすることができず、再生計画認可の決定が確定しても免責されない（免除を除く）。さらに、再生計画に基づく弁済期間が満了するまでの間は、弁済を受けることができず、当該債権に基づく強制執行等もすることができない（民再 123 条 2 項）。したがって、開始後債権は、共益債権、一般優先債権はもちろん、再生債権も弁済を受けた後でなければ弁済を受けることができず、再生債権よりも実質的に劣後的に扱われる

ことになる。

3 弁済による代位と優先権の承継

> **Q7** 債務者Aは資金繰りが悪化し、従業員10名に給料が支払えなく
> なってしまった。そこで、Aは、Xに委託して、従業員10名に
> 対する未払いの給料債権300万円を立替払いしてもらった。その
> 1ヶ月後、Aに破産手続開始決定がなされ、管財人Yが選任さ
> れた。
> 　Xは、Yに対して、自分は破産手続において財団債権として
> 取り扱われる給料債権を立替え払いしたのであるから、立替払い
> した300万円を破産手続によらないで優先的に自己に弁済するよ
> うに求めた。Xの主張は認められるか？
> 　また、Xが立て替えた債権が、Aが滞納していた租税債権で
> あった場合はどうか？

(1) 弁済による代位と優先権を有する原債権の行使

　民法では、代位弁済がなされると、代位者は求償権の範囲内で、債権の
効力及び担保として原債権の保持者が有していた一切の権利を行使するこ
とができる（民501条）。では、原債権が倒産法上優先権を有する債権で
あった場合、代位弁済によって当該原債権に代位した者は、その優先権も
承継することができるのだろうか。倒産法においても実体法が尊重される
のであれば、原債権が優先権を有する債権であった場合、弁済による代位
によって当該原債権を取得した者は、その優先権も承継すると考えること
ができよう。しかし、前述のとおり、倒産手続において給料等の労働債権
が財団債権として優先的に取り扱われるのは、労働者の保護を目的とした
ものであり、代位弁済がなされたことによって労働者の保護は果たされた
のであるから、代位者の行使する債権を財団債権として優先弁済する必要
はないとも考えられる。租税債権についても同様に、租税債権は租税徴収
を目的とした強い公共性を有する債権であるために実体法上優先権が与え
られていることから、これを弁済による代位によって取得したとしても、
その優先権を代位者が承継することはできないのではないかと考えられよ

う。

(2) 裁判例

　弁済による代位と優先権の承継については、その可否をめぐって、裁判例や学説において議論がなされてきたところであるが、最三判平成23・11・22民集65巻8号3165頁〔百選48①〕において、破産手続における財団債権性の承継を肯定することを最高裁として初めて明確にし、また、類似の争点を有する最一判平成23・11・24民集65巻8号3213頁〔百選48②〕も再生手続における共益債権性の承継を肯定した。両判決をもって、それまで見解が分かれていた弁済による代位と優先権承継の可否に対して、最高裁が肯定説に立つことが明らかとなった。

　最三判平成23・11・22は、財団債権となる労働債権を立替払いした場合の財団債権性の承継が争われた事案である。最高裁は、弁済による代位の制度趣旨を確認したうえで、「求償権を実体法上行使し得る限り、これを確保するために原債権を行使することができ、求償権の行使が倒産手続による制約を受けるとしても、当該手続における原債権の行使自体が制約されていない以上、原債権の行使が求償権と同様の制約を受けるものではないと解するのが相当である。そうであれば、弁済による代位により財団債権を取得した者は、同人が破産者に対して取得した求償権が破産債権にすぎない場合であっても、破産手続によらないで上記財団債権を行使することができるというべきである」として、代位者による財団債権性の承継を認めた。

　最一判平成23・11・24は、請負契約における前渡金返還請求権を保証していた金融機関が、債務者の再生手続開始後に、請負契約解除により発生した当該前渡金返還請求権の保証債務を履行したことに伴い、弁済による代位により共益債権たる前渡金返還請求権を取得したとして優先弁済を求めた事案である。ここでも最高裁は、「弁済による代位により民事再生法上の共益債権を取得した者は，同人が再生債務者に対して取得した求償権が再生債権にすぎない場合であっても，再生手続によらないで上記共益債権を行使することができるというべきであ」るとして、代位者による共益債権性の承継を肯定した。

　一方で、租税債権の優先権の承継については、これまで最高裁で争われ

た事例はないものの、東京高判平成17・6・30金判1220号2頁〔百選A10〕や東京地判平成17・4・15（判時1912号70頁）、東京地判平成27・11・26（金判1482号50頁）等の下級審裁判例はいずれも優先権の承継を否定している。その理由として、租税債権が倒産手続上優先的に取り扱われているのは、租税収入の確保という政策的理由によるものであり、その趣旨が代位弁済によって達成された以上、もはや代位取得した原債権を優先する必要はないこと、そもそも租税債権は私人間の債権債務関係とは全く異なる債権であること等が挙げられている。

　したがって、これまでの裁判例の見解を鑑みると、上記事例において、給料債権300万円を立替払いしたXは、Aの破産手続において、弁済による代位によって取得した財団債権たる労働債権を行使することができ、300万円を優先的に弁済するよう主張することができる。しかし、Xが租税債権を立替払いした場合は、弁済による代位に基づく財団債権性の承継を主張することは難しく、優先弁済を求めることはできないと解することになろう。

第13章

配当と破産手続の終了

藤本利一

1 配当

(1) 意義

Q1 配当の意義について説明しなさい

配当とは、債権者に法定の手続を経て平等的満足を与えることをいう。配当を行うのは、破産管財人である。破産管財人は、破産財団に属する財産を換価して金銭ができれば、破産手続の費用その他財団債権への弁済金額を控除した額を、破産債権者に対し、その債権の優劣、順位および額に応じて配分交付しなければならない。この手続を配当手続という。手続上の種々の仕掛けはこの手続に紐付けられる。

Q2 配当の種類について説明しなさい

(i) 時期による区分

配当手続は、1回とは限らない。破産管財人は、一般調査期間の経過後または一般調査期日の終了後、配当するのに適当な金銭ができたと認めるとき、その都度遅滞なく配当をすることができる（破209条1項）。全財産の換価は必ずしも必要ではない。したがって、配当は、手続の最後に行われる最後配当とその前に1回ないし複数回行われる中間配当に分類され、最後配当の実施後に新たに配当に充てることのできる財産が発見されたときに実施される追加配当がこれらに加わる。

中間配当は、換価の終了前に、管財人の裁量により実施される配当であ

る（破209条1項）。破産管財人は、中間配当にあたり、裁判所の許可を得ることが必要である（同条2項）。

　最後配当は、破産財団に属する財産の全部の換価が終わった後になされる配当である（破195条1項）。破産管財人は、配当にあたり、裁判所ではなく、裁判所書記官の許可を得ることが必要である（同条2項）。

　追加配当は、最後配当の配当額の通知を発した後、新たに配当に充てることのできる相当の財産があることが確認されたときに、裁判所の許可を得て行われる補充的な配当である。破産手続終結の決定があった後であっても、追加配当をしなければならない（破215条1項）。

(ii) **方法による区分——簡易な手続**

　簡易配当は、配当できる金額が1,000万円に満たない事件（破204条1項1号）および破産債権者の異議がなく、裁判所が許可した場合（同条項2号、3号）について、裁判所書記官の許可を得て、最後配当に代えて行われる簡易・迅速な配当手続である。通常の最後配当と異なり、「債権の総額」や配当見込額について公告または通知が不要（破205条による破197条の準用除外）であり、配当見込額を各破産債権者に通知すれば足り（破204条2項）、また、除斥期間は1週間に短縮されている。

　同意配当は、届出をした破産債権者の全員が、破産管財人の定めた配当表、配当額および配当の時期・方法について同意している場合に、裁判所書記官の許可を得て、その同意に従って行う配当をいう（破208条）。配当表・配当額・配当時期・配当方法について破産管財人が定め、破産債権者の同意により自由に決めることができ、私的整理に近い処理ができる。

…コラム…
配当の種類に関する現行法の建付け

　旧法では、配当を実施する時期を基準として、「中間配当」を基本型としていたといわれるが、現行法では、「最後配当」を基本形として規律することとされている。「中間配当」を実施するには、財団の規模が大きくなければならず、多くの事件は、「最後配当」が実施されるか、配当手続を実施せずに手続が終了していたからである。現行法の運用でも、破産管財人が選任された事件において、その多くは、配当手続の実施による終了

ではなく、異時廃止決定（破 217 条）で終了しているといわれる。

(2) 一般債権者に対する配当

【設例 1】

B は、A 株式会社の従業員である。A の事業が傾き同僚が辞めていく中、幼なじみである代表取締役 C から、事業が再建された暁には取締役に抜擢するとして強く慰留され、会社の再建に奔走した。会社の資金繰りにも協力し、自己の貯金から 300 万円を A に融通した。給料（月 30 万円）の未払いが 5 ヶ月に達したとき、A に破産手続が開始され、X 破産管財人が選任された。

> **Q3** X が実施する最後配当の基本的な流れを説明しなさい。

(i) 最後配当の許可

　X は、最後配当を実施するために、裁判所書記官の許可を得なければならない（破 195 条 2 項）。裁判官ではなく、書記官の許可とした理由は何か。最後配当の要件として、①一般の債権調査が終了していること、②破産財団の換価が終了していること、③最後配当をすることができる適当な金銭があること、すなわち、財団債権の処理ができていることが必要である。これらの要件充足の判断は、過去または現在の事実関係の確認が中心となり、形式的な判断で足りることから、書記官の権限とされた。

(ii) 配当表の作成

　X は、最後配当について裁判所書記官の許可（破 195 条 2 項）を得たときは、遅滞なく、配当表を作成し、裁判所に提出しなければならない（破 196 条）。配当表に記載する事項は、①最後配当の手続に参加することができる破産債権者の氏名または名称および住所、②最後配当の手続に参加することができる債権の額、③最後配当をすることができる金額である（破 196 条 1 項）。②「債権の額」については、優先劣後の有無を記載する必要がある（破 196 条 2 項）。③「金額」は、換価終了後、財団債権の弁済に必要な額を控除した額となる。

(iii) 配当の公告・通知

　X は、最後配当の手続に参加できる債権の総額および配当をすること

が出来る金額を公告するか、または届出をした破産債権者に個別に通知する（破197条1項）。公告か個別通知かの判断は、破産債権者の数、費用や事務処理の負担等を踏まえ、Xが行う。通知が公告と並ぶ周知方法として認められた趣旨はこうである。現行法は、一般調査期間経過後または一般調査期日終了後の債権届出の制限を強化し（破119条3項・122条2項、112条参照）、同経過後等は、届出のない者の利益を尊重しない。その結果、配当手続の周知は、基本的に、破産債権の届出をした破産債権者を対象とすれば足りると考えた。

(iv) 除斥期間と配当表の更正

最後配当の除斥期間となるのは、配当の公告が効力を生じた日（破197条1項）またはXが配当の通知到達の届出をした日（同条3項）から起算して2週間である（破198条）。例えば、債権調査手続で異議が出ていまだ確定していないBの貸金債権（無名義債権）については、除斥期間内に破産債権査定申立て等の提起が証明されない限り（破198条1項）、配当から除斥される。証明がなされれば、Xは、直ちに、配当表を更正しなければならない（破199条1項2号）。

(v) 配当表に対する異議

届出をした破産債権者で配当表の記載に不服のある者は、除斥期間経過後1週間以内に限り裁判所に対し異議を申し立てることができる（破200条1項）。異議申立ての裁判に対しては、即時抗告をすることができる（同条3項）。

(vi) 配当額の決定・通知

異議申立期間経過後、Xは遅滞なく各債権者に対する配当額を定め、その通知をしなければならない（破201条）。

(vii) 配当金の支払

配当額の通知を受けた各債権者は、配当金を受け取る。原則として債権者がXの職務場所へ受け取りに行くが（破193条2項）、実際には、Bが届け出た銀行口座に、振込手数料分を控除して振り込むことが通例である。また、Xは債権確定のための手続が落着しておらず、すぐに支払えない配当額や、債権者が受領しなかった場合の配当額については供託できる。

> **Q4** Xによる換価が終了し、以下のことが明らかとなった。
>
> 　　換価により得られた金銭：3,000万円
>
> 　　財団債権の総額：1,000万円
>
> 　　優先的破産債権の総額：3,000万円
>
> 　　（一般の）破産債権の総額：5,000万円
>
> 　このとき、Bが回収できる金額はいくらか。

　BがAに対して有する債権が破産手続上どのように扱われるかを確認する必要がある。まず、未払いの給料債権は、民法上、一般の先取特権を有するため（民306条2号）、破産法149条により、破産手続開始前3月間の部分が財団債権となり、残りは、優先的破産債権となる（破98条1項）。また、Bの貸金債権は、一般の破産債権となる（破2条5項。第12章 **2**(1)参照）。

　破産財団の換価により得られた金銭が3,000万円であることから、財団債権の支払額を控除すると、配当原資となるのは、2,000万円である。それゆえ、Bの給料債権のうち、財団債権となる3月分は、配当手続を待たず、Xから支払われる。最後配当手続においては、優先的破産債権者は、一般の破産債権に優先して、配当原資から満足を得ることができる。したがって、Bは、配当原資2,000万円から、他の優先的破産債権者との間で按分比例により満足を受ける。もっとも、Bは、一般の破産債権とされた貸金債権については、何も得ることはできない。

> **Q5** Q4の設例で、換価により得られた金銭が1,500万円しかなかった場合、どのような配当手続が選択できるか。

　この場合、財団債権の支払額（1000万円）を除くと残額は500万円となり、配当できる金額が1000万円に満たない事件となるから、裁判所書記官の許可を得て最後配当に代えて簡易配当手続を利用することができる（破204条1項1号）。

　簡易配当は、財団の換価終了後に行われる配当手続の原則型である最後配当に代わる、簡易かつ迅速な配当手続である。配当の原資となる財団が少ない場合や、債権者が厳格な手続を望まない場合に、相当の費用と時間

をかけて厳格な手続を行うことは合理的ではない。簡易配当手続は、こうした理由を受けて、手続の簡易化・迅速化を図り、同時に、破産債権者の利益にも配慮した手続となっている。

簡易配当を行うことができるのは、①配当可能金額が1,000万円未満の場合（破204条1項1号）、②破産手続開始決定時に簡易配当による旨を明らかにして、破産債権者の異議がなかった場合（同条同項2号）、③配当の段階で簡易配当とするのを裁判所書記官が相当と判断し、簡易配当許可の決定後、簡易配当による旨を明らかにして、破産債権者の異議がなかった場合（同条同項3号、破206条）で、③の場合に破産債権者から異議があった場合には、簡易配当の許可は取り消される（同条後段）。

簡易配当の手続には、その簡易・迅速化（通知の重複を廃し、配当に要する期間を短縮すること）を図る趣旨から、最後配当と比べていくつかの特別な規定が存在する。まず、配当公告は行われず、各破産債権者に配当見込額等を通知することとされている（破204条2項）。あらためて配当額を通知することは廃されている（破205条による破201条7項の準用除外）。また、破産管財人が、遅滞なく、その配当見込額等の通知が通常到達すべき期間を経過した旨を裁判所に届け出た日から1週間が除斥期間とされている（破205条・198条1項）。さらに、除斥期間後の配当表に対する異議申立期間に届出債権者は異議を申し立てることができるが（破205条・200条1項）、この異議についての裁判に対しては即時抗告をすることができないとされている（破205条は200条3項の準用を除外している）。

> **Q6** Q4の設例で、Bは、Xに対して、自己の貸金債権について届出をしたが、自己の給料債権については、当然に支払われるものと思い、Xには何も知らせなかった。このとき、Xが同意配当手続を取った場合、どのような問題が生じるか。

同意配当とは、届出をした破産債権者の全員が、破産管財人の定めた配当表、配当額および配当の時期・方法について同意している場合に、裁判所書記官の許可を得て、その同意に従って行う配当のことをいう（破208条1項）。配当表・配当額・配当時期・配当方法について破産管財人が定め、破産債権者の同意により自由に決めることができ、私的整理に近い処

理が可能となり、最後配当の簡易化・迅速化を図ることができる。

　ただ、注意しなければならないのは、同意配当の許可がなされるまでに X に判明しなかった財団債権者（**設例**の B）は、同意配当をすることができる金銭をもって弁済を受けることができなくなる（破 208 条 3 項による破 203 条の準用で、基準時は裁判所書記官の許可があった時とされている）。

> **Q7** Q4 の設例において、A の破産手続開始直後、B の妻が重病にかかり、入院治療の費用が必要となった。B が、財団の換価を待たずに、給料債権の支払いを受ける方法はないか。

　B の給料債権は、財団債権部分と優先的破産債権部分に分かれる。前者については随時弁済を受けられるが、後者について最後配当を待たずに支払いを受けるには、給料債権を裁判所の弁済許可により弁済してもらう方法（破 101 条 1 項）と、中間配当をしてもらう方法（破 209 条）がある。

　裁判所は、最後配当等の許可がなされるまでの間、破産管財人の申立てによりまたは職権で、給料債権の全部または一部の弁済をすることを許可することができる（破 101 条 1 項）。B は、X に対して、申立てを促すことができるものの、裁判所に対する申立権はない。X は、B から申立てをすべきことを求められたときは、直ちにその旨を裁判所に報告しなければならず、また、その申立てをしないこととしたときは、遅滞なく、その事情を裁判所に報告しなければならない（同条 2 項）。裁判所の許可を得るには、「弁済を受けなければその生活の維持を図るのに困難を生ずるおそれ」（同条 1 項本文）があり、かつ、その弁済により財団債権または他の先順位もしくは同順位の優先的破産債権を有する者の利益を害するおそれがないことが必要である（同条 1 項ただし書）。

　これらの要件を充足できない場合には、中間配当を検討する余地がある。中間配当とは、一般調査期間の経過後または一般調査期日の終了後であって破産財団に属する財産の換価の終了前において、配当をするのに適当な破産財団に属する金銭があると認める時に、最後配当に先だって行われる配当である（破 209 条）。中間配当が実施される具体的場面の一つは、その時点で十分な財団財産があるも、否認訴訟が係属し、相手方が争う姿勢を見せている場合である。すなわち、訴訟の結果が確定するには時間がか

かるけれども、相当額を財団に回収できる見込みが十分にあり、一方、現時点で多額の金銭が財団にある場合である。

> **Q8** Q4の設例において、最後配当額通知後、Aの破産手続終了前、新たにAの資産（甲土地）が発見された。
>
> (1) Xはどのように対応すればよいか。

　Xが破産財団に属する財産の換価を終え、最後配当を行った後に、更に配当に充てることができる財産が確認された場合、Xとしては追加配当を行うことが考えられる。追加配当とは、最後配当の配当額の通知を発した後、新たに配当に充てることのできる相当の財産があることが確認されたときに、裁判所の許可を得て行う配当であり、破産手続終結決定の前後を問わない（破215条1項）。手続は最後配当に準じる。

　追加配当の財源となる財産については次のようなものがある。まず、届出破産債権に対して破産管財人などから異議等が提出されて、債権確定手続が係属中の破産債権について供託されていた金銭で（破202条1号、2号）、手続の結果が届出破産債権者の側の敗訴に確定した場合である。また、否認訴訟などにおいて破産管財人が勝訴し、破産財団に回復される財産も含まれる。そして、破産管財人の錯誤などを理由として破産債権者から返還される配当金や税金の還付金、最後配当の通知後などに新たに発見された財産なども該当すると考えられる。

　追加配当を行う場合、Xは次の方法による。まず、Xは、追加配当について裁判所の許可を得る必要がある（破215条1項）。追加配当は、最後配当、簡易配当、同意配当について作成した配当表によって実施される（同条3項）。Xは、裁判所の許可を得た後、遅滞なく追加配当に参加できる債権者の配当額を定め（同条4項）、配当手続に参加できる債権者に通知しなければならない（同条5項）。なお、給料の請求権等の破産債権者で弁済を受けた者（破101条1項）および外国で満足を受けた者（破109条）の配当における劣後化の規定（破201条4項）、配当額の供託の規定（破202条）、ならびにXに知られていない財団債権者の取扱いに関する規定（破203条）が準用される（破215条2項）。追加配当をしたとき、Xは、裁判所に書面による計算書の報告をしなければならない（同条6項）。

> **Q8** (2)　甲土地の発見が、Aの破産手続終了後であった場合、追加配
> 当をすることができるか。

　破産手続終結後に、破産財団に属すべき財産が発見された場合にも、追
加配当ができるか否かについては見解の対立がある。破産手続終結決定に
より破産者の管理処分権が回復することから、この決定後に発見された財
産については追加配当の財源とならないとする見解もある。しかし、破産
手続の公平さの確保という視点から、この原則的な論理を貫くことに疑問
が提起されている。本来、配当手続において配当されるべき財産であった
のに、破産管財人の任務懈怠や調査不足または破産者の隠匿などによって
配当の対象とならなかった財産が、破産手続終結決定後にたまたま発見さ
れ、その財産がなお破産者に帰属しているような場合、この財産を追加配
当の対象としないことは、かえって破産手続の公平を害し、破産手続に対
する信頼を揺るがすことにもなる。そこで、この場合に、破産管財人の管
理処分権が当該財産との関係でなお残存していると考え、その財産を換価
して追加配当を行うのが相当であるとする見解が有力となっている。

(3) 別除権者による不足額債権の行使（不足額責任主義）⇒第 10 章 **2** 参照
【設例 2】
　D銀行は、A株式会社に対し、1億円の融資をすると同時に、Aの所有
する乙遊休地に抵当権を設定し、登記を経た。その後、Aに破産手続が
開始され、X破産管財人が選任された。抵当権設定時、乙地の価値は 1
億円であったが、Aに破産手続が開始された後、その価値は、4,000 万円
まで減少していた。

> **Q9** D銀行がAの最後配当に配当参加するにはどのような手続を取
> る必要があるか。

　Aの破産手続において、抵当権者であるD銀行は、別除権者として扱
われるため、自己の抵当権実行を破産手続により制約されることはない
（破 65 条 1 項）。しかし、Dが仮に抵当権を実行したとしても、乙地の価
値低減により、被担保債権全額の満足を得ることができない。この不足額
部分は、Aの破産手続によらなければ、満足を得ることはできない。

Dに求められることは、除斥期間内に担保権を実行して配当を受け不足額を確定させるか、合意により不足額部分を確定させることである。これらを証明しない限り、最後配当から除斥されてしまう（破198条3項）。なお、仮に、Dの抵当権が根抵当権であったとき、除斥期間内に不足額の証明があった場合を除いて、極度額を超える部分が不足額とみなされ、配当の対象となる（破198条4項、196条3項）。

Q10 D銀行がAの中間配当に配当参加するにはどのような手続を取る必要があるか。

別除権者であるDは、中間配当に関する除斥期間内にXに当該別除権の目的である財産の処分に着手したことを証明し、かつ当該処分によって弁済を受けられない額を疎明しなければ、中間配当を受けられない（破210条1項、2項）。Xは、この疎明があったとき（同条3項）、異議ある債権者について破産法198条1項の証明があったとき（破199条1項1号の準用）および破産債権者表を更正すべき事由が中間配当に関する除斥期間内に生じたときは、直ちに配当表を更正しなければならない（同条項号、210条3項）。

2 破産手続の終了

(1) 終了事由と終了の効果

Q11 破産手続の終了事由にはどのようなものがあるか。

破産手続は最後の配当（最後配当、簡易配当、同意配当）による破産手続終結決定により終了するのが原則であるが、それ以外の場合として、破産手続廃止決定の確定（破216条ないし218条）、破産の取消決定の確定（破33条3項）のほか、再生計画や更生計画の認可決定の確定（民再39条1項、184条、会更50条1項、208条）によっても終了する。

Q12 破産手続終了の効果は何か

(i) 破産者に対する各種制限の解除

破産手続開始に基づく人的効果は消滅し、居住に関する制限（破37条1

項）や郵便物等の通信の管理に対する措置も解除される（破81条3項）。また、残余の財産がある場合、破産者の管理処分権も復活する（破78条1項参照）。さらに、裁判所書記官は、破産手続の終了に関する登記、登録を嘱託する（破257条7項、258条2項、259条2項、262条）。

(ii) 終了後の破産法人

　破産者が法人である場合、破産手続終了の効果として法人格が消滅することになるが（破35条参照）、残余財産があるときはその範囲で法人の存続を認めざるを得ず、最終的には清算手続が行われることになる。

(iii) 破産債権者による権利行使

　破産手続終了後、確定した破産債権については、破産債権者表の記載は、破産者に対し、確定判決と同一の効力を有し、破産債権者は、確定した破産債権について、破産者に対し、破産債権者表の記載により強制執行をすることができる（破221条1項）。ただ、現行法では、免責許可の申立てがあった場合等、免責許可の裁判が確定するまでの間は破産債権に基づく強制執行等をすることはできず、既にされている強制執行等は中止される（破249条1項）。

(iv) 時効の完成猶予

　破産手続に参加した破産債権（民147条1項4号）に関して、時効の完成が猶予される（同条1項）。手続上権利が確定すれば、手続終了時に時効は更新され、時効期間が新たに進行を始める（同条2項）。権利が確定することなく手続が終了した場合、更新は生じないが、「その終了の時から六箇月を経過する」までの間、時効は完成しない（同条1項柱書）。

(v) 中断された訴訟の帰趨

　破産手続が終了した場合、破産管財人を当事者とする破産財団に関する訴訟は中断し（破44条4項）、破産者はこれを受継しなければならない（同条5項）。

　破産債権に関する訴訟で破産手続終了までに終結しなかったものは、配当額を供託し（破202条1号）、当該訴訟の終結を待たずに破産手続を終了させることができるが、この場合は、訴訟は中断せず破産管財人が引き続き訴訟を遂行することになる（破133条3項）。

　なお、これに関連して、債権調査期日における債権認否を留保したまま

異時廃止決定がされた場合には、破産債権に関する訴訟は中断したまま、廃止決定確定後に破産者が当然に受継することになる（破44条4項、5項）。その際、法人の場合にも本条が適用されるかは見解が分かれており、残余財産のない限り、破産手続の終了により法人格が完全に消滅するから、訴訟手続は当然に終了するという考え方もある。

(2) 破産手続の終結決定

Q13 破産手続の終結決定がなされるのはどのような場合か

破産管財人は破産財団に属する財産を換価して金銭ができれば、それを破産債権者にその債権の優劣・順位に応じて分配する。この手続を配当というが、このように多数の債権者に公平な満足を与える配当手続こそが、破産手続の最終目標である。

破産管財人は、最後配当の後、計算報告の申立てをし（破88条3項）、計算が承認される（同条6項）と免責される。こうして最後配当が終了し、計算報告の手続が終わると、裁判所は破産手続終結の決定をし、通知・公告をする（破220条）。

(3) 破産手続の廃止

Q14 破産手続の廃止とは何か

破産手続廃止とは、破産手続をその目的が達せられないまま将来に向かって終了させることをいう。届出債権者の同意がある場合（同意廃止、破218条）、または破産財団が不足し、破産手続の費用が賄えない場合（財団不足による廃止）に分かれる。後者は、財団不足のため、破産手続開始時になされる同時破産廃止（破216条1項）、破産手続開始の後、裁判所が破産財団をもって破産手続の費用を支弁するのに不足すると認めた場合になされる異時廃止（破217条1項）に分かれる。なお、同時廃止については、第15章2を参照のこと。

Q15【設例1】で、Xによる換価が終了し、以下のことが明らかとなった。

換価により得られた金銭：3,000万円

> 財団債権の総額：8,000 万円
>
> 優先的破産債権の総額：3,000 万円
>
> （一般の）破産債権の総額：5,000 万円
>
> Ｘの調査により、財団債権となる A による租税債権の滞納額
> （7,000 万円）が多額にのぼることが明らかとなった。このとき、
> 当該破産手続は異時廃止となるか。

　財団債権を随時弁済していった結果、破産財団がこれらを全額弁済する
に不足することが判明したものが上記設例である。既済の分はそのままと
し、未済の分については、まだ弁済していない債権額の割合に応じて按分
弁済することになる（破 152 条 1 項本文）。破産法においては、148 条 1 項
1 号および 2 号列挙の財団債権について、他の財団債権に優先し弁済され
る（破 152 条 2 項）ことには注意が必要である。

　こうした処理が必要となるのは、破産手続の廃止等の局面であるが、破
産手続においては、財団債権者に平等分配して清算を結了し、破産手続終
結決定をするべきとの有力な見解がある。財団債権には手続費用以外のも
のがあるため、財団債権が弁済できないことは、破産廃止の理由にならな
いからである。一方、現在の一般的な処理は、上記設例のように、租税債
権が多額になり、配当が予定されない場合には、破産手続終結決定による
ことは出来ず（破 220 条 1 項参照）、それ以上、手続費用も賄えなくなるこ
とを理由に、異時廃止決定によっている。

Q16 廃止決定が確定した場合の効果はどのようなものか

　破産手続廃止の決定が確定すると、破産手続は終了し、破産者は破産財
団の管理処分権を回復する。

　法人破産の場合、異時廃止であれば、残余財産がある以上、解散による
清算手続が行われる。一方、同意廃止がなされれば、法人継続の手続をと
って解散前の状態にもどる。個人破産の場合、異時廃止がなされれば、免
責許可の決定を得るか、復権の申立てをしてその決定を得れば、復権が認
められる。一方、同意廃止決定が確定すれば当然に復権するが（破 255 条
1 項 2 号）、免責許可の申立てはできない（破 248 条 7 項 1 号）。

第 14 章

再生計画、履行

木村真也

Ⅰ 再生計画

1 再生計画とはどのようなものか。

> **Q1** 再生手続において、何のために再生計画を定めるのか、検討しなさい。
>
> 第2章「再生手続の流れ」のⅠ収益弁済型の事案の中で、A株式会社は、再生計画を通じて何をしたいのか。

(1) 再生計画の意義

　A株式会社は、何のために再生手続の開始申立てをして、その後の手続を進めてきたのか、考えてみよう。そして、その目的との関係で、再生計画はどのように位置づけられるだろうか。

　再生手続は、「経済的に窮境にある債務者について、その債権者の多数の同意を得、かつ、裁判所の認可を受けた再生計画を定めること等により、当該債務者とその債権者との間の民事上の権利関係を適切に調整し、もって当該債務者の事業又は経済生活の再生を図ることを目的とする」（民再1条）。再生手続の目的を達成するために再生手続の中に、いろいろな制度が盛り込まれているが、この条文にも示されているように再生計画はその中心的な制度である。そして、再生計画は、「当該債務者とその債権者との間の民事上の権利関係を適切に調整し、もって当該債務者の事業又は経済生活の再生を図る」ための制度であると理解することができる。

⑵ A 株式会社が再生手続により目指したもの

以上が理解できれば、A 株式会社が、再生計画を通じて何をしようとしているのかについても、明らかになるであろう。まさに、「その債権者との間の民事上の権利関係を適切に調整し、もって当該債務者の事業又は経済生活の再生を図る」ことを目指して、再生手続を進め、再生計画を立案していくことになるのである。

2 再生計画案に定めるべき条項——再生計画事例を用いて

> **Q2** 再生計画を定めることの意味を踏まえると、再生計画には、大まかにどのような事柄を盛り込むことが必要か、再生計画案（233頁）を見ながら検討しなさい。
> また、再生計画に記載する事項として、絶対的必要的記載事項、相対的必要的記載事項および任意的記載事項があるが、その意味を説明するとともに、「再生計画案」（本章後掲）の例などを参考として具体例を示しなさい。

⑴ 再生計画の記載事項を考えることの意味

まず、再生計画の記載事項について、なぜ考えなければならないのかという点を理解してもらいたい。単に、必要的記載事項は何か、ということを暗記することが目的ではない。

上記で解説をした、再生計画の目的との関係で考えてもらいたい。再生計画の目的として「当該債務者とその債権者との間の民事上の権利関係を適切に調整し、もって当該債務者の事業又は経済生活の再生を図る」ためには、再生計画にはどのような事項が盛り込まれていることが必要なのか、債務者にとって有益なのか、といった視点を持ってもらいたい。

⑵ 権利の変更に関する条項

以上のような視点からすれば、再生計画の記載事項の中で、再生債権の権利の変更に関する条項（民再154条1項1号）が、極めて重要なものであることは、自ずと明らかになる。このような条項を欠く再生計画では、再生手続を進める意味がなく、したがって、その記載を欠く再生計画は違法として排除される（民再169条1項3号、174条2項1号）。これが絶対的

必要的記載事項とされることの意味である。

　また、権利の変更に関する条項が、再生計画の目的との関係で重要であることは、記載が必要であるということにとどまらず、実際の再生計画の記載の中に占める比重にもあらわれる。後掲の「再生計画案」（本章後掲）において、権利の変更に関する条項が全体の中でどの程度の分量を占めているだろうか。

(3) 再生計画案のその他の記載事項について

　再生計画案には、上記の他にも記載事項がいくつかあるが、それらについては、民事再生法154条以下と基本書をよく読み、記載事項とされることの趣旨を考えてもらいたい。

3 再生計画の可決要件

> **Q3** 再生計画では、再生債権者の権利を変更することができるが、これについては、民法の原則からすると多数決で実施することが可能なものか。再生計画の可決要件の意味は何か。
> 可決された再生計画について、認可の制度が設けられているのは、なぜか。

(1) 民法の原則から考える

　倒産手続を考える場合、倒産という特殊な場面だけの狭い視野で考えるのではなく、民法、民事訴訟法等、一般的、原則的なルールではどうなっているか、倒産の場面でそのまま妥当するのか、何らかの修正の必要があるとするとそれは何か、倒産法制度との関係ではどのように理解されるか、という目線を持っておくことが大切である。再生計画の決議の要件を考える際にも、以上のような視点を持ってもらいたい。

　A株式会社が、再生手続等の法的倒産手続をとっていない場合には、債権者に対して、権利の変更（一部のカット等）を要請する場合には、どのように行う必要があるだろうか。民法の一般原則からすると、債権者の権利をその意思によらずに、一方的に変更をすることは許されないはずである。そうすると、A株式会社は、債権者と個別に協議をして、個別に同意をもらって権利の変更をするほかない。現実にこの方法で事業の再生

を図るケースもある。私的整理と呼ばれる事業再生は、基本的にこのような方法による。

(2) 民事再生法の可決要件の意味

　それでは、民法上の原則を倒産の場面で貫徹することは適当だろうか。窮境にある債務者の事業の再生を図ることにより今後の収益が確保され、全債権者への弁済原資の確保につながるなど、全債権者の利益に資する場合がある。それに対して、事業を清算することは、一般的には、保有資産を早期に廉価でばら売りするほかなく、弁済原資が小さくなり、債権者への配当は少額となる可能性がある。

　このような事案で、A株式会社が事業の再生を図ろうとして、全債権者に平等に債権のカット（権利の変更）をお願いし、多くの債権者はこれに同意したが、一部の債権者が強硬に全額弁済を求めたとする。A株式会社は、どのような方法をとることができるか。

　法的倒産手続でないことを前提とすると、A株式会社は、強硬な債権者だけに全額弁済をして事業再生を進めるか、事業再生を断念して事業を清算するかの決断を迫られることとなる。前者の方法は総債権者の利益に資するようにも見えるが、強硬な債権者だけに全額弁済をすることは債権者の平等を害し、早期にA株式会社の権利変更案に同意をした債権者が相対的に不利益を受ける結果となることは望ましいことではない。早期に同意をしていた会社も、他社が全額弁済を受けると聞くと、同意を撤回して全額弁済を求めるに至り、協議が混乱することも考えられる。

　他方、事業を清算することはできるかもしれないが、それでは、弁済原資が小さくなり総債権者の利益に資するものではない。

　以上のような考慮から、再生手続では、再生計画案の可決要件を、全債権者の同意ではなく法定多数の債権者の同意（大雑把にいうと債権者数と債権額の過半数の同意、正確には、民再172条の3参照）があることで足りることとして、再生計画の成立の要件を、民法一般のルールと比較して大幅に緩和している。この点が、私的整理手続と再生手続との決定的な相違点である。

(3) 再生計画が可決した後認可要件が問題となる意味

　一方、再生計画がせっかく可決された後に、裁判所が認可要件を審査す

ることとなっているのはなぜだろうか（民再174条）。再度民法に戻って考えてもらいたい。A株式会社が、全ての債権者との間で、権利を変更する合意をした場合に、その内容の適否を裁判所などの外部機関が審査をすることが予定されているだろうか。私的自治の原則からすると、当事者が合意をした以上基本的にはその内容は尊重されるはずである。ところが、再生手続では、せっかく可決要件を満たした再生計画について、裁判所がさらにチェックをすることになっている。なぜか。

それは、可決要件を緩和したことの反面としての規制である。全員の同意を要さず、法定多数の同意で足りることとした意味は何か、もう一度考えてみよう。

⑷ 債権者平等原則と清算価値保障原則

多数債権者が少数債権者をいじめるような計画を通すことは許されてよいか。直ちに破産をさせたほうが全債権者にとって有利であるのに、法定多数の債権者が同意をした場合には、破産よりも弁済率が低いような再生計画を成立させてしまってよいか。いずれも答えはノーである。

再生計画の可決要件を緩和する前提として、債権者の平等が図られていることが重要であるから、債権者平等原則に反するような再生計画は許されるべきではない（債権者平等原則、第12章「債権の優先順位」参照、民再174条2項1号、155条）。また、事業の再生をすることが債権者一般の利益に資することが多数決による権利変更を許容する前提となるから、破産した場合に予想される配当率を下回るような、再生計画は許されない（民再174条2項4号、これを清算価値保障原則という）。

このように、再生計画の可決要件が緩和されたことと対になって、その内容が、一定の再生手続の原則的な要請に反していないかといった点は、裁判所が審査することが必要なのである。これが、認可手続の意味である。

Ⅱ 再生計画のスキーム

1 自主再建型とスポンサー型の事業再生

Q4 第2章Ⅱ事業譲渡型の事案では、「第三者のスポンサーを募集し

て事業の再生を図る方針をとった。」とされている。事業再生の方法として、どのような方法があるのか、それらのメリットとデメリットと、本件でなぜそのような選択肢をとったのか、検討しなさい。

(1) 自主再生における事業再生の方法

　A株式会社の事業を再生する方法を考えてみよう。再生計画により、再生債権の権利の変更（実際には、債権のカットと、弁済期の延期）は、法律上可能であるとしても、それだけで事業の再生がうまくいくだろうか。

　本件でも見られるように、会社が窮境に陥る原因は種々あるとしても、収益が悪化して営業赤字を出して（つまり事業を継続することにより手持ち資金が減っていく状態になり）、その結果として負債が増大したり、資金繰りが回らなくなるという窮境に陥ることが非常に多い。そのような会社の場合、仮に過去にたまった負債（再生債権）をカット・延期してもらっても、今後も赤字を出し続けるならば、事業が悪化していき、悪くすると同じことが再度おこることになってしまう。まして、過去の再生債権についての弁済原資を生み出すなど望むべくもない。

　事業を再生するためには、過去の負債（再生債権）の負担を軽減するだけではなく、将来に向かっては、収益を出せる体制を構築することが必要である。事業内容の改革により収益を出せる会社に生まれ変わり、少しずつでも収益を出して、それを元手として、権利変更をした過去の再生債権に少しずつ弁済をすることができる収益力をつけないと、事業再生は成り立たないのである。

　そのためには、売り上げを伸ばす営業努力、経費を節約する経営改革等、工夫をして、黒字体質を構築することが必要である。

　このような事業の収益改革の実施について、民事再生法は特別の定めを置いていないので、民事再生法の助けを借りて特別なことができるわけではなく、まさに通常の会社と同様に事業の改革を実行する必要がある。

(2) 民事再生法は自主再生を許容していること

　民事再生法のもとでは、いわゆるDIP型手続が採用されて、再生手続開始後も従来の経営陣が管理処分権を持ち続けることが許され（民再38

条1項）、再生計画が認可されても、旧株主の権利が当然に消滅するようなことはない。このように、民事再生法は、旧経営陣、旧株主が、続投することを許容している。経営者個人が持つ人脈や情報が重要な経営資源であることも多い中小企業においては、債権者の理解が得られる限り、このような形で事業を再生することも適切だという考え方によっている。

このように、旧経営陣、旧株主が続投をすることができるという制度を取ることで、経営陣の心理的抵抗が取り除かれ早期に再生手続の申立てを決断することが可能となり、事業の毀損が進む前に再生手続に入って、事業を再生することを可能とするというメリットもある。

この点は、会社更生法とは大きく異なる点である。大企業を主たる適用対象とする会社更生法では、更生手続開始により管財人が選任されて旧代表者等は管理処分権を失い（会更42条、72条）、更生計画認可決定により旧株主の権利は原則として消滅する（会更204条）。

(3) 自主再生とスポンサー型再生のメリット、デメリット

以上のように、旧経営陣、旧株主のもとでの事業の再生にはメリットもあるが、うまくいかない場合も多い。

例えば、第1に、旧経営陣のもとでの事業改革では早期に黒字転換をすることが難しい場合である。その場合、同業のノウハウを有する大手企業からスポンサーとして再生債務者への支援を受けることができるならば、事業改革が進むなどして、事業の再生が円滑になされることに資する場合がある。

第2に、何とか黒字転換を図って将来的に若干の利益を生み、それをもとに長期間にわたって債権者に弁済をする計画を立てたいが、債権者の多くが、長期間の少額の弁済に同意をしない場合がある。その場合に、やはりスポンサーに再生債務者の事業を現在価値で買い取ってもらうならば、その売却代金を元手にして、債権者にはほぼ一括で弁済を実施し、再生債務者の事業はスポンサーのもとで再生されるということも可能となる。このことは、2次破たんリスクを債権者に代わってスポンサーがとるという面があり、その意味でも債権者の理解が得られやすい場合がある。

第3に、旧経営陣に重大な経営責任があり、旧経営陣のもとでの再生に債権者の協力が得られない場合がある。この場合にも、経営責任の一環と

して、経営を離れてスポンサーを募集することが、債権者の納得を得る一つの方法となることもある。

このような理由から、旧経営陣は、続投を断念して、スポンサーのもとで事業の再生を図る事案も相当数ある。

(4) 本件での検討

以上の点を背景として、本件のA株式会社から相談を受けた弁護士として、またその経営者として、どのような点を考慮して、再生の方法を検討することになるかを考えてみてもらいたい。

2 スポンサー型のスキーム

Q5 スポンサーを通じて事業を再生する方法として、どのような方法があるか、検討しなさい。それらの方法の主なメリット、デメリットについて検討しなさい。

(1) スポンサー型のスキームのいろいろ

具体的にスポンサーに支援をしてもらう場合に、法律的にどのような仕組み（スキーム）を使うかについては、選択肢が多い。この点は、会社法上の制度を活用することが多く、さらに会社法上の制度について、民事再生法で一部修正がなされている部分を検討する等の目線で頭を整理してもらいたい。

(2) 事業譲渡（営業等の譲渡）

その中で、最も基本的なものは、事業譲渡である。再生債務者の事業の全部をスポンサーに一定の金額で譲渡をし、再生計画において、その代金を元手にして債権者に一定の弁済をし、再生債務者の法人自体は解散、清算をするなどして閉鎖し、再生債務者の事業はスポンサーのもとで再生される、という流れである。

事業譲渡をする場合に、会社法上は、株主総会の決議を経て行われることを押さえたうえで（会309条2項11号、467条）、民事再生法上はどのような規制が必要になるだろうか。会社法上は、資産超過の会社が想定されているので、事業の譲渡について、特に債権者の意見を聞く必要はなく、むしろ会社の経営に利害を有する株主の意見を株主総会の特別決議で反映

させるという仕組みになっている。

　再生手続ではどうか。再生手続では、再生債権者の弁済原資が不足して
いる状況の中で、その事業の再生の方法として事業譲渡をする場合、その
内容の適否は、再生債権者への弁済内容を含む利害に直結する。そこで、
再生債権者の利益を保護する必要が通常の会社法の手続の場合よりも大き
い。再生計画を通じて事業譲渡をするならば、再生債権者の決議を通じて
再生債権者の意見が反映されるので、この点の問題はない。

　しかし、再生計画の作成まで待てずに急いで事業の譲渡をしなければ事
業が再生できない場合もある。そのような場合にも債権者の利益への配慮
が重要である。このような観点から、民事再生法42条の条文を読んでみ
てもらいたい。

　反面、株主の利益を保護する必要性は高いだろうか。再生債務者は債務
超過であることも多い。債務超過の会社の株式の価値は実質的にゼロであ
り、株主として事業譲渡のあり方について口出しをする必要性が高いとは
言えない場合もある。このような観点から、民事再生法43条を読んでみ
ていただきたい。

　民事再生法の42条と43条は、一見よく似ていて混乱しがちであるが、
その意味は上記のとおり、全く違うということを理解してもらいたい。

(3) スポンサー型の場合に採用しうるスキームとして、事業譲渡のほか、株式譲渡、増減資、会社分割、合併などがあること。

　以上のほか、会社法上、組織再編の方法として、株式譲渡、増減資、会
社分割、合併等の手続がある。最初は細かな違いに立ち入る必要はないが、
いろいろな方法を活用してスポンサーのもとでの再生が図られることを押
さえておいてもらいたい。それらのスキームの検討に際して、税務的、会
計的なメリット、デメリットを含めて総合的に検討をすることが実務的に
は必要となる。

(4) 再生計画におけるスキームの実行が原則

　スポンサーの支援を受けて事業を再生する場合、どのようなスポンサー
のもとで、どのような条件、スキームで事業の再生を目指すかが、再生債
権者に対して大きな影響を与える。そのため、再生債権者の意向を踏まえ
て進めるべきことであり、再生計画を通じて、スポンサーの支援内容を確

定し、その後に実行を進めるのが、原則的な進め方であるといえる。

⑸ 事業再生の迅速性の要請と適正手続の確保による計画前の営業等の譲渡の許容性

　ただし、先に少しふれたとおり、再生債務者の事業は生きている。再生計画の提出時期までは、第2章Ⅰ6にあるように、再生手続開始申立てから数カ月先となることが一般的である。それまでの資金繰りがもたないような会社は、全て再生の道が閉ざされてしまうことが適切であるとは言い切れない。

　それ以前に早期にスポンサーへ事業を譲渡することにより、別の方法をとる場合と比較して再生債権者に利益となると考えられる場合には、再生計画前にスポンサーへの事業譲渡を実行することなどが許されてよいのではないか。ただし、その場合も、再生債権者の意向を尊重するべきことは上記のとおりである。上記のような観点から、もう一度民事再生法42条をじっくり読んでもらいたい。

3　計画前の営業等の譲渡

> **Q6** 計画前の営業等の譲渡の要件はどのようなものか。そのような要件および手続が定められている趣旨はどのような点にあるか。第2章「再生手続の流れ」Ⅱ事業譲渡型の事案では、どのような点が考慮されて許可がなされているか。

⑴ 営業等の譲渡の許可の要件、手続とその趣旨

　上に説明をした計画前の事業譲渡の必要性と許容性（その場合の規制の必要性）の観点から、民事再生法42条の要件、手続を吟味してもらいたい。

　まず、裁判所の許可を得なければならない。許可の要件は「事業の再生のために必要であると認める場合」であることである（民再42条1項）。これは再生計画の可決、認可を待たないため、それに代わる審査を行うための手続であるといえる。そのような趣旨から、上記の「事業の再生のために必要であると認める場合」という文言をどのように解釈するか、何を審査するべきかということを検討する必要がある。再生計画を通じて事業譲渡を行うことが実質的に難しい事情は「事業の再生のために必要である

と認める場合」かどうかの問題として審査されるべきであるが、そればかりではなく、事業譲渡先の選定手続は適切か、事業譲渡の対価が適切か、対価の履行は確実かといった点も審査する必要があるということになり、実務でもそのような審査がなされている。

　そして、手続として、裁判所は、一定の再生債権者の意見および労働組合等の意見を聞かなければならない（同条2項、3項）。その意味は、事業の譲渡が再生債権者に重大な影響を与えること、従業員の意向が事業の再生のうえで重要であることである。

　債権者の意向聴取の手続の現実の進め方は、第2章Ⅱ5の進行を見ていただきたい。ここでは、決議がなされるわけではないので、再生計画の可決要件のように厳密に法定多数の同意が得られることが必須なわけではないが、仮に相当多数の再生債権者が反対をしている場合には、裁判所は許可をすることが相当ではないという場合も考えられる。

(2) 本件での検討

　以上のような観点から、本件でどのような点を検討するべきだろうか。

Ⅲ 再生計画の提出と可決、認可手続

1 再生計画案の作成と付議

> **Q7** 再生計画案はだれが作成、提出をして、どのようにして決議に付されるのか。再生計画案の提出権限が、再生債務者のほか、再生債権者に認められることの意味は何か。決議に付するに際して、なぜ審査がなされるのか。

(1) 再生計画案の作成主体
──再生債権者が再生計画案を提出できることの意味

　再生債務者等は、債権届出期間の満了後裁判所の定める期間内に、再生計画案を作成して裁判所に提出しなければならない（民再163条1項）。これは、再生計画案を提出しなければ、再生手続の目的が達成されないことから、当然の要請であるといえる。再生債務者は、社内の事業の内容について全ての情報を有しており、再生計画案を作成することが通常は最も容

易な立場にあり、実際にも再生債務者のみが再生計画案を提出するケースがほとんどである。

　他方、再生債権者も再生計画案を提出することができる（民再163条2項）。通常は、再生債権者は再生債務者の事業の内情を詳細に知っているわけではなく十分な情報がないため、再生計画案を作成することは容易ではない。現実にもそのようなことは多くない。それにもかかわらず、再生債権者にも再生計画案を提出することができることとするのはなぜか。

　繰り返すが、再生計画の内容は、再生債権者の権利の変更を主要な内容とするので、再生債権者の利益に対する影響が大きい。再生債権者としても、再生債務者の提出する再生計画案に不満であり、よりよい再生計画案を作成することができるならば、再生債権者が再生計画案を提出することを認めることが適当である。このような制度を設けることで、現実に再生債権者から再生計画の提出がなされていない事例においても、再生債務者として、公平誠実義務（民再38条2項）に則り、より良い再生計画案を作成するよう促すという機能も果たすのである。

⑵　裁判所による付議要件の審査の趣旨

　再生計画案が提出された場合に、直ちにこれが決議に付されるわけではない。裁判所は再生計画案が決議に付する要件を満たすかどうかを審査したうえで、決議に付する決定をする（民再169条）。このような制度がとられる理由は何か。

　先ほど、再生計画が可決された後に、認可要件が審査されることを説明した。再生計画は、全員の同意ではなく法定多数で可決することができるとした以上、再生計画の内容が民事再生法の原則に合致していることを審査することが必要である。これは、可決された後に認可するかどうかの要件の話である。

　ところで、そもそも認可の要件を満たさないような再生計画であれば、再生債権者の決議に付する意味があるだろうか。再生債権者を巻き込んで決議を進めるためには、可決されれば認可される見込みがあるような再生計画案でなければ意味がない。そのため、認可要件とほぼ同様な要件を満たすかどうかについて、再生計画案を決議に付するかどうかを判断する段階で審査がなされるのである（民再169条）。

2 再生計画の決議の方法

> **Q8** 再生計画案の決議の方法として、どのような方法があるか。それらのメリット、デメリットについて検討しなさい。

(1) 再生計画案の決議の方法——集会型、書面型、併用型

　再生計画案の決議の方法として、どのような方法が適当だろうか。

　再生計画の内容は、再生債権者の権利に重大な影響を及ぼす。そのため、再生債権者の意見を正確に聴取することが必要である。再生債権者として、容易に権利行使をしうるようにするべきである。

　債権者集会を開催して、再生債権者に出席を呼び掛けて、決議をすることが一つの一般的な方法としてある。この方法によることで、集会の場で、オープンに質問をしたり、議論をしたうえで、決議をすることができるという意味で、多数の関係者が意思決定を合理的にする方法である。

　しかし、再生債権者が全国に散在しており、集会の会場に出席することが容易ではない場合はどうであろうか。大多数の債権者が出席できないとすると、可決要件を満たすことが容易ではないこともありうるし（民再172条の3で、「議決権者の議決権の総額の二分の一以上の議決権を有する者の同意」が可決要件とされていることに留意）、債権者の多くの意見が反映されないということも適切ではない。

　そのような事態に対処するために、再生債権者が書面で議決権を行使することができることとすれば、メリットがあるのではないか。このようなことから、書面投票の制度が設けられた（民再169条2項2号）。

　さらには、集会の開催と書面による投票の双方を併用する、併用型も可能である（民再169条2項3号）。

(2) それぞれのメリットとデメリット

　集会型が最も基本的な形態であるということができ、民事再生法が主として想定する中小企業の場合には、これで十分であるともいえる。当日の出席が難しい債権者のために、債権者の代理人を用意して、当該代理人宛ての委任状を集めるという実務と併用することにより、債権者の議決権行使の機会は基本的に確保される。

　その他の利点として、債権者集会において再生計画案を変更することができることや（民再172条の4）、第1回の債権者集会で可決に至らなかった場合にも、一定の場合には債権者集会を続行してさらに可決を目指すことができること（民再172条の5）も、集会型の大きなメリットである。書面型の場合には、再生計画案の変更の可能性がなく、議決権行使期間内に法定多数の賛成が取れなければ、再生計画案が可決される余地がないこととは異なる。

　債権者の議決権行使の機会を確保し、債権者の意思を忠実に反映するためには、併用型の利点は多い。集会へ参加して質問をすることを希望する債権者にはそのような場も確保されている。そこで、東京地方裁判所など、この方式を原則とする裁判所もある。これらのメリットとデメリットを勘案して、決議の方法を検討する必要がある。

3　再生計画案の認可および認可決定の確定

Q9 再生計画案が可決された場合の認可の要件はどのようなものか。
　　その趣旨とともに説明しなさい。

　再生計画の認可の要件は、以下のとおりである（民再174条2項）。

一　再生手続又は再生計画が法律の規定に違反し、かつ、その不備を補正することができないものであるとき。平等原則違反の再生計画はこの要件との関係で問題となる。

　この点は、民事再生法に違反する再生計画は認可されるべきではないことにより、ここに、債権者の平等原則（民再155条）も含まれていることは、上述したとおりである。

二　再生計画が遂行される見込みがないとき。

　この点は、再生計画はきちんと遂行されることが当然に求められるものであり、遂行される可能性がない再生計画は、仮に債権者の多数が同意をしても、認可するべきではないことによる。

三　再生計画の決議が不正の方法によって成立するに至ったとき。

　この点は、債権者の意思が正しく問われていない再生計画は、認可されるべきではないことによる。

四　再生計画の決議が再生債権者の一般の利益に反するとき。

　この点は、清算価値保障原則に基づき、債権者の一般の利益に反するような再生計画は、仮に多数派の再生債権者が同意をしても認可するべきではないことによる（清算価値保障原則）。

Q10 再生計画案が不正の方法によって成立するに至ったときとして、不認可とするべき事案として、どのようなものが考えられるか。

　この点についても、再生手続の趣旨から、考えを展開していってみてほしい。すなわち、再生手続は、経済的に窮境にある債務者について、その債権者の多数の同意を得、かつ、裁判所の認可を受けた再生計画を定めること等により、当該債務者とその債権者との間の民事上の権利関係を適切に調整し、もって当該債務者の事業又は経済生活の再生を図ることを目的とする（民再1条）。そのためには、再生計画により権利の変更を行うことが必要であるが、それについて、「債権者の多数の同意を得」るという点は、再生計画の成立の上で、極めて重要な要素となるのである。仮に、再生計画の決議において、再生債権者の多数の同意というものが、実体に反して作り上げられてしまうとすれば、それは債権者の利益を不当に侵害することとなるから、許されないのである。そのために、民事再生法174条2項3号は、「再生計画の決議が不正の方法によって成立するに至ったとき」を、再生計画の不認可事由と定めているのである。

　再生計画の可決には、おおまかにいうと、①債権額の過半数かつ②債権者数の過半数の同意を得ることが必要である（民再172条の3）。①を作り出すために、たとえば、架空の債権者に虚偽の多額の債権を届け出てもらい、再生債務者がそれを認めてあえて確定させていたことが判明したとすれば、どうだろうか。また、②を作り出すために、既存の再生債権を、再生手続直前などに、多数の口に分けて、協力者に譲渡していた場合はどうだろうか。このように、再生手続は、再生債務者の事業等の再生を図る優れた制度であるが、反面債権者の利益を侵害する可能性をはらむ制度なのであり、このような乱用的な利用がなされないように、常に目配りをすることもとても大切である。このような点が問題となった事例として、最決平20・3・13民集62巻3号860頁〔百選93〕、最決平29・12・19民集71

巻10号2632頁〔百選94〕があるので、上記のような観点から、事案と判決文を丁寧に読んでみていただきたい。

> **Q11** 再生計画の認可決定に対して、再生債権者等は不服申立てをすることができるか。再生計画認可決定の効力はいつ生じるか。

再生計画は、認可決定の確定により効力を生じる（民再176条）。認可決定は、再生計画認可決定が公告された日の翌日から起算して即時抗告がなされることなく2週間が経過することにより確定する（民再175条、9条、10条4項）。

> **Q12** 再生計画の遂行は、だれが行うか。その履行が確実に行われるため、監督その他履行確保の制度としてどのようなものがあるか。

(i) 再生計画の履行確保の必要性

再生計画が可決、認可された後は、確実に遂行されることが重要である。そのことにより、再生手続の信頼も確保されることとなる。履行確保のための制度として、どのようなものがあるか考えてみてもらいたい。

(ii) 監督委員による監督

まず、監督委員は、再生計画認可決定が確定した後3年間（民再188条2項）、再生計画の遂行等についてチェックを続ける。これにより再生計画の履行状況が把握され、約定どおりの履行が促されることとなる。

(iii) 債務名義としての効力

再生計画は、確定した判決と同様の効力を有する（民再180条2項）。そのため、仮に再生計画が遂行されない場合には、債務名義に基づき再生債務者の財産に対する強制執行を検討する余地が生じる。このような牽制により、再生計画の遂行を確実にする面がある。

(iv) 再生手続の廃止、再生計画の取消し等の制度

その他、再生手続の廃止（民再191条以下）、再生計画の取消し（民再189条）があり、さらに破産手続に移行する制度も用意されていて（民再248条以下）これらが、再生計画の遂行を促す機能をどのように果たしうるかについても、考えてみてもらいたい。

平成○年（再）第○号　再生手続開始申立事件

再 生 計 画 案

平成○年○月○日

○○地方裁判所第○民事部　御中

再生債務者　　　株 式 会 社 ○ ○ ○ ○

代表取締役 ○ ○ ○ ○

再生債務者代理人　弁 護 士 ○ ○ ○ ○

第1　再生債権に対する権利の変更及び弁済方法
　1　再生債権
　　　再生債権者総数、確定債権等は、次のとおりである。
　　(1) 再生債権者総数　　○○○名
　　(2) 確定再生債権総額　　○○億○○○○万○○○○円及び額未定
　　　　（内訳）
　　　　元本　　　　　　　○○億○○○○万○○○○円
　　　　再生手続開始決定日の前日までの利息・遅延損害金
　　　　　　　　　　　　　○○○万○○○○円
　　　　再生手続開始決定日以降の利息・遅延損害金
　　　　　　　　　　　　　○○万○○○○円及び額未定
　2　一般条項
　　(1) 権利の変更
　　　　再生計画認可決定が確定した時に、次の金額について、免除を受ける。
　　　ア　再生手続開始決定日以降の利息・遅延損害金の全額
　　　イ　元本及び再生手続開始決定日の前日までの利息・遅延損害金（以下、
　　　　「元本等再生債権」という。）のうち次の通り算出した額
　　　　① 20万円以下の部分については、0パーセント
　　　　② 20万円を超えている部分については、80パーセントに相当する
　　　　　金額
　　(2) 弁済の方法
　　　ア　元本等再生債権が20万円以下の場合
　　　　　再生債権について、前記（1）による免除後の金額を、平成○年○
　　　　月末日限り、全額支払う。
　　　イ　元本等再生債権が20万円を超える場合
　　　　　再生債権について、前記（1）による免除後の金額を、次の通り、
　　　　10回に分割して支払う。

　　　　　第1回　　　　平成〇年〇月末日限り、20万円及び前記（1）による
　　　　　　　　　　　　免除後の金額から20万円を控除した額の10分の1に相
　　　　　　　　　　　　当する金額（以下、「分割弁済額」という。）を合計した
　　　　　　　　　　　　金額
　　　　　第2回以降　平成〇年から平成〇年まで毎年〇月末日限り、分割弁
　　　　　　　　　　　　済額を支払う。
3　個別条項
　（1）権利の変更
　　　　別表1「再生債権弁済計画表」（一般再生債権）記載の再生債権につ
　　　いては、同表「再生債権免除額」欄記載のとおり、再生計画認可決定が
　　　確定した時に、免除を受ける。
　（2）弁済の方法
　　　　免除後の金額を、別表1「弁済方法」欄記載のとおり支払う。
4　別除権付債権に関する措置
　　　　再生債権者E及びFの再生債権について（別表2―2）
　　　ア　別除権が行使されていない。
　　　イ　別除権の行使によって弁済を受けることができない債権の部分（以
　　　下、「不足額」という。）が確定したときは、前記2（一般条項）の定
　　　めを適用する。
　　　ウ　前記2（一般条項）の適用にあたって、再生債務者が不足額が確定
　　　した旨の通知を受けた日において、既に再生計画認可決定が確定してい
　　　る場合には、免除の効果発生の時期は、当該通知を受領した時とす
　　　る。
　　　エ　前記2（一般条項）の適用にあたって、再生債務者が不足額が確定
　　　した旨の通知を受けた日において、既に弁済期が到来している場合に
　　　は、当該通知を受けた日から1カ月以内に前記2（一般条項）適用後
　　　の弁済期の到来した債権を支払うものとし、これに対する遅延損害金
　　　は付さないものとする。
5　弁済に関するその他の事項
　（1）免除における端数の処理
　　　　再生債権の免除をする際に生じる免除額の1円未満の端数は切り捨て
　　　る。
　（2）分割弁済における端数の処理
　　　　再生債権に対する分割弁済において生じる1円未満の端数は、最終弁
　　　済期日の分割弁済分以外は、それぞれ切り捨て、最終弁済期日の前回ま
　　　での分割弁済額の合計額を総弁済額から控除した金額を、最終弁済期日
　　　の弁済額とする。

(3) 弁済の方法

　　再生計画における弁済は、再生債権者が弁済日の2週間前までに文書により指定する金融機関の口座に振り込む方法により支払う。なお、振込手数料は再生債務者の負担とする。ただし、再生債権者が振込先の金融機関を指定しなかった場合は、再生債務者の本店において支払う。

(4) 弁済期日が休日の場合の取扱い

　　弁済期日が金融機関休業日に該当するときは、当該弁済期日の翌営業日をもって弁済期日とする。

(5) 反対債権がある場合の処理

　　再生債務者は、再生債権者に対して前記1ないし5の定めに従って弁済する際、相殺適状にある反対債権を有するときは、これを控除して弁済することができる。

(6) 再生債権移転等の場合の処理

　　再生計画提出日（平成○年○月○日）以降、再生債権等の譲渡又は移転があったときは、譲渡又は移転前の債権額を基準として権利を変更し弁済する。一部譲渡又は一部移転の場合、権利の変更による免除額は、新旧債権者双方がその債権額に按分して負担する。

第2　共益債権の弁済方法

　　平成○年○月○日時点における共益債権の未払残高は、合計約○○万円であり、その内訳は、○○○○である。

　　未払共益債権及び同日の翌日以降に発生する共益債権は、随時支払う。

第3　一般優先債権の弁済方法

　　平成○年○月○○日時点における一般優先債権の未払残高は、約○○円であり、その内訳は、○○○○である。

　　未払一般優先債権及び同日の翌日以降に発生する一般優先債権は、随時弁済する。

第4　開始後債権

　　平成○年○月○日までに発生した開始後債権は存在しない。

以　上

第 15 章

個人債務者の倒産手続

金　春

【設例 1】（第 1 章 II「個人破産の事案」を参照し、作成）

　申立人 A$_1$（45 歳）は、某株式会社の従業員として勤務していたが、母親の病気の治療費や職場でのストレス発散のために行っていた高額の買物や遊興費に充てるために、消費者金融業者 5 社から借入れをするようになり、ついに自宅購入のために組んだ住宅ローン（現在の残高は 2,000 万円であり、自宅の上に住宅ローン債権者のために抵当権が設定されている）を含めて、合計 2,500 万円の負債を負い、月給 20 万円ではその返済を続けることが困難となった。A$_1$ としては、自宅を手放すこともかまわないし、迅速に免責を得て長年にわたった返済生活を終了させ、新たなやり直しを図ることを強く望んでいる。

【設例 2】（第 2 章 III「個人再生の事案」を参照し、作成）

　申立人 A$_2$（52 歳）は、某株式会社の従業員として勤務していたが、同会社の業績の悪化のため賞与や賃金がカットされたほか、同時期に住宅ローンの返済額も増額したため、負債が増大し、ついに住宅ローン（現在の残高は 3,500 万円であり、自宅の上にローン債権者たる銀行のために抵当権が設定されている）を含めて債権者 13 社程度に合計 6,000 万円の負債を負ったところ、月々の約定返済額は 25 万円に達し、月額給与手取りの 35 万円ではその返済を続けることが困難となった。A$_2$ としては、このまま返済を続けることは難しいが、家族のために自宅を守りたいとの希望が強いとともに、今後も給料から可能な範囲での返済を続けていきたいと望んでいる。

1 個人倒産制度の全体像

> **Q1**【設例1】の申立人 A₁ や【設例2】の申立人 A₂ のような個人債
> 務者を救済するために、どのような制度が用意されているか。

(1) はじめに

　申立人 A₁ や A₂ のような個人である債務者が、金銭債務の支払余力が
なくなった、あるいは、なくなるおそれがある場合に利用できる倒産処理
スキームとしては、大きく分けて、①任意整理（私的整理）、②倒産 ADR、
③個人破産、④個人再生の4つがある。①の任意整理は、債務の減免・期
限の猶予に関する個々の債権者と債務者間の個別的な和解契約の集積によ
って、債務者の債権債務関係を集団的に処理するものである。このような
私的整理を第三者が媒介する手続が、②のような代替的紛争処理手続たる
倒産 ADR であり、裁判所が手続の媒介者となっている特定調停（司法型
ADR）と財団法人日本クレジットカウンセリング協会によるクレジット
カウンセリング（民間型 ADR）がある。①と②は、任意の交渉に応じない
債権者を拘束できず、債務者が財産の隠匿等を行うことも十分に排除でき
ないため、集団的な倒産処理のスキームとしては限界がある。そこで、法
的倒産手続としての③と④が必要とされるのであり、本章では、③と④を
中心に概説する。

(2) 個人破産

　破産法における免責制度（破248条1項以下）は、個人破産者の経済生
活の再生の機会の確保を図るうえで重要な意味をもつ（破1条）。このこ
とは、消費者金融の普及に伴い、日本の破産事件の大部分が（非事業者の）
個人破産事件となり、かつ、今日でも個人破産事件の多くが同時廃止によ
って手続開始時に終了するとともに免責審理に移行する現状では更に顕著
であるといえる。個人破産制度との関係では、免責制度の目的・理念をど
う捉えるかが重要な意義を有するが、この点については議論がある。通
説・判例（最決昭36・12・13民集15巻11号2803頁〔百選84〕）は、破産手
続の主たる目的が破産債権者の権利実現にあることを前提とし、破産手続
による債権者の利益の実現に協力した誠実な債務者に対する一種の特典

（特典説）として捉えてきた。これに対して、近時では、個人債務者の経済的更生という破産法の目的を重視して、不誠実でない債務者が更生を図るための手段（更生手段説）として捉える見解が有力化している。いずれの考え方によるかによって、後述の免責不許可事由の解釈や裁量免責の運用について差異が生じる。

(3) 個人再生

　上記のように、個人債務者の経済生活の再生を図るために、既に破産法上の破産・免責手続が用意されているが、同手続を利用する限り、個人債務者は自由財産を除き住宅を含む、破産手続開始時における全ての財産を手放さなければならない。他方で、民事再生法が定める再生手続は当初中小企業の適用を念頭に創設されたものである。そこで、法は、個人債務者が手続開始時の財産を保持し、将来の収入から債権者に配当することを可能にする再建型手続として、民事再生法上の特則たる小規模個人再生（民再221条以下）、給与所得者等再生（民再239条以下）を用意している。両手続は、合わせて個人再生と呼ばれており、小規模である個人債務者の特性にふさわしいように、通常の再生手続の簡略化・合理化を図るために創設されたものである。両手続の主な相違点は、前者が、小規模・零細で、したがって債権総額も少ない個人債務者を念頭に置いているのに対して、後者は、前者の更なる特則として、小規模・零細な個人債務者のうち非事業者（サラリーマン等）のみを対象にして、再生債権者の決議を要しない等手続の一層の簡略化を図った点にある（実務では、サラリーマンでも前者を利用することがほとんどであることについては、後述）。このような個人再生手続の創設に加えて、個人債務者ができる限りその経済的基盤である居住用住宅を保持できるように、本来であれば別除権付再生債権として扱われるべき住宅資金貸付債権（いわゆる住宅ローン）についての特則（民再196条以下）も設けられた。

2　個人破産手続をめぐる問題

(1) 自己破産、同時廃止と管財事件

Q2【設例 1】で、個人債務者 A_1 が自己破産の申立てをしたところ、

①現金5万円、②預貯金2万円、③居住用の自宅の土地・建物（住宅ローン債権者のために現在の不動産評価額を超えた価額に抵当権が設定されている）、④長年使用し価値がほとんどない家財等の動産しか財産がなかったとする。A₁について、破産手続開始決定がされたとした場合、必ず破産管財人が選任され、破産手続が遂行されるのか。

　個人債務者の破産においては、債権者の追及からの解放と免責の利益の享受を求めて、A₁のように債務者自らが破産手続開始の申立てをする自己破産の申立てがされるのがほとんどである。実務では、債務者が自己破産の申立ての前に弁護士の法律相談を受け、弁護士が申立代理人として申立てをすることが多い。ところで、**Q2**のケースは、債務者の財産が自由財産を除くと破産管財人の報酬をはじめとする破産手続の費用すら支払えないほど不足する場合であるが、日本の現行法はこのような状態に備えて、いったん破産手続開始の決定をするが、同時に破産手続廃止の決定をしな

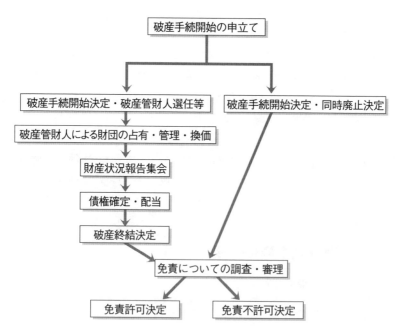

ければならないとする同時廃止制度を用意している（破 216 条）。同時廃止の決定をしたときは、上の図に見るように、通常の破産手続開始決定と同時になされる破産管財人の選任ならびに債権届出期間および債権調査期間・期日の同時処分（破 31 条 2 項・1 項）等は行われず、その後すぐ免責についての調査・審理が行われるため、債務者にとって迅速に免責を得るメリットがある。最近では、弁護士が申立代理人となっている自己破産の事件においては、申立て即日に破産手続開始決定・同時廃止決定をする運用もされている。

　ところで、破産者が法人である場合は、個人と比べて管財人の調査なしで財産状態の迅速な把握が困難であることから、原則として、同時廃止は行われないようであるが、個人の自己破産事件は、従来そのほとんどが同時廃止によって手続が終了していたため、債務者の資産隠匿を助長し、破産債権者を害するという批判があった。加えて、免責調査や後述の自由財産拡張において管財人の意見を聴く必要があることから、近時の実務上は、同時廃止の安易な運用を避け、破産手続を簡素化し、20 万円程度の予約金で管財人を選任する少額管財や小規模管財等の管財事件の運用が行われている（かつては、同時廃止事件が全体の約 9 割を占めていたが、現在では約 6 割〔東京地裁では約 4 割〕と下がっている）。

　同時廃止にするか管財事件にするかの振り分けの基準は裁判所により異なる。東京地裁の場合は、例えば **Q2** での債務者 A_1 の財産額が自由財産に該当する 99 万円以下の金銭（現金〔後述〕）に相当する場合でも、資産調査によってほかにも金銭が発見される可能性があり得ることから、債務者の財産が管財事件の最低予納金である 20 万円以上であれば、原則として管財事件として扱われる。これに対して、大阪地裁の場合は、A_1 の財産が、金銭（現金）と普通預金を合計して 50 万円以下であれば、原則として同時廃止として扱われる。

(2) 自由財産

Q3【設例 1】で、個人債務者 A_1 が自己破産の申立てをしたところ、①現金 20 万円、②預貯金 2 口、それぞれ 15 万円、③自動車（価値 20 万円）、④敷金返還請求権 20 万円、⑤保険解約返戻金が

一口で50万円、⑥居住用の自宅の土地・建物（住宅ローン債権者のために不動産評価額を超えた価額に抵当権が設定されている）、⑦長年使用し価値がほとんどない家財等動産の財産が存在することが判明したとする。A₁について破産手続が開始されるとともに破産管財人が選任されたとした場合、A₁のすべての財産は破産手続の中で破産債権者への弁済に供されるのか。

　破産手続開始決定がされると、開始決定時における破産者の一切の財産は破産財団を構成し（破34条1項）、破産管財人がその財産を管理処分し、換価することにより、破産債権者への弁済に供されるが、一定の財産は破産財団に含まれず、債務者が自由に管理処分できる自由財産を構成する（同条3項等参照）。自由財産制度は、特に個人債務者の経済的再生を図るうえで重要な意味を有すると思われるが、判例（最判平18・1・23民集60巻1号228頁〔百選45〕）は、破産手続中に「破産者がその自由な判断により自由財産の中から破産債権者に対する任意の弁済をすることは妨げられないと解するのが相当である」とし、ただ、自由財産制度の前記効用を考慮すると、「破産者がした弁済が任意の弁済に当たるか否かは厳格に解すべきであり、少しでも強制的な要素を伴う場合には任意の弁済に当たるということはできない」とした。

(i) 本来的自由財産の種類

(a) 差押禁止財産

　自由財産には、まず、民事執行法等で定められる差押禁止財産（民執131条・152条、生活保護58条）に対応するものがある。すなわち、包括執行手続である破産手続のもとでは同差押禁止財産の趣旨が一層及ぼされており、①民事執行法131条3号に定める標準的な世帯の2月間の必要生計費の額（民執施行令1条によると66万円）に2分の3を乗じた額の金銭（現金）(99万円)(破34条3項1号)、②その他民事執行法131条各号に定める衣服や一定の食糧等の差押禁止動産、民事執行法152条に定める給料・退職手当（原則として4分の3に相当する部分）等の差押禁止債権（破34条3項2号。なおただし書も参照）等は、破産財団に属さないとされているため（破34条3項）、自由財産となる。なお、一身専属性を有する債権も差押禁

止財産に当たり、例えば名誉棄損による慰謝料請求権は加害者との合意や債務者名義の成立によって具体的な金額が客観的に確定した場合や、金額確定前に被害者が死亡した場合等でない限り、行使上の一身専属性を有し、破産財団に帰属しないとするのが判例の立場である（最判昭 58・10・6 民集 37 巻 8 号 1041 頁〔百選 23〕）。

(b) 新得財産

> **Q4** Q3 のケースで、破産者 A_1 が破産手続開始決定時に退職したとすれば 400 万円の退職金が振り込まれる見込みだとする。破産手続開始後に上記退職金見込み金額は破産財団に属するか。

　破産財団の範囲を破産手続開始時の財産に限定する固定主義の建前（破 34 条 1 項参照）のもとでは、破産手続開始後の労働の対価として破産者が取得した賃金をはじめとする新得財産は自由財産となる。このことは、現代の信用取引（特に無担保の場合）において、債権者が債務者の将来の収入を見込んで信用を与えていることを考慮すると不合理であると批判されたが、現在では手続開始後の財産も財団へ組み込む膨張主義的な視点を取り入れた個人再生手続が導入された。

　ところで、破産手続開始前に生じた原因に基づく将来の請求権は破産財団に属するため（破 34 条 2 項）、破産者が現実には破産手続開始後に取得した財産でも、その取得原因が開始前に生じているものは新得財産にならない（破産手続開始後の保険事故等により条件が成就した死亡保険金請求権は「将来の請求権」として、破産財団に属すると判示したものとして、最判平 28・4・28 民集 70 巻 4 号 1099 頁〔百選 24〕）。この点に関連して議論があるのは、破産者が破産手続開始時において有する退職金債権の扱いである。通説は退職金が賃金の後払いの性格を有することを理由に、破産手続開始前の労働の対価に相当する部分の退職金債権のうちの 4 分の 1 の差押え可能部分（民執 152 条 2 項参照）については、破産財団に属するとする。他方、ある財産が破産財団所属財産であるためには執行可能性が要件となるところ、労働契約は破産者の一身上の法律関係であり、破産法 53 条により破産管財人が解除できない契約であるとして、また、債務者の経済的再生の観点から、将来の退職金債権の財団帰属性を否定する見解もある。この点、実

務では、定年等で近々退職することが確定している場合を除いては、破産
手続開始決定時の退職金債権見込み額の8分の1相当額のみをもって破産
財団と評価しており、同額の自由財産を破産財団に組み入れさせるか、自
発的な退職を待つこと等によって管財人による労働契約の解約を回避する
工夫もされている（後述の自由財産の拡張をも参照）。

(c) 破産財団からの放棄財産

　本来は破産財団に属する財産であっても、破産管財人が財団の利益にな
らないと判断したときは当該財産にかかる権利を放棄することができるが
（破78条2項12号）、その財産も自由財産となる。金額がわずかな生命保
険解約返戻金や敷金返還請求権、売却困難な不動産の放棄が考えられる。

(ii) 自由財産の拡張

　ところで、破産者の生活の状況、破産手続開始の時において破産者が有
していた差押禁止財産の種類および額、破産者が収入を得る見込みやその
他の事情により、自由財産の範囲を更に拡張する必要がある場合があり、
現行法は裁判所の決定によりこのような柔軟な対応を認めている（破34
条4項）。実務では、①預貯金・積立金、②保険解約返戻金、③自動車、
④敷金・保証金返還請求権、⑤退職金債権、⑥電話加入権等について自由
財産の拡張が認められているが、原則として現金も含めて総額99万円の
範囲でこれら財産につき自由財産の拡張を認め、総額99万円を超える場
合は、破産者が高齢で、収入の途がない場合等の特段の事情を要求してい
る。

(3) 免責

(i) 免責不許可事由ないし裁量免責

> **Q5**【設例1】で、A₁について、その後破産手続開始決定がされた。
> A₁が、月収20万円のサラリーマンであったところ、破産手続開
> 始決定前に、消費者金融業者BとKからそれぞれ150万円を借
> り入れて高額の買物や遊興費に費やした結果、借入債務を返済で
> きず、破産申立てに至った経緯があったことが判明した。この場
> 合にもA₁は免責許可決定を受けることができるか。A₁が、破
> 産手続開始前に上記合計300万円の借入債務を返済できない状態

であるにもかかわらず、その状態を告知せず、別の金融業者 C
から新たに 200 万円のお金を借り入れていた場合はどうか。

　免責手続は破産手続とは別個の裁判手続であり、免責を得るためには免
責許可の申立てをすることが必要である（破 248 条 1 項）。ただし、個人債
務者が自己破産の申立てをしたときは、免責許可の申立てをしたものとみ
なす（破 248 条 4 項）。

　免責許可の申立てがされた破産者について、裁判所は、破産法 252 条 1
項に列挙するいずれかの免責不許可事由に該当する事由がある場合にのみ
免責不許可決定をすることができる（破 252 条 1 項）。しかし、免責不許可
事由に該当する場合であっても、裁判所は、破産手続開始の決定に至った
経緯その他一切の事情を考慮して免責を許可することが相当であると認め
るときは、免責許可の決定をすることができ（破 252 条 2 項。裁量免責）、
破産者の経済的再生を認める範囲を広げるべく、この裁量免責の現実の運
用は緩やかである（ただし、裁量免責を許可しなかったものとして、東京高決
平 26・3・5 判時 2224 号 48 頁〔百選 A19〕）。

　免責不許可事由のうち解釈論上議論が多いのは、破 251 条 1 項 4 号の
「浪費又は賭博」等行為と 5 号の「詐術による信用取引」である。

　4 号のうち「浪費」とは、社会的に許されうる必要かつ通常の程度を超
えた不相応な支出をした行為を意味し、浪費行為の結果、責任財産の著し
い財産減少または過大な債務負担を招いたものを指すが、免責不許可事由
に当たるか否かを考えるに当たっては、個別の事案ごとに、債務者の財
産・収入、職業等諸般の事情を考慮して総合的に判断せざるを得ないとす
るのが学説・実務の立場である。裁判例では、株式投資、自動車購入等に
ついて、破産者が置かれた収入等の財産状態に照らして浪費と認定した上、
破産に至った原因等諸般の情状を考慮して免責を認めたもの等が多く、形
式上「浪費」と認定しつつ、裁量免責を比較的に緩やかに認めるのが 1 つ
の流れとなっている（東京高決平 8・2・7 判時 1563 号 114 頁〔百選 86 ①〕、
福岡高決平 9・8・22 判時 1619 号 83 頁〔百選 86 ②〕）。したがって、**Q5** で
A₁ が借入金で高額の買物や遊興費に費やした行為は、4 号の「浪費」に
当たると判断される場合でも、裁量免責の有無の問題は別途に残る。

5号に該当する「詐術」の意義をめぐっては、破産者が金銭の借入れやクレジットカードによる物品購入等の信用取引の際に、自己が支払不能でないと相手方に信じさせるために資産や収入等の内容について虚偽の事実を告知する等、事実を仮装する等の積極的行為が詐術に当たることについては争いがない。しかし、支払不能の状態にある破産者が、その事実を相手方に告知しないままに借入を行ったこと、負債内容を正確に表示しなかったこと等という消極的態度が詐術に当たるかについては、見解の対立がある。従来の通説は、取引の通念上、債務者には自己の弁済能力に関する真実を相手方に告知する義務があるとして肯定説に立っていた。しかし、最近では、相手方が十分な信用調査をすれば誤信は起こり難いこと、支払不能の状態にある債務者は引き続いて信用取引を行っているのが通例であるところ、消極的態度を詐術に当たるとするとほとんど免責が認められなくなることから、単なる消極的態度は詐術に当たらないとする否定説が有力である（裁判例として、大阪高決平2・6・11判時1370号70頁〔百選85①〕）。もっとも、消極的態度が一応「詐術」に当たると判断された場合でも「詐術」の程度が軽微である等諸般の事情から、最終的に裁量免責を許可される可能性もあり、**Q5** のケースで、A_1 が C に対して負担した借入金については、前述の肯定説によっても否定説によっても免責を受けられる可能性はある。

(ii) 免責の効力

(a) 非免責債権

> **Q6** Q5 のケースで、その後、A_1 について免責許可決定がされた後、D が、破産手続開始決定前の A_1 に対する貸金100万円について、A_1 が破産手続において債権者名簿に記載しなかったもので免責されないとして、その支払いを求めて提訴したとする。A_1 は、免責の効力が及ぶとの主張をし、争うことができるか。

免責許可の申立てについての裁判に対して利害関係人は即時抗告をすることができ（破252条5項）、免責許可決定は確定すればその効力が生じる（破252条7項）。その効力に関して、破産法253条1項は、「破産者は、破産手続による配当を除き、破産債権について、その責任を免れる。ただし、

次に掲げる請求権については、この限りでない」としているところ、同た
だし書各号に掲げる請求権が免責を受けられないとされたものであり、非
免責債権と呼ばれる。同ただし書各号に掲げる各請求権が非免責債権とさ
れた趣旨はそれぞれ異なるが、概ね破産者よりも同じく私人である相手方
の何らかの利益保護を優先させるべきことが考慮されたものと考えられる。
これに対して、租税債権（破 253 条 1 項ただし書 1 号）については、公共政策
の観点から非免責債権とされたものであり、立法論的に議論の余地がある。

　実務上、問題となり得るのは、**Q6** の D のように同ただし書 6 号の
「破産者が知りながら債権者名簿に記載しなかった請求権（当該破産者につ
いて破産手続開始の決定があったことを知っていた者の有する請求権を除く。）」
である。同請求権は、免責に対する意見申述権の行使（破 251 条 2 項も参
照）等手続関与の機会を与えられなかった債権者を保護する観点から非免
責債権とされたものである。したがって、同号の「知りながら」には、破
産者の過失による記載漏れの場合も含まれており（東京地判平 14・2・27
金法 1656 号 60 頁）、他方では、長期間債権者からの請求がなかったために
破産者が失念してその者を債権者名簿に記載しなかったとき等、不記載に
つき破産者に過失が存在しないときは、同債権者の債権は非免責債権とな
らない（東京地判平 15・6・24 金法 1698 号 102 頁）。

(b) 免責（「その責任を免れる」）の意味

> **Q7** Q5 のケースで、A₁ は、免責許可決定が確定した後、B との間
> で、破産手続によって免責された B の 150 万円の債務について、
> その支払いを行う約定を締結した。B は、A₁ に対して、同 150
> 万円の履行を求めることができるか。

　免責許可決定が確定すると、非免責債権以外の破産債権については、
「その責任を免れる」（破 253 条 1 項本文）。ただし、この影響は、破産債権
者が破産者の保証人その他破産者と共に債務を負担する者に対して有する
権利および破産者以外の者が破産債権者のために供した担保には及ばない
（破 253 条 2 項）。もっとも、免責の意味に関しては、破産法 253 条 1 項本
文の「その責任を免れる」ことの解釈をめぐって議論がある。通説は、同
本文の文言から、責任が消滅するのであって債務そのものが消滅する意味

となっていないこと、破産者による自発的な支払いまで禁ずることはないこと等から、免責債務は自然債務として残ると解しており（自然債務説）、判例もこれを前提としていると見受けられている（最判平9・2・25判時1670号51頁〔百選91〕、最判平11・11・9民集53巻8号1403頁〔百選A20〕）。これに対して、近時の有力説は、悪質な破産債権者による弁済の強要を助長し、破産者の経済的再生を図る免責制度の目的実現が阻害されないように、免責債務そのものが消滅すると解する（債務消滅説）。自然債務説を前提とすれば、破産者が免責許可決定確定後に免責債務について任意に行った弁済は有効であり、また、免責許可決定の確定後またはその前に **Q7** のように破産者と特定の債権者との間でなされた免責債務の支払約束も有効であると考える余地があるが、債務消滅説を前提とすれば、このような任意弁済や支払約束は無効となる。（なお、自然債務説に立ちつつも、破産者の経済的再生の観点から、破産者に新たな利益を与える等特段の事情のない限り同支払約束を無効とした裁判例としては、横浜地判昭63・2・29判時1280号151頁〔百選90〕）。

3 個人再生手続をめぐる問題

(1) 小規模個人再生

(i) 利用資格

> **Q8** どのような人が、小規模個人再生の利用資格を有するか。【設例2】における申立人 A_2 について、小規模個人再生手続が開始されるためにはどのような要件が必要であるのか。

　裁判所が小規模個人再生手続開始決定をするためには、再生手続開始原因（民再21条1項）を満たし、阻却事由（民再25条各号）がないこと、そして、①個人債務者であること、②将来において継続的にまたは反復して収入を得る見込みがあること、③再生債権の総額（住宅資金貸付債権の額、別除権の行使によって弁済を受けることができると見込まれる再生債権の額および再生手続開始前の罰金等の額を除く。）が5,000万円を超えないこと、の3つの要件を具備しなければならない（民再221条1項）。②の収入要件は、小規模個人再生が、現在の財産を清算せずに保有し、将来の収入から債務

を弁済するという膨張主義型の手続であることに対応するものである。③の債権総額要件は、債権総額が相対的に小規模である場合には、通常再生手続と対比して手続の簡略化が正当化できることに対応するものである。また、かっこ書きにおける除外は、これらの債権が再生計画による権利減免の対象とならないことに対応するものである。なお、個人債務者は小規模個人再生を行うことを求める旨の申述をするには、再生手続開始の申立ての際にしなければならない（民再221条2項。給与所得者等再生に関連しては、239条2項）が、同申述は、再生債務者本人にしかできないため、債権者は小規模個人再生（または給与所得者等再生）の利用を強制できない仕組みとなっている。

(ii) 個人再生委員

> **Q9**【設例2】で、その後、A₂は申立代理人Y弁護士を通じて、再生手続開始の申立てとともに小規模個人再生の利用の申述をした。裁判所は当日、個人再生委員Z′弁護士を選任し、再生債務者の財産および収入の状況等の調査および適正な再生計画案の作成のための必要な勧告を命じ、これに応じたZ′の職務履行を踏まえて、A₂につき小規模個人再生による再生手続開始決定をした。ここでの個人再生委員とはどのような機関か。小規模個人再生手続では、通常再生手続における監督委員のような手続機関は選任されないのか。

　民事再生法は、そもそも再生債務者が個人である場合には管財人を選任できず（民再64条1項かっこ書参照）、加えて小規模個人再生では監督委員も調査委員も選任できないとされているが（民再238条による第3章第1節・第2節の適用除外）、その代りに小規模個人再生では裁判所の補助機関として個人再生委員を選任することができるとされる（民再223条）。そして、手続を廉価にするために、個人再生委員の職務は限定されており、①再生債務者の財産・収入の状況の調査（民再223条2項1号）、②再生債権の評価に関し裁判所を補助すること（再生債権の評価申立てがあった場合に個人再生委員の選任は必要的である（同2号））、③再生債務者が適正な再生計画案を作成するために必要な勧告をすること（同3号）の1つまたは2

つ以上に指定される（民再 223 条 2 項）。なお、監督委員がないことに対応して否認権行使は認められないので（民再 238 条による第 6 章第 2 節の適用除外）、個人再生委員には否認権行使権限がない。

Q9 では、申立て後に個人再生委員として選任された Z′弁護士が、職務を履行し、手続開始要件の存否について裁判所に意見を述べたが、実務では、このような運用（東京地裁）と、弁護士が申立代理人として関与している場合には代理人（例えば、**Q9** の Y 弁護士）に個人再生委員の職務を委ねる代わりに個人再生委員を選任しない運用（大阪地裁）がある。

(iii) 再生債権の届出・調査

小規模個人再生では、再生債権の届出・調査において、手続の簡略化が図られている（民再 238 条による第 4 章第 3 節の適用除外）。再生債権の届出に関しては、債権者一覧表（民再 221 条 3 項参照）に記載のある債権者は、記載のとおり再生債権の届出をしたものとみなされる（民再 225 条）。再生債権の調査は、一般異議申述期間内において書面による異議の申述により行われ（民再 222 条、226 条）、異議が述べられた届出再生債権については、裁判所が異議の対象となった再生債権者の申立てに基づき、個人再生委員の意見を聴いて評価を行う（民再 227 条）が、通常再生手続のように査定決定やそれに対する異議の訴え制度（民再 105 条・106 条参照）は用意されていない。小規模個人再生では、再生債権の存否・額を議決権行使（民再 230 条 8 項）や最低弁済基準額要件（民再 231 条 2 項 3 号・4 号）との関係で暫定的に確定するに止まり、実体的に確定しないからである。

(iv) 再生計画——再生計画の内容、再生計画案の提出・決議、認可

> **Q10** Q9 では、その後、①住宅ローン債権者について、約定による弁済を継続する旨の特約を盛り込むこと、②その他の債権者について、最低弁済基準額たる 300 万円を超える 306 万円を、再生計画認可決定確定の翌月末から 3 年間毎月合計 8 万 5,000 円を弁済することを内容とする再生計画案が提出されたところ、可決・認可された。小規模個人再生では、再生計画の内容や再生債権者に弁済すべき計画弁済総額にどのような制限が加えられているか。

小規模個人再生では、通常再生と異なり、再生計画案の提出権者は再生

債務者に限られ（民再 238 条による 163 条 2 項の適用除外）、再生計画の決議についても書面等投票（民再 230 条 3 項）や消極的同意方式（同条 4 項・6 項）が採用される等手続の簡易化・迅速化が図られている。

　また、小規模個人再生では、再生計画の内容においても簡易化が図られ、権利変更は原則として債権者間で平等でなければならず（民再 229 条 1 項）、通常再生における実質的平等原則（民再 155 条 1 項但書）は適用されない。債務の期限の猶予に関しても、①弁済期が 3 月に 1 回以上到来する分割払いの方法によること、弁済期間は原則として 3 年（5 年まで延長可）とする制限が加えられている（民再 229 条 2 項）。

　他方、再生計画の不認可事由に関しては、通常民事再生の不認可事由（民再 174 条 2 項各号〔清算価値保障原則等〕。小規模再生手続における住宅資金特別条項付きの再生計画案において、再生手続開始前に再生債務者が特定債権者への偏頗弁済をした場合、清算価値を算定するにあたっては、否認権の行使によってその偏頗弁済が否認されたとすれば回復できたであろう財産の価値を計画弁済総額に上乗せしない限り、清算価値保障原則に反するとしたものとして、東京高決平 22・10・22 判タ 1343 号 244 頁〔百選 97〕）や、小規模個人再生の独自の不認可事由として、前述（3(1)(i)）の手続開始要件②（収入要件）と③（債権総額要件）に対応するもの（民再 231 条 2 項 1 号・2 号）を欠くことのほか、特に当該事案の計画弁済総額が最低弁済基準額を下回ること（同項 3 号・4 号）が定められている。最低弁済基準額要件は、基準債権総額（無異議債権の額及び評価済債権の額の総額のことであり、住宅資金貸付債権の額、別除権の行使によって弁済を受けることができると見込まれる再生債権の額等を除く）に応じて、再生計画に基づく弁済の総額（計画弁済

基準債権総額	最低計画弁済総額（最低弁済基準額）
3000 万円超過 5000 万円以下	基準債権総額の 10 分 1
1500 万円超過 3000 万円以下	300 万円
500 万円以上 1500 万円以下	基準債権総額の 5 分の 1
100 万円以上　500 万円未満	100 万円
100 万円未満	基準債権総額

総額）の最低額を定めるものであり（詳しくは、前頁の図表を参照）、清算
価値のみのわずかな弁済を定める再生計画を排除し、モラル・ハザードを
防ぐ趣旨から設けられたものである。

(v) 再生計画の遂行

> **Q11** Q10で、仮に再生計画の認可決定後に、収入の激減で A₂ が
> 弁済を継続することができなくなった場合に、再生計画は取り消
> されるのか。

　小規模個人再生では、再生手続は、再生計画認可の決定の確定によって
当然に終結し（民再233条）、通常再生計画と異なり計画遂行の監督の制度
は用意されていない。その代わり、小規模個人再生では計画認可決定後も
やむを得ない事由で再生計画を遂行することが著しく困難となったときは、
再生計画で定められた債務の最終期限から2年を超えない範囲で弁済期間
の延長を内容とする再生計画の変更が可能である（民再234条）。また、計
画弁済の不履行等の事由のほか、認可決定確定後に計画弁済総額が破産配
当見込額を下回ることが判明したときに、計画は取り消されることがある
（民再189条1項2号、236条）。さらに、例外的に、責めに帰することがで
きない事由により、計画遂行が極めて困難になり、かつ、4分の3以上の
額の弁済を終えた等の諸要件が具備される場合は免責を与える（民再235
条）というハードシップ免責が認められている。

(2) 給与所得者等再生

> **Q12** 給与所得者等再生は小規模個人再生と比べてどのような手続上
> の特徴を有するか。Q9では、サラリーマンである A₂ は、なぜ
> 給与所得者等再生の利用を選択しなかったのか。

　給与所得者等再生は小規模個人再生の特則であるところ、小規模個人再
生と比べて、さらに3つの特徴を有する。第1に、給与所得者等再生を利
用するには、小規模個人再生を利用できる個人債務者のうち、「給与又は
これに類する定期的な収入を得る見込みがある者であって、かつ、その額
の変動の幅が小さいと見込まれるもの」という要件が必要となる（民再
239条1項）。サラリーマン等が想定されるが、このような給与所得者等に

ついては、将来の収入ないし後述の可処分所得の算出が確実かつ容易であるため、計画弁済に組み入れるべき金額について合理的な基準を立てやすく、その結果債権者決議の省略を正当化できるからである。第 2 に、再生計画案については、再生債権者の決議は必要でなく、届出債権者の意見聴取がなされるに過ぎない（民再 240 条）。第 3 に、債権者の決議が不要である代わりに、給与所得者等再生では、再生計画案の認可要件が小規模個人再生と比べて加重されており、不認可事由に関連して可処分所得弁済要件等が定められている（抗告審で再生計画案に可処分所得要件を満たさない不認可事由が認められた場合に、給与所得者等再生手続において可処分所得要件を設けた趣旨等を考慮し、差戻審で再生計画案の修正・変更の可能性を認めたものとして、福岡高決平 15・6・12 判タ 1139 号 292 頁〔百選 96〕）。可処分所得弁済要件とは、計画弁済総額が、可処分所得額の 2 年以上の額を 3 年間（最長 5 年）で弁済しなければならないことである（民再 241 条 2 項 7 号、244 条）。2 年間の可処分所得額の算出方法の一例は、以下のとおりである。

$$\left[\frac{\text{再生計画案提出前 2 年間の収入} - \text{2 年間の所得税等}}{2} - \text{1 年間の[最低限度の生活]費用} \right] \times 2$$

　もっとも、「最低限度の生活」費用は、「民事再生法第二百四十一条第三項の額を定める政令」で定められているところ、その額は低く設定されているため、可処分所得が高額となる事案が多かったことから、実務では、A_2 のように、サラリーマン等が小規模個人再生（および住宅資金貸付債権特則の併用）を利用する傾向がある。

(3) 住宅資金貸付債権に関する特則

> **Q13** Q10 で可決・認可された A_2 の再生計画では、再生債権者への弁済のほか、住宅ローン債権者について約定による弁済を継続する旨の特約が盛り込まれている。この特約がもつ意味はどこにあるか。

　個人債務者が住宅を購入した場合、金融機関からの住宅ローンを利用することが多く、その場合住宅の上にローン債権を被担保権とする抵当権が設定されるのが多い。ところが、破産手続や通常の再生手続においては、

抵当権は別除権として扱われており、原則として自由にその権利を行使することができるため（破2条9項、65条1項、民再53条）、同手続を利用しても抵当権の実行を止めることは困難である。そこで、民事再生法は、本来であれば別除権付再生債権として扱われるべき住宅資金貸付債権について例外を設け、一定の要件のもとで個人債務者が住宅を手放すことなく経済的再生を図ることとしたが、これが住宅資金貸付債権に関する特則である（民再196条以下）。この特則は、個人再生手続に限ったものではないが、実務では、特に、住宅ローン以外の小規模の債務を整理することができれば住宅ローンを支払うことができる個人債務者が、個人再生手続（特に小規模個人再生）と併用してこの特則を利用するのが多いようである。

この特則により、債務者は、再生計画において住宅資金特別条項を定めることができる（民再196条4号）。特別条項は、以下の図表にみるように、いくつかの類型があるが、同意型以外は、権利変更といっても、期限の利益の回復や債務の一部についての期限猶予を内容とするものであり、債務の減免や全ての債務についての期限猶予を含まない。すなわち、住宅資金貸付債権に関する特則の性格は、あくまでも限定された内容の権利変更を住宅ローン債権者や当該債権にかかる債務の保証会社の同意なしに実現させることにより債務者の住宅保持を可能にするものである。もっとも、実務では、その他の債務を整理できれば住宅ローンについては正常な返済を続けている個人債務者が多く、その場合でも再生計画による権利変更の例外として明示する必要があることから、A_2のように、立法時に想定され

住宅資金特別条項

類型	基本型		例外（期限の利益回復型、例外①、②は、先行する型の条項を盛り込んだ再生計画に遂行可能性が認められず認可の見込みがない場合に後者の型の条項が可能である補充関係にある）		
	期限の利益回復型（民再199条1項）	そのまま型（民再199条1項参照）	①リスケジュール型（民再199条2項）	②元本猶予期間併用型（民再199条3項）	③同意型（民再199条4項）

なかった「そのまま型」を利用することが多いとされる。

4　個人再生と破産・免責手続の相互関係

> **Q14**【設例2】で、申立人 A_2 が、家族がなく住居を手放してでも
> 　　　早いうちに免責を得て債務から解放され、今後の給料は保持した
> 　　　いと思い、個人再生でなく、【設例1】の A_1 と同様破産・免責
> 　　　の申立てをした結果、財産がほとんどないため、同時廃止により
> 　　　債権者に対する破産配当がゼロのまま終了したとする。このよう
> 　　　なことを防ぐために、A_2 に個人再生の利用を強制できるか。

3(1)(i)で述べたように、現行法では、個人債務者のみが、小規模個人
再生・給与所得者等再生の利用の申述ができ、小規模個人再生・給与所得
者等再生か破産・免責手続のいずれかを利用するかを債務者が自由に選択
できるという建前が採用されている。そのため、現行法のもとでは、一定
の収入を持っている申立人 A_2 のような者が、破産・免責手続を利用した
場合にも、A_2 について個人再生の利用を強制することはできないことと
なっている。その妥当性をめぐっては、種々の議論がなされており、将来
的には、一定の収入が見込める者が、破産・免責手続を申し立てたときに、
個人再生手続への強制的移行やそのほか将来収入からの弁済を強制できる
何らかの立法的手当てをすべきことも議論されている。

終　章

倒産法のジャンクション

藤本利一

はじめに

　ここまでで、簡単な事例を用いつつ、倒産法の基本的な仕組みや考え方をある程度理解できたものと思う。今後、本格的な基本書、体系書、論文、判例やその解説などを読み込み、より高みを目指して、学習を進めていただきたい。

　こうした本格的な学習へつなぐ道すじ（ramp）として、これまでに学んだ基本的な考えや仕組みについて、異なった視点から若干の補足を行う。通説・判例の考え方をしっかりと学ぶことはもちろん重要なことであるけれども、種々の角度から基本概念を考えてみることにも、それなりの益はあるように思われる。寄り道のように感じられるかもしれないが、少し立ち止まって、関心を向けていただければ幸いである。

1　倒産とは何か

　倒産とは何か。種々の定義規定を有する現行倒産法においても、その言葉の意味は定められていない。一般に、倒産とは、経済上の死を意味するとして理解されることがある。債務を弁済できない者は、全てを失うということである。しかし、このような理解は必ずしも正しくない。すなわち、それには、経済上の「再生」という考えが欠落しているのである。「倒産」という言葉の持つ意味を正しく理解し、また法律を学んだ者として、その言葉の持つマイナスの要素を払拭できるようにすることも必要であろう。

　法的に「倒産」という言葉を用いる場合、それは、債務者の資産と負債

を調整するように定められた裁判所における手続を意味することが多い。すなわち、「倒産（手続）」とは、手続開始時において、支払不能等にある債務者に対し、それまでにある債権額を確定するとともに、その時点でのその債務者が有する資産の価値を把握し、按分して債権者に配当する手続のことをいう。

　倒産した者を意味する 'bankrupt' という言葉の語源には興味深い歴史がある。この言葉は、テーブルを意味するラテン語の 'bancus' と、壊されたという意味の 'ruputus' に由来すると考えられている。中世ヨーロッパにおいて、破綻した商人は、廃業したことを明示するため、商売をしていたテーブルを打ち壊したとされる。フランス語で、ベンチを意味する 'banque'、痕跡を意味する 'route' を語源として捉え、破綻した商人が、痕跡を残すことなく商売に用いたベンチを取り除いたことに由来するという説もある。もっとも、倒産手続に事業の再生や個人の経済的再起の意味を込めていくのであれば、倒産という言葉対するイメージを転換する方策を考えていくことが重要になる。

2　権利行使の禁止（sharing）⇒第 3 章参照

　破産法 100 条 1 項を考えてみる。平時における債権回収においては、個々の債権者が、債務者の財産に対して、執行手続を利用することになる。こうした方法は、債務者の財産によって債権が完全な満足を受けることができるか、または、一人の債務者に対して債権者が一人のケースでは、有用である。しかし、債務者の財産状況によっては、債権者に完全な満足を与えることができず、かつ複数の債権者が存在する場合には、債権者の利益を守ることはできない。このとき、早い者勝ちの競争が起これば、全額を回収できる債権者と、全く回収できない債権者に分かれ、分配的正義の観点からは好ましくない。全員の債権者が完全な満足を得ることができない場合には、債務者の財産を平等に共有し、それぞれの債権者が一部について満足を得ることがより公平にかなう。このことは、債権者が損失を共有していることをも意味する。

　簡単な設例で確認しておく。債務者 A は財産（その価値 1000）を有し、負債として 2000 を負っている（4 人の債権者 B らが、各々 500 の債権を有し

ている）。それぞれが別々に法的執行手続を利用すれば、その費用として、一人100を支払うことになり、全体では400のコストがかかる。Bらが協調して、競争することを止めれば、回収のための手続費用を300（＝100×3）削減することができ、その結果、それぞれの債権者は、225（＝(1000－100)÷4）を得ることができる。早い者勝ちの競争を行うよりも、協調した方が、好ましい結果を得ることができる。

　しかし、実際上、そうはならない。Bらには、抜け駆けの誘因がある。例えば、Bが抜け駆けをして、単独で回収行動を取れば、手続費用を控除した500－100＝400を回収することができる。その分他の債権者の回収額は低減する。

　契約締結過程に費用がかからないのであれば、国家が、倒産手続を設定しなくても、債権者と債務者は、債務不履行の可能性と、その結果生じる集団的な債権回収の問題を予め考慮して、債務不履行の場合のリスクを回避するべく、契約を事前に締結しておくはずである。しかし、実際には、このような処理には、取引費用がかかりすぎて、現実的ではない。たとえば、事業再生が国家によって策定された手続で処理されるべきであることは上記の説明から導かれる。

　しかし、今日の私的整理の多様化と処理実績の向上、一方で民事再生事件の著しい減少は、こうした理論を再検討する契機となる。また、近い将来、全資産担保制度が導入された場合、債務者企業が破綻した時点で、一般債権者に分配されるものは何も残らないことが予想される。法的整理が破産・再生債権者のために存在するのであれば、守るべき対象が想定できない。裁判所の関与する「包括的な執行手続」である倒産手続の基礎が問われることとなる。

3　分配の問題

　倒産手続において重要なことは、「誰が何を得るか」という分配の問題を考えることである。

　先に見た倒産手続により債権者の保護を図る考えによれば、倒産手続の目的は、回収費用を低減化し、債権者間の競争を取り除くことで、債権者の満足を最大化することにあるが、そこで考えられているのは、あくまで

も、平時の権利関係を基本的に前提とすることである。そうであれば、倒産手続は、「既存の地図」に基づいて、効率的に分配を行うことができればよいことになる。

　他方で、債権者のための効率性だけでなく、全ての利害関係人、例えば、債務者の従業員や地域共同体の利益にも配慮し、債務者の価値を公正に分配することの重要性を説く見解もある。この考えによれば、倒産手続では、債務者の財産に対し、誰が権利を有し、かつどのくらいの分配に与れるかが重要な問題となる。すなわち、既存の実体法に縛られない分配の在り方を考えることが、倒産制度における中心問題となる。これは、倒産法が、債務者の財産が債権者の権利を満足させるのに足りない場合に、当該財産を対象とする様々な権利を集団として調整するためのフォーラムを提供することにある、という考えとも連関する。

　沿革上、倒産手続は、債権回収のための制度であると理解されるが、この考えによれば、執行手続のような、単なる債権者回収の手段に止まらない。破産法や民事再生法の1条をよく読んでほしい。

4　権利の主体

(1)　債権者　⇒第3章参照

　倒産法における重要な概念の一つに「倒産債権」がある。倒産手続は、債権の処遇を定める手続であるともいえる。まず、倒産債権は、それが手続上確定的に認められることを前提に、配当ないし弁済を受ける。それゆえ、条件付債権や不足額責任主義のもとでの不足額に対する配当の仕組みが重要になる。

　破産債権者が手続に参加するにあたり、期限付き債権で、手続開始後に期限が到来するものについては、開始時に弁済期が到来したものとみなし（破103条3項）、非金銭債権であれば、開始時の評価額をもって破産債権とする（同条2項1号イ）。いわゆる「破産債権の等質化」である。これらの規定の射程をどのように理解するかは理論上難しい問題となる。あくまでも配当のための規定だと限定的に理解するのか、手続一般に妥当するものと考えるか。たとえば、民事再生法にはこうした規定はなく、相殺権行使の場面での解釈に重大な影響を及ぼすことになる。

⑵ **担保権者**　⇒第 10、11 章参照

　現在、法制審議会で担保法の改正が進んでいる。とくに集合動産・集合債権譲渡担保の明文化が模索されている。破産法・民事再生法では別除権構成を採ることから、手続開始によって、これらの担保権の効力を限定することは難しいかもしれない。倒産手続において担保権者の把握する価値が何かを考えるとともに、無担保債権者の利益を図るため、中止命令や禁止命令とともに、担保権消滅請求制度を整序することが重要な論点となろう。その先に、別除権構成の限界が見えてくる可能性もある。

　同時に、金融庁では事業成長担保権制度の導入が論議されている。これによって全資産担保が可能となる。オーバーローンの場合に、法的整理手続が利用可能か、という点はすでに指摘した。加えて、「担保権の実行」手続において、無担保債権者の利益はどのように扱われるのかも気になる点である。さらに、アメリカ法では、債務者企業のガバナンスの問題として論じられている。担保権者の意向を経営者は無視できず、倒産手続の早期申立てなどが阻害されるとの指摘もある。

⑶ **相殺権者**　⇒第 9 章参照

　倒産手続における相殺権行使の基礎には、合理的相殺期待理論があるとされている。たとえば、相殺禁止について、破産債権者の債務負担を規律する破産法 71 条 1 項 3 号ただし書きでは、債権者が支払停止の事実を知らなかった場合、相殺を禁止せず、相殺に対する期待を保護し、反対に悪意の場合には、相殺に対する合理的な期待は無いとして相殺の効力を否定する。このように合理的相殺期待は、条文の構造に根付いているともいえる。

　もっとも、これまでにも、破産法 71 条 2 項 1 号「法定の原因」、たとえば、債務負担が相続による場合にも、相殺禁止が解除されることから、合理的期待理論による制度を包括するような説明は困難ではないかとされてきた。何より、近時、伊藤眞名誉教授は、その重厚な基礎理論的検討から、合理的相殺期待を「前に生じた原因」の解釈に限定することを示唆されている。最新の最高裁判例（三者間相殺：最判平成 28・7・8 民集 70 巻 6 号 1611 頁〔百選 71〕、請負事案：最判令和 2・9・8 民集 74 巻 6 号 1643 頁）の動向を踏まえた考究が求められる。

5　分配の原資

⑴ 破産財団と債務者財産　⇒第 4 章参照

　破産手続が開始されると、開始時における債務者の財産は、破産財団を構成する。もっとも、再生手続では、財団という言葉は用いない。どのような財産が破産財団や債務者財産に含まれるか、ということが問題である。

　破産法 34 条 1 項によれば、破産財団の範囲は破産手続開始時の財団に限定される。いわゆる固定主義である。処理の簡明さや開始後の取得財産が自由財産となり、債務者の再生に資するとされるが、破産財団と破産債権を決める基準時が一致することが理論的には重要であろう。

　同条 2 項は、「破産手続開始前に生じた原因に基づいて行うことがある将来の請求権」を破産財団に含めている。「将来の請求権」には、停止条件付債権や期限付債権を意味し、求償権がその例とされるところ、最判平成 28・4・28 民集 70 巻 4 号 1099 頁〔百選 24〕では、保険金請求権がこの「将来の請求権」に該当するかが争われた。この請求権は、手続開始前に締結された保険契約に基づき、開始後の保険事故により具体化したものであり、停止条件付債権とされる。請求権の発生原因が手続開始前にあることから、期待権（民 129 条参照）として配当財源とするべきとの考えと、個人破産者の身内の死亡保険金に対する一般債権者の責任財産期待は保護に値しないとする考えが対立する。要は、発生の基準時を破産法がどう考えるかであるが、最高裁は、破産財団の範囲に含まれるとして、前者を重視し、財団を拡充している。

　条件付債権や将来の請求権も破産債権とされるが（破 103 条 4 項）、その趣旨は、その発生が確定しているものだけではなく、原因が生じている債権を広く破産清算の対象に含めようとすることにある。近時、破産債権の意義について、条件付債権と将来の請求権との関係が論じられている。とくに、将来の請求権の概念を解釈によって明確化すると共に、種々の債権を柔軟に破産手続に取り込むような議論が有力になされているが、固定主義を介して、破産財団の範囲をめぐる議論との連関を意識することも必要かもしれない。

⑵ **否認権**　⇒第 7、8 章参照

　倒産法における最重要概念として、否認権がある。否認権行使の主体の問題はあるが、破産、民事再生、会社更生の各手続において認められている。理論上、否認権は 2 つの行為類型に分けられ、条文がそれを体現している。詐害行為否認は、債務者の処分行為が財団・財産の絶対的な減少をもたらすことを問題とし、偏頗行為否認は、債務者の債務消滅行為が債権者平等を害することを根拠として認められる。

　詐害行為否認（破 160 条 1 項 1 号・2 号）について、たんに財団・財産の減少があるだけではだめで、実質的危機時期（債務超過）になされたことが必要と解されている。原状回復という効果は取引の安全という重要な法原理に干渉することになるため、当該行為は、債務者が当該財産を債権者のために責任財産として維持する必要がある時期になされる必要がある。こうした理解は、「支払の停止等……の前六月以内にした無償行為」の否認（同条 3 項）にも妥当するようにも思われた。しかし、最判平成 29・11・16 民集 71 巻 9 号 1745 頁〔百選 37〕は、「再生債務者がその否認の対象となる行為の時に債務超過であること又はその行為により債務超過になること」を要しないとした。条文の構造や債権者を害することの意味を再考する必要がある。

　偏頗行為否認（破 162 条 1 項）の趣旨は債権者平等原理を貫徹することにある。もちろん、ここでも取引の安全には配慮がなされている。たとえば、同項 1 号ただし書によれば、取引安全のため、弁済を受けた債権者の悪意が要求されており、かつ、破産管財人にその証明責任を負担させている。一方、いわゆる非義務行為については、「支払不能になる前三十日以内にされたもの」（同項 2 号）も否認の対象とされる。「30 日遡る」根拠は何か、債権者平等原理で説明できるのか。支払不能後に弁済期が到来する場合に期限前弁済をなすことは、リスクを他の債権者に転化して債権者平等を害し、否認権制度の潜脱ともいえる。しかし、支払不能前に弁済期が到来する場合で、その 2 日前に弁済したところ、2 号要件に該当するとしても、「潜脱」とはいいにくい。破産法改正議論の初期のように、非義務行為を詐害行為否認と理解し、債務超過で説明するのか。行為類型を維持して、「他の債権者を害する」（破 162 条 1 項 2 号）と「破産債権者を害

する」（破160条1項）は異別に解し、「30日」を「支払不能に至ることが
予見できるような客観的な事情が存する時点」だと解するのか。ここでも
実質的な危機時期の意味が問われている。

(3) 契約関係の処理　⇒第5、6章参照

　倒産法において、もっとも複雑で困難な問題は、いわゆる双方未履行契
約に関するものである。たとえば、破産管財人は、この場合、解除か履行
かの選択権を有するとされている。破産財団にとって有益な契約は履行し、
不利益な契約は解除して、財団の価値を保全するのである。

　現行法の立案過程では、ドイツ法やアメリカ法で採用される履行拒絶権
構成の優位性が論じられた。これは、解除構成と異なり、契約関係を遡及
的に消滅させるのではなく、契約上の本来的債務からの離脱を認めるもの
である。結果として、相手方の履行請求権は債務不履行に基づく損害賠償
請求権となり、破産債権として処遇される。

　旧法と同様、解除権構成が維持されることとなったものの、今般の債権
法改正では、危険負担に関する規律が変わり、債務者の危険負担として、
債権者の反対給付の履行拒絶権が認められることとなった（民536条1項）。
将来の履行拒絶権構成の採用への手掛かりになると評されている。

　もっとも、履行拒絶の効果をどう考え整理するかは難しい問題となる。
アメリカ法においても、履行拒絶に対し事実上解除の効果を付与する裁判
例が多数みられ長く混乱した。この点に終止符が打たれたのは、2019年
の連邦最高裁判決（Mission Product Holdings, Inc. v. Tempnology, LLC, 139 S.
Ct. 1652（2019））である。とはいえ、ゴルフ場の預託金返還を扱った最判
平成12・2・29民集54巻2号553頁〔百選81①〕において、「契約を解除
することによって、相手方に著しく不公平な状況が生じるような場合には
……解除権を行使することができない」とされていることからも、効果を
見直すことは重要であり、53条1項の適用範囲にも影響は及ぶ。

6 免責　⇒第14、15章参照

　アメリカ法における免責制度の歴史を繙けば、債権者が、免責決定後、
免責の対象となった債権を回収し、免責の効果を如何に巧妙に回避してき
たかが分かる。そのため、免責制度の最大の目標は、こうした問題に対処

し、債務者の経済的再生を如何にして実現するか、ということにあった。そうした意味で、日本法とアメリカ法の規定を並べて比較したとき、顕著であるのは、免責の効果規定の相違である。連邦倒産法524条(a)(2)によれば、債権者は、免責の対象となった債権の回収を禁じられる。例えば、訴訟のような行為だけでなく、督促の電話をかけることすら許されない。それゆえ、免責された債権について、判決を取得しても無効となり、また、故意に違反した場合には、民事的裁判所侮辱として、賠償責任を課せられる。これは、制定法上のインジャンクション（差止命令）であると説明され、手続申立ての効果であるオートマティック・ステイ（自動的停止）と対比される。すなわち、オートマティック・ステイは、一時的な権利行使の禁止を定めるに過ぎないが、免責は、それを永続化するものである。なお、ここでいう免責には、個人の破産免責だけでなく、再建型手続における権利変更をも含むことに注意が必要である。

　再生計画による権利変更の効力は再生債務者に及ぶけれども、その保証人には及ばない（民再177条1項、2項）。しかし、巨額の賠償責任に直面した企業が倒産法による救済を求めた事例で、アメリカの倒産裁判所は画期的な判断を行った。たとえば、欠陥エアバッグにより巨額の損害賠償請求訴訟に直面した米国タカタの倒産事件では、再建計画により清算信託が設定され、不法行為債権が紐付けられた。そして、欠陥のあるエアバッグ部品を使用した自動車メーカーの一部は、当該信託に資金を提供することと引き換えに、被害者への賠償責任を免除された。これらのメーカーは倒産手続上第三者にすぎない。こうして、世界経済に深刻な影響を与えると危惧されたタカタショックは消滅した。既存の理論の枠組みで理解することは極めて困難ではあるが、社会経済危機における法的整理手続の意義を考えるうえで貴重な事例である。

展望──倒産法の陳腐化

　倒産法は、いつ「陳腐化」し、何をきっかけとしてそれを改正する必要が生じるのであろうか。この点について、アメリカの動向をみる。近時の連邦最高裁判決（RadLAX Gateway Hotel, LLC v. Amalgamated Bank, 132 S. Ct. 845（2011））は、担保権者の処遇（前提となる理論的問題として、担保権

者の把握する価値は何か、というものがある）に関して、複数の連邦控訴裁判所間で結論の対立があり、その論点について、連邦最高裁が、担保権者を優遇する、ある控訴裁判所の判断を支持したものであるが、その際、現行法（1978 年法）の起草者意思に基づいて判断をくだしたといわれている。この判決を契機として、Charles J. Tabb 教授は、連邦倒産法第 11 章手続が、ついに「陳腐化」した、と評した。すなわち、70 年代の金融スキームを前提に現行法は構築されているが、21 世紀の金融スキームは全く異なったものになっており、現行法は、こうした新しい金融市場における正統性をもはや維持できない、と。倒産法改正が必要となる重要なサインとして、金融市場の変化（それにともなう倒産手続における担保権者の処遇の変化）が挙げられているのは興味深い。

　現在、法制審において担保法の改正が進められると同時に、金融庁による事業成長担保権制度の導入が模索されている。前者は、いわゆる ABL の機能を充実させ、後者は、全資産担保を実現する可能性がある。中小企業向けの全資産担保がどのように利活用されるかは不透明ではあるが、アメリカの状況を参照するならば、地域に密着した金融機関が、地元事業者に寄り添う方法となる。担保目的物の資産価値評価に注力しなければならない ABL とは異なり、当該事業者の収益性に着目しつつ、担保権者が一本化されることで、後順位担保権者による清算バイアスは消滅し、事業の破綻が回避され、その成長が期待できる。これはいわば光の部分である。影は何か。かかるスキームにおける当該金融機関の債務者企業に対するガバナンスは強くなることで、一般債権者の利益が劣後的に処理されることであろうか。裁判所の主導する法的整理手続では、すべての利害関係人が衡平公正に処遇される。全資産担保の結果、破綻時に余剰の資産がない場合、司法はどのように関与するべきか、あるいは関与できるのか。わが国の事業再生も岐路にあるといえよう。

　蛇足であるが、冒頭で言及したジャンクションやランプの意味を考えて欲しい。これらの意味は、かつて、指導教官の池田辰夫教授（大阪大学）から、学生時代に受けた質問であり、本章は、不十分ではあるが、その問いに対する自分なりの回答にもなっている。

事項索引

〈ら行〉

編著者

藤本　利一 （ふじもと・としかず）
大阪大学大学院高等司法研究科教授
『倒産と訴訟』（共著、商事法務、2013年）、『レクチャー倒産法』（共著、法律文化社、2013年）、『法学部生のための選択科目ガイドブック』「倒産法担当」（共著、ミネルヴァ書房、2011年）、『判例講義民事訴訟法〔第3版〕』（共著、悠々社、2016年）、『ロースクール倒産法〔第3版〕』（共著、有斐閣、2014年）

野村　剛司 （のむら・つよし）
弁護士、神戸大学大学院法学研究科非常勤講師、立命館大学大学院法務研究科非常勤講師
『倒産法』（青林書院、2021年）、『破産管財実践マニュアル〔第2版〕』（共著、青林書院、2013年）、『法人破産申立て実践マニュアル〔第2版〕』（編著、青林書院、2020年）、『民事再生実践マニュアル〔第2版〕』（共編著、青林書院、2019年）、『実践 経営者保証ガイドライン』（編著、青林書院、2020年）

基礎トレーニング倒産法　第2版

2013年9月15日　第1版第1刷発行
2022年9月30日　第2版第1刷発行

編著者──藤本利一、野村剛司
発行所──株式会社　日本評論社
　　　　　〒170-8474 東京都豊島区南大塚 3-12-4
　　　　　電話 03-3987-8621（販売：FAX─8590）
　　　　　　　　03-3987-8592（編集）
　　　　　https://www.nippyo.co.jp/　振替 00100-3-16
印刷所──精興社
製本所──井上製本所
装　丁──図工ファイブ

[JCOPY] 〈(社)出版者著作権管理機構 委託出版物〉
本書の無断複写は著作権法上での例外を除き禁じられています。複写される場合は、そのつど事前に、(社)出版者著作権管理機構（電話 03-5244-5088、FAX 03-5244-5089、e-mail：info@jcopy.or.jp）の許諾を得てください。また、本書を代行業者等の第三者に依頼してスキャニング等の行為によりデジタル化することは、個人の家庭内の利用であっても、一切認められておりません。

検印省略　© 2022　Toshikazu Fujimoto, Tsuyoshi Nomura
ISBN978-4-535-52649-5　　　　　　　　　　　　Printed in Japan

日本評論社の法律学習基本図書

日本評論社 ※表示価格は消費税込みの価格です。
https://www.nippyo.co.jp/